中国对外直接投资企业国际竞争力研究

刘建廷　刘泽青　著

山东大学出版社
SHANDONG UNIVERSITY PRESS
·济南·

图书在版编目(CIP)数据

中国对外直接投资企业国际竞争力研究/刘建廷，刘泽青著.—济南：山东大学出版社，2021.6

ISBN 978-7-5607-7081-9

Ⅰ.①中…　Ⅱ.①刘…②刘…　Ⅲ.①企业－对外投资－直接投资－国际竞争力－研究－中国　Ⅳ.①F279.23

中国版本图书馆 CIP 数据核字(2021)第 136922 号

策划编辑　李　港
责任编辑　李艳玲
封面设计　杜　婕

出版发行　山东大学出版社
社　　址　山东省济南市山大南路 20 号
邮政编码　250100
发行热线　(0531)88363008
经　　销　新华书店
印　　刷　山东和平商务有限公司
规　　格　720 毫米×1000 毫米　1/16
　　　　　12 印张　233 千字
版　　次　2021 年 6 月第 1 版
印　　次　2021 年 6 月第 1 次印刷
定　　价　52.00 元

本书作为山东省社会科学规划研究项目
“文化视野中的中国对外直接投资企业国际竞争力研究(15CJJJ25)”成果
受到山东省社会科学规划管理办公室资助

文化上的每一个进步,都是迈向自由的一步。

——恩格斯

目　录

第一章 导 言

一个国家、一个民族的强盛，总是以文化兴盛为支撑的，中华民族伟大复兴需要以中华文化发展繁荣为条件。

——习近平：《民族伟大复兴要以中华文化发展繁荣为条件》

第一节　研究背景与现状

21世纪,人类已经步入文化时代。

2018年12月18日,在庆祝改革开放40周年大会上,习近平总书记指出:“我们积极推动建设开放型世界经济、构建人类命运共同体,促进全球治理体系变革,旗帜鲜明反对霸权主义和强权政治,为世界和平与发展不断贡献中国智慧、中国方案、中国力量。”①

一、研究背景

在经济全球化背景下,中国经济迅速壮大。实施“走出去”战略后,中国企业对外直接投资迅速增长。2016年,在全球经济增长疲弱、全球对外直接投资总额下降的背景下,中国企业对外直接投资同比增长44%,达1830亿美元,成为全球第二大对外投资国,存量跃至全球第6位。

2019年度,中国企业对外直接投资1369.1亿美元,流量规模仅次于日本(2266.5亿美元)。2019年年末,中国企业对外直接投资存量达2.2万亿美元,仅次于美国(7.7万亿美元)和荷兰(2.6万亿美元),居全球第3位。中国在全球外国直接投资中的影响力不断扩大,流量占全球比重连续4年超过10%,2019年占10.4%;存量占6.4%。②

改革开放以来,中国企业规模不断扩大,大公司的数量不断增加,这是中国国民经济整体发展壮大的结果。在2001年中国加入世界贸易组织的当年,进入《财富》“世界500强”排行榜的中国企业只有12家,以后逐年迅速增加,先后超过了德国、法国、英国和日本。在2020年的排行榜中,中国大陆公司数量达到124家,超过了美国(121家),上榜数量位列全球第1位,加上台湾地区企业,中国共有133家公司上榜。③

可是,不可否认,中国企业对外直接投资遭遇了某些阻力,已经引起某些国家的一些智库的密切关注和高度警惕。④ 对此,我们必须给予高度重视。在对外直接投资过程中,中国企业如何化解阻力,赢得合力,培育国际竞争力,真正成为世界企业?我们必须广泛而深刻地思考,谨慎而坚决地推进。

---

① 习近平.在庆祝改革开放40周年大会上的讲话[N].人民日报,2018-12-19(2).

② 数据来源:《2019年度中国对外直接投资统计公报》.

③ 数据来源:https://baike.baidu.com/item/2020年《财富》世界500强排行榜.

④ 盛思鑫,曹文炼.中国对外直接投资情况的再评估[J].宏观经济研究,2015(4):29-37.

对外开放是双向的,"走出去"与"引进来"是相随的。某些全球品牌进入中国市场,对中国消费者产生了明显的影响。普通民众看不见外来资本的进入,却显然感受到了外国产品带来的"气息",那就是外来文化的影响力。"美国公司和广告业的经营者、好莱坞电影公司的老板们,不仅向世界上其他国家销售他们的产品,而且还推销美国的文化和价值观。"①通过可口可乐、肯德基、麦当劳等物质载体进行潜移默化的宣传,对全球许多国家或民族文化产生了巨大的冲击。"顾客在享用麦当劳快餐的同时,也获得了美式的、杂糅的文化认同,使麦当劳超越商业和消费的范畴,成为全球文化传播中的一个范例。"②对此,我们必须给予高度重视。

在"走出去"战略实施的背景下,中国企业对外直接投资规模日益庞大,但是,文化影响力不大,还遇到了某些阻力,甚至有一些项目失败了。统计信息显示,2005～2014 年,中国企业对外直接投资大约有 1500 个项目的交易额超过 100 万美元,其中有 150 个左右的项目由于非市场原因而以失败告终。从国别来看,在澳大利亚、美国和德国遭遇的投资失败尤其严重,涉及金额占中国企业对外直接投资失败总额的 40%。③ 这一期间的2010 年,中国企业跨境并购失败率达 11% ,与发达国家跨国公司相比差距较大,同期的美国和英国跨国公司并购失败率仅分别为 2%和 1%。④ 近年来,中美贸易摩擦加剧,中国企业在美国的投资遭遇到的非正常干扰更多,面临的困难更大。

中国企业对外直接投资伴随着质疑和非议,被指"牺牲海外环境","掠夺性发展"。在国际舆论界,关于"中国威胁论"的喧嚣杂音甚嚣尘上。⑤ 也许,中国企业对外直接投资有一些集中于能源、采矿和公共事业领域的项目,引起关注是必然的。中国企业在投资过程中,对当地资源环境问题的影响是直接的,也是敏感的。我们不禁要问:是中国企业确实存在某些问题,还是某些势力出于"不允许超越"的动机而横加阻挠?这不仅是经济行为,而且还是价值观念的反映,中国企业应当合理反思并给予正面回应。"富含生态因子"⑥、拥有生态智慧的中华生态文化滋养的中国企业,应当成为"天人合一"的践行者。

任何人都应当认可对资源、环境及竞争方式的关切的合理性。企业必须担当社会责任。"中国企业的海外发展亟须系统性学术研究作为支持。""在总体

---

① 约瑟夫·奈.美国霸权的困惑:为什么美国不能独断专行[M].郑志国,等译.北京:世界知识出版社,2006:73.

② 周文华.美国核心价值观建设及启示[M].北京:知识产权出版社,2014:140.

③ 盛思鑫、曹文炼.中国对外直接投资情况的再评估[J].宏观经济研究,2015(4):29-37.

④ 刘宏,苏杰芹.中国对外直接投资现状及存在问题研究[J].国际经济合作,2014(7):37-41.

⑤ 韩秀丽.中国海外投资的环境保护问题研究[M].北京:法律出版社,2013:2-3.

⑥ 赵麦茹.孔子经济思想的生态阐释[J].生态经济,2010(10):188-191.

上，媒体对跨国公司应该履行企业社会责任的理念采取支持的态度。”[①]发达国家的很多跨国公司为了树立良好的公众形象，从而间接实现盈利目的，已经进入了开展环境外交的阶段。[②] 中国企业不可等闲视之，需要有超前意识，不要囿于经济动机，而要注重文化功能。中国企业对外直接投资不仅追求经济利益，而且还要关注全球社会利益；不仅展示经济力量，而且还要展示道德力量；不再以文化为工具，为经济服务，而要以文化为目标，经济活动服从于文化的需要，追求文化效应。以中华文化的国际传播展现文化软实力，提升国际竞争力，以经济竞争力进一步强化文化力。这样，中国企业对外直接投资就不会在海外产生负外部性，造成负面影响，也不会损害中国对外直接投资企业的国际竞争力。

经济全球化的背后是不同文化的冲撞与交融，是不同思想的激荡与扬弃，是不同文明的竞争和共存。支撑一个强大的国家，不仅需要社会政治经济制度，而且还需要先进的强大的文化。文化作为上层建筑，对经济基础具有反作用。文化影响经济发展的速度，也影响经济竞争力。司马云杰在其《文化社会学》（第4版）“序言”中，特别强调了社会文化基础对国家民族生存绵延的重要性：

> 所谓“社会文化基础”，乃是指一个国家、民族、社会、历史、生活由天德、王道、礼教、人心、人性、伦理、道德、宗教、哲学及其信仰、信念等所构成的社会历史根本存在。天德王道是否行于天下，礼义之教是否盛行于时，人心是否贞正，人性是否淳朴，彝伦是否攸叙以及宗教、哲学的信仰、信念是否已经建立起来等等，乃是构成社会历史存在的根基，是决定整个国家民族社会历史盛衰的最为根本的基础性存在。……一个国家，一个民族，能否绵延世泽，能否建立太平盛世与盛德富有之大业，就看其社会文化基础如何：深厚不深厚，博大不博大，高明不高明，悠远不悠远。唯有加强社会文化基础建设者，唯有社会文化基础建设深厚博大、高明悠远者，才能绵延世泽，才能建立起太平盛世及盛德富有之大业。[③]

人类已经步入文化时代。中华文化“走出去”已经起步。中华文化的对外传播已经为推进中国同世界各国的人文交流、促进世界文明发展作出了重要贡献。但是，文化差异是客观存在的。因此，需要文化交流，求同存异，和而不同。反思“文明的冲突”等理论，必然引出“文明对话”的议题。中国企业对外直接投资为世界人民了解、认识和学习中国文化提供了一个重要窗口，也是中华文化“走出

---

① 王梅.中国投资海外：质疑、事实和分析[M].北京：中信出版社，2014：203.

② 董晓同.美国跨国公司的环境外交——英特尔的实践[C]//薄燕.环境问题与国际关系——复旦国际关系评论.上海：上海人民出版社，2007：161-183.

③ 司马云杰.文化社会学：第4版[M].太原：山西教育出版社，2006：序言.

去”的重要路径。

“一个民族的文化传统、心理习性及其价值观，对于发展理念、发展模式、发展方向的选择起着至关重要的作用。”[①]中国经济持续发展应当依赖于文化优势。“经济升级的本质是经济增长模式的转变，即经济增长从建立在物质容量基础上，转变为建立在文化容量基础上。经济升级必须有文化升级的配合。”[②]

国家应该是具有“德性”的国家，发展自己不该以牺牲他国利益为代价，要尊重公认的国际价值体系，担负起建立国际价值体系的重大责任。[③] 国际组织是世界人民的组织，如果置世界人民的整体利益于不顾，坚持本国利益“优先”，对本国有利就“入群”，对本国无利就“退群”，不仅污损了国家的形象，而且还是与人类文明相悖逆的。“己所不欲，勿施于人”，应当具有普适价值。

“我们需要能够反映‘中国智慧’和‘中国知识’的 FDI 理论、研究范式和研究方法，让中国能够在学术与思想高地上建构中国自己的国家话语平台。”[④]中国要做“仁慈大国”，不仅要输出投资，而且还要输出文化价值。[⑤] 这就需要中国对外直接投资企业来实践、来实现，借助对外投资经营活动表达仁慈大国的情怀，展现仁慈大国的担当，修身齐家，治国平天下。中国要为构建人类命运共同体贡献中国智慧、中国方案、中国力量，让中华优秀文化恩被全球，广善天下。

二、研究现状

在世界经济论坛（World Economic Forum，WEF）和瑞士洛桑国际管理发展学院（International Institution for Management Development，IMD）及众多学者的合力推广下，竞争力理论备受关注，也被中国学者广泛接受。学者们从不同角度、不同层次、不同领域研究了企业竞争力、产业竞争力、国家竞争力、核心竞争力等，形成了丰富的成果。

对外直接投资源于发达国家，对外直接投资理论是以发达国家企业对外直接投资为研究对象产生和发展起来的，探讨对外直接投资的动因、方向和战略决策等，形成了垄断优势理论、内部化理论、产品生命周期理论、边际产业扩张理论、市场控制理论、国际竞争理论等。随着发展中国家对外直接投资的兴起，出现了小规模技术理论、技术地方化理论、产业升级理论等，丰富了对外直接投资

---

① 张媛.五大发展理念与人类发展的“文化时代”[N].中国社会科学报，2019-02-28(6).

② 王宁.经济增长模式转型：一个文化机制的分析[J].兰州大学学报(社会科学版)，2020(1)：1-9.

③ 易显河.国家主权平等与“领袖型国家”的正当性[J].西安交通大学学报(社会科学版)，2007(5)：54-71.

④ 苏杭.角色论争中的中国对非洲直接投资[M].北京：科学出版社，2015：14.

⑤ 徐崇利.中国的国家定位与应对 WTO 的基本战略——国际关系理论与国际法学科交叉之分析[J].现代法学，2006(6)：3-13.

理论体系。

在国内，关于对外直接投资和企业国际竞争力的研究也很多，成果也很丰富。尤其对于对外直接投资必要性的研究较为深入，产生了满足资源需求论、突破贸易壁垒论、产业结构调整论、发展跨国公司论等观点。但是，总体上讲，一般性研究多，对企业国际竞争力与对外贸易关联研究多，而对企业国际竞争力与对外直接投资的关联研究相对较少。已有学者致力于研究对外直接投资对于提升企业国际竞争力的作用，并取得了丰硕成果。刘文炳所著《中央企业国际竞争力研究——并购重组的视角》研究了中央企业并购重组与国际竞争力的关系，论证了并购重组提升企业国际竞争力的机理，并对中央企业并购重组与国际竞争力的关系展开了实证分析，构建了中央企业国际竞争力评价指标体系，丰富了相关理论研究。卢进勇所著《"走出去"战略与中国跨国公司崛起》、杨永胜所著《全球竞争力培育》等都是重要的研究成果。

近年来，企业文化建设研究、文化软实力研究盛极一时，人们更加关注思考文化与经济的关系。

其实，文化与经济的关系是显而易见的，学者的研究是丰富的，文化对社会经济发展的重要作用已被广泛深入关注。在大卫·休谟的《论社会信用》中，在亚当·斯密的《国民财富的性质和原因的研究》中，在阿尔弗雷德·马歇尔的《经济学原理》中"都包括了关于社会行为和社会态度的点滴见解"，"他们都利用了习俗这个术语作为文化的部分同义词"，认为"在任何时代流行的习俗或习惯都会影响交易的相对成本"。[①] 但是，人们似乎忘记了他们，而选择性地关注了马克斯·韦伯的《新教伦理与资本主义精神》。可以说，韦伯是对这一经济主题的再研究。作为经济学家，同时又是社会学家，韦伯从社会文化层面研究经济问题，认为新教教义是资本主义在欧洲兴起的重要原因。后来，一些统计学家利用计量模型对此展开了实证研究，进一步分析了宗教对经济发展的影响。

另一位经济学家，1991 年诺贝尔经济学奖获得者道格拉斯·诺斯用制度经济学的方法解释人类历史中的经济增长，把一些文化因素也看作影响经济发展和制度演进的变量。

近年来，有学者在西方情境中，从非正式制度的视角考察文化因素在微观层面的作用效果，使用特定国家的数据研究了宗教文化对企业行为的影响，或者使用跨国数据比较分析了不同国家文化特征对企业行为的影响。以迈克尔·波特为代表的市场结构学派的竞争优势理论承认文化因素对竞争力的影响，众多学

① 埃里克·琼斯.文化融合：基于历史学和经济学的文化批判[M].王志标，译.杭州：浙江大学出版社，2019：219-221.

者实证分析了跨文化因素对企业国际竞争力的影响机理。

在国内,"长期以来,文化工作始终处于边缘状态,我们对文化与经济关系的认识出现严重偏差,一句被各级政府广泛使用的口号是'文化搭台、经济唱戏',把文化作为为经济工作服务的载体和平台,似乎文化是手段,经济才是目的"①。徐细雄和李万利从非正式制度视角考察了儒家文化对企业创新行为的影响效应及作用机理,通过分析儒家传统与企业创新的关系,论证了文化对于企业创新的力量。② 古志辉从降低代理成本的视角说明了儒家伦理在全球化竞争中提升企业竞争力的价值。③ 这都宣示了文化所具有的"工具价值"。

还有许多解读中国崛起的研究成果,其中有些从文化因素进行了分析,包括:改革开放释放了企业家精神;中国文化的变迁;西方市场经济思想的传入和资本主义精神在中国的出现;儒家思想的影响,比如,勤俭节约导致高储蓄率,为增长提供了投资保障,重视教育提升了人力资本;等等。

诚然,有学者关注文化之"理性价值",关注文化之"工具价值"与"理性价值"的统一。杜维明在其专著《儒家伦理与东亚企业精神》中指出,儒家传统不但塑造着中国企业精神,而且是中国现代化进程中的重要精神支柱,对社会经济发展的各个方面都具有重要影响。廖朝晖所著《企业并购的伦理审视》提出了解决企业并购"去道德化"问题的建议。

工具理性和价值理性的统一是推动资本主义发展的初期动力。但是,从19世纪下半叶起,尤其在20世纪,西方工业文明的两大支柱精神,即人本精神和技术理性开始出现张力和冲突,技术理性和工具理性的过度发达并没有实现人的本质力量增强和人的解放的宗旨,而是导致了人与自然生态关系的破坏和人际交往关系的异化,导致意识形态、技术理性、大众文化等社会力量对人的统治。资本主义把自然作为创造物质财富的工具,毫无节制地索取,造成了日趋严重的生态危机,如生态失衡、能源短缺、自然灾害频发、环境污染严重,威胁着人类的可持续发展。大工业生产的机械化和标准化对人的统治,使资本的本性取代了人的本性,人的生活意义成为资本增值的工具,人类生活被资本"殖民化"。工具理性和价值理性的冲突再次引发人对自身价值和目的的思考,希望从文化中寻找答案。

这里,一定要说到塞缪尔·亨廷顿和劳伦斯·哈里森主编的《文化的重要作用:价值观如何影响人类进步》一书。作者在"序言"中宣称:"社会科学界越来越多的学者把目光转向文化因素,用它解释各国的现代化、政治民主化、军事战略、

---

① 叶皓.经济搭台,文化唱戏——兼论文化与经济的关系[J].南京社会科学,2010(9):1-5.

② 徐细雄,李万利.儒家传统与企业创新:文化的力量[J].金融研究.2019(9):112-130.

③ 古志辉.全球化情境中的儒家伦理与代理成本[J].管理世界.2015(3):113-123.

种族和民族群体的行为以及国与国之间的联合和对抗。”我们关注文化的作用，不仅是其经济作用，更为根本的作用是文化对人类进步的影响。文化是影响社会、政治和经济的一个重要因素。“特别是对中国这样一个历史文化源远流长的国家，文化因素可能发挥着更为重要的作用。”①

我们不能仅仅出于经济动机关注文化。中国改革开放的总设计师邓小平就十分重视文化建设，把它放在社会主义建设的大格局中来认识。“我们的国家已经进入社会主义现代化建设的新时期。我们要在大幅度提高社会生产力的同时，改革和完善社会主义的经济制度和政治制度，发展高度的社会主义民主和完备的社会主义法制。我们要在建设高度物质文明的同时，提高全民族的科学文化水平，发展高尚的丰富多彩的文化生活，建设高度的社会主义精神文明。”②

在对外直接投资过程中，跨文化沟通是一个重大问题。不同的国家，不同的民族，不同的地区，处于不同的文化情境之中，人们对同一个投资项目必然会有不同的理解，认同障碍是难以避免的。可是，认同障碍关乎价值观念的建构和行为的正当化，不仅不能完全从宗教、文化方面得到解释，而且还造成了更大的沟通和理解困难。因为，价值信仰是不容交易和质疑的，也是难以讨论的。在现实生活中，价值的取舍并非总是以宗教、文化和生活经验为边界，人类对于原则的坚持是精神世界的产物。精神世界的优越地位，必然提高人及其思想的地位，提高人的愿望、目标、理想和德行的地位，提高人对“合理社会”的追求之地位。③

“一切社会团体的建立，其目的总是为了完成某些善业——所有人类的每一种作为，在他们自己看来，其本意总是在求取某一善果。”“城邦以正义为原则。由正义衍生的礼法，可凭以判断（人间的）是非曲直，正义恰正是树立社会秩序的基础。”④在人类社会中，“正当性”论证关涉价值原则的合理性证明，属于超越利益需要的精神活动，与具体的现实生活经验可能有关，也可能无关。在影响或决定人的思想意识的各个方面的力量中，生活经验并非唯一重要的因素，精神和意识的“导向”作用，对于“正当”的判断和信任，对于价值的建构和认同，是不可或缺的。⑤

关于文化的重要作用、文化软实力的研究方兴未艾。为了文明进步和人类

---

① 陈冬华，胡晓莉，梁上坤，等.宗教传统与公司治理[J].经济研究，2013(9)：71-84.

② 邓小平文选：第 2 卷[M].北京：人民出版社，1994：208.

③ 张静.理解的障碍来自何处[C]//陈向明，朱晓阳，赵旭东.社会科学研究：方法评论.重庆：重庆大学出版社，2006：41-58.

④ 亚里士多德.政治学[M].吴寿彭，译.北京：商务印书馆，1965：1，4.

⑤ 张静.理解的障碍来自何处[C]// 陈向明，朱晓阳，赵旭东.社会科学研究：方法评论.重庆：重庆大学出版社，2006：41-58.

解放，我们需要理论创新。

随着学者对文化理论研究的推进，深入思考文化价值观与人类进步之间的联系，必须研判经济与文化的关系是否也会（或者已经）陷入犹如“代达罗斯与伊卡洛斯”——科学与未来的关系之窘境。

通过文化视野中的研究，明晰对外直接投资与企业国际竞争力之间的关系，触动对文化价值的思考与追求，关注责任伦理，对企业对外直接投资予以伦理审视，可以为企业文化建设和跨国经营提供智慧和引导，助力对外开放和“走出去”战略，助力建设人类命运共同体。

第二节 研究内容与基本观点

文化是人类发展的标志。文化对经济增长是有影响的，是有促进作用的，但它不是促进经济增长的手段，而是经济发展的目的。1995 年，联合国在题为《我们创造的多样性》报告中，阐述了文化在发展中的重要作用。报告指出，文化是民族发展的重要基础，任何针对发展的政策都必须对文化保持敏感，并受到文化的激发。文化是人类的存在方式，文化的繁荣应当成为发展的最高目标。

一、研究内容

“中国应当对于人类有较大的贡献。”①

本书不是单纯从经济学意义上研究投资行为，而是把它理解为一种文化现象、一项文化活动、一个文化过程。企业竞争力不仅是经济竞争力，而且还是文化竞争力。企业不仅追求盈利能力，而且还要注重文“化”能力。投资同时具有经济属性和文化属性，具有文化意义，承载文化功能，可以作为建构自我和世界的文化工具。投资，本质上是一种文化。文化是道德的源泉，道德是文化的核心。

第一，探究经济全球化背景下对外直接投资提升企业国际竞争力的机理，解析企业对外直接投资战略措施、运作过程及经济效益和社会效应，发现问题。通过分析企业对外直接投资产生负外部性的可能原因，寻求解决的文化措施。

第二，基于企业国际竞争力的构成要素、对外直接投资提升企业国际竞争力的机理，构建企业国际竞争力评价指标体系。通过分设“物质文化竞争力”“制度文化竞争力”和“精神文化竞争力”三层指标，架构企业竞争力评价指标体系。

① 毛泽东著作选读：下册［M］.北京：人民出版社，1986：755.

“物质文化竞争力”体现经济实力，包括基础设施能力、价值创造能力、资本融通能力、全球营销能力等；“制度文化竞争力”体现制度实力，包括制度建设能力、制度规范能力、制度变革能力等；“精神文化竞争力”体现文化实力，包括创新变革能力、保护环境能力、维护人权能力、防范腐败能力、社会公益能力等。三层合一，共同提升企业竞争力。提升文化实力，需要加强企业文化建设，创新精神文化生产，树立先进的信念、态度和价值观，才能在对外直接投资过程中，化解阻力，赢得合力。所以，企业不仅是物质生产主体，而且还是精神生产主体。

第三，提出开发“富含生态因子”等当代社会稀缺元素的中国优秀传统文化作为精神生产资源，进行当代文化创新传播的主张。得益于中华优秀传统文化滋养的中国企业需要从优秀传统文化中寻找国际化经营的智慧，凝练出具有普遍意义的管理哲学。中国企业应当成为“向善”的主体，不仅“善自身”，而且还要“善天下”。[①]

第四，修正对经济与文化的关系的认识。我们有理由期望，人类文明的发展会出现拐点，随着时间的推移，人类社会的主流价值会发生变化，会为道德关怀和社会理由所动。理论联系实际，开展个案研究。分析判断中国对外直接投资遇阻的主观原因和客观原因，探究人类心智，提出防范对外直接投资主体不良行为的措施，并引至文化层面的分析。加强企业文化建设，利用中国传统文化资源，推陈出新，提升企业文化实力。强化责任伦理，输出道德力量，促进人类文明进步，止于至善。

二、基本观点

第一，经济与文化的关系是工具与目的的关系。经济只具有工具价值，文化（文明）才是人类的终极目标，不能本末倒置。

第二，文化是“有意图”的活动。文化之意图在于“化”，是一种“化人”的力量，乃文化之根本功能。

第三，经济生活是文化的主视场景。投资，本质上是一种文化活动。任何经济活动都要求文化“在场”，体现文“化”力。

第四，企业是“文化生产”的主体。企业作为经济主体，同时又是文化主体，是经济与文化的统一体，是物质生产、制度生产与精神生产的统一体。企业竞争力不仅体现经济竞争力，而且体现制度竞争力和文化竞争力，不应单纯追求经济利益，更要追求文化价值。企业文化具有文化力，是企业竞争力的基础。企业文化力表现为文化生产力、传播力、“涵化”力。

① 金碚.国企改革“善自身”更要“善天下”[N].人民日报，2013-12-09(5).

第五，中国企业应当致力于利用对外直接投资的途径，传播具有优秀品质的中华传统文化，利用传统文化资源进行当代文化创新，提升国际竞争力，输出道德力量。经世济民，“广善天下”，应当成为中国企业之核心价值观。

本书研究内容的创新之处在于，笔者认为投资是一种文化活动，具有文化功能；中国企业应当创新利用传统文化资源，推陈出新，提升文“化”力，广善天下；利用“经济硬实力”和“文化软实力”两类指标构建了衡量企业竞争力的指标体系。

第三节　研究方法与应用价值

一、研究方法

（一）调查研究，质化“深描”

开展调查，深入现实，是研究的基调。开展调查研究，必须突出整体观和情境性，重视研究投资现象中人、事、物、情境之间的互动，尽量接近研究对象，融入经济生活情境，关注人的想法和做法，深入了解实际发生的事情，重视文化符号的功能，探寻和感受文化的价值，关注现象产生的意义，积极反思。

“文化的意义就在要素间的关系中”①，整体观是认识“文化功能”的不二法门。投资是一种文化现象，离开具体的文化环境研究投资是毫无意义的，任何企业的投资行为是无法离开特定的情境来解释的。本书通过质化研究，发现经济观念与伦理观念的区别，界定经济实践与道德实践的区隔，发展或再概念化一些基于在地经验和相应信念规范的范畴，例如，可以假设“文化功能论”为一种投资动机。

（二）解析事件，个案“延伸”

通过延伸个案，发现“事实”，确定“性质”，识别“特性”。把企业对外直接投资活动的“事实”置于社会文化情境的整体之中，将“前历史”与可能的“社会后果”相关联，以“地方的”和“超越地方的”②规范信念为背景，进行反思和解析，探究提升企业国际竞争力的机理，判断文化价值，得出“性质”和意义。主要以典型企业作为研究对象。在个体叙事和公众叙事的基础上，获得对有关“事实”的清晰见解，并进行理论概括。

---

① 马林诺夫斯基.文化论[M].费孝通，译.北京：华夏出版社，2002：15.

② 朱晓阳.社会科学的方法论观念与整体性原则[C]// 陈向明，朱晓阳，赵旭东.社会科学研究：方法评论.重庆：重庆大学出版社，2006：13-40.

(三)尊重数据,综合研究

本书针对对外直接投资、企业国际竞争力或文化实力进行综合研究;坚持创新与守正结合,重组不同价值要素,调整不同价值层级,探求价值意识建构和传播的文化机理;站在文化立场,眺望人类终极目标,评判理想与现实的差距;以信仰、情感、关怀化解对外直接投资过程中的价值冲突和道德困境,达成企业经济利益与人类社会利益的统一。因此,本书的研究需要多学科理念和知识的综合运用。

(四)理论联系实际

理论联系实际,尊重理论指导,坚持实事求是,结合个体企业海外投资实践,适当进行比较分析,提炼个性品质。探究中国企业对外直接投资发展规律,在此基础上进行经济价值与文化价值判断。

二、应用价值

"世上一切学问(知识)和技术,其终极(目的)各有一善;政治学术本来是一切学术中最重要的学术,其终极(目的)正是为大家所最重视的善德,也就是人间的至善。政治学上的善就是'正义',正义以公共利益为依归。"[①]中国企业对外直接投资为人类社会提供了哪些公共利益?理论基础是什么?如何合理开展实践活动?我们致力于解释这些问题。

(一)提升对于中国企业对外直接投资重要意义的认识

本书的研究有助于提升对于中国企业对外直接投资重要意义的认识,明晰对外直接投资与企业国际竞争力之间的关系,触动对文化价值的思考与追求,为企业文化建设和跨国经营提供智慧和引导,助力对外开放和"走出去"战略及建设人类命运共同体的研究。

(二)为对外直接投资企业提升国际竞争力提供理论指导

本书全面介绍了企业国际竞争力理论和对外直接投资理论,纵横双向比较分析了中外企业国际竞争力发展变化状况,显示中国企业的差距和优势;提出了通过对外直接投资增强企业国际竞争力的具体措施,推动中国企业正确实施"走出去"战略。

(三)架构企业国际竞争力评价指标体系

架构企业国际竞争力评价指标体系,分为物质文化竞争力、制度文化竞争力和精神文化竞争力三层指标。物质文化竞争力体现经济实力,包括基础设施能力、价值创造能力、资本融通能力、全球营销能力等;制度文化竞争力体现制度实

① 亚里士多德.政治学[M].吴寿彭,译.北京:商务印书馆,1997:151.

力，包括制度建设能力、制度规范能力、制度变革能力等；精神文化竞争力体现文化实力，包括创新变革能力、保护环境能力、维护人权能力、防范腐败能力、社会公益能力等。三层合一，共同提升企业竞争力。

（四）关注责任伦理，对中国企业对外直接投资予以伦理审视

一个企业家，无论想什么，无论做什么，如果不用心地思考道德、责任、公正和至善这类问题，那么，他或许能够作为一个经营者获得成功，但是，不可能成为一个合格的爱国者和企业家。中国企业必须关注责任伦理，对对外直接投资予以伦理审视。中国企业必须思考如何利用中华优秀传统文化资源，推陈出新，惠泽人类。

人们啊，警醒吧！投资→经济增长→物质财富增加这一准则，只是具有工具价值；精神生产和文化发展才是人类的终极目标。中国传统文化为人类精神生产和文化发展提供了优质资源。中国企业必将担当文化主体责任，投资即是文化传播载体。经济生活是精神文化的主要场域，经济活动必然要有文化"在场"，"化"成天下，"止于至善"。

"文化的重要性日益提高，并且超越了特定的民族界限，延伸到了全球经济和国际秩序的领域。冷战结束后，世界人民反而越来越能感受到各文化之间的巨大差异，这的确是对体制趋同化的一种讽刺。"[①]对福山的"历史的终结"、亨廷顿的"文明的冲突"等理论的反思，必然引出"文明对话"的论题。[②]

文明是全人类的，是许多民族相互学习、共同创造、共同享有的。文明人的"文明"和野蛮人的"野蛮"往往难分高下；真正的文明，其实是一件东拼西凑的"百衲衣"，"转借"(borrowing)才是文化史中的重要因素，只有不长进的民族才不肯向人家学习。[③] 中华优秀传统文化是全人类共同的财富。我们要积极传播中华文化，着力提升中国在国际舞台上的文化影响力。中国对外直接投资企业应当有效利用中华优秀传统文化，追求对外直接投资的文化效应，提升文化竞争力。文化，是流淌的。中华泱泱大国，致力于发挥文化资源禀赋优势，利用对外直接投资之利以"济天下"，通过传播中华文化之道以"正天下"，物质文化与精神文化相结合，化成天下，"止于至善"。此乃本书之主题思想。

---

① 弗朗西斯·福山.信任：社会美德与创造经济繁荣[M].郭华，译.桂林：广西师范大学出版社，2016：9.

② 杜维明.文明对话与儒学创新[J].大连理工大学学报(社会科学版)，2003(2)：21-24.

③ 罗伯特·路威.文明与野蛮[M].吕叔湘，译.北京：生活·读书·新知三联书店，2015：序言.

第二章　经济与文化

文化传承，是人类世代传承的中心内容，也是人类发展、人类社会进步的基本条件，是人类社会发展中割不断的血脉。所以，古今中外，一切有历史担当的组织、团体、个人，都以文化传承为己任，同时也在文化传承中汲取智慧和力量、坚定信念和意志、提升境界和能力、完善人格和品性、成就理想和抱负。

——戴焰军：《中国共产党人的文化传承》

第一节　经　济

经济是社会的基础。“有大部分人陷入贫困悲惨状态的社会，绝对不能说是繁荣幸福的社会。”[①]发展经济的目的就是满足人民日益增长的物质文化需要，改善人民生活，摆脱贫困状态，实现共同富裕。

我们在现代意义上使用的“经济”概念，与其古典意义是有差别的。梳理其演变，把握其本义，对于经济理论建设与经济实践都是有益的。

一、汉语“经济”之本义

汉语“经济”，是“经”与“济”的合成词。

“经”，名词，在甲骨文中，像纺织的纵线，与横线“纬”对应。“经文从丝谓之经，必先有经而后有纬。”

“经”，通“径”。“经，径也……如径路无所不通。”

后来，“经”转化为动词，与“纶”联用，与“治”同义。《周易·屯卦·象传》云：“云雷，屯；君子以经纶。”[②]《礼记·中庸》有云：“惟天下至诚，方能经纶天下之大经。”此“经纶”皆作“治理”解。“经”，还与“略”联用，组成“经略”，意近于“治理”“管辖”。

总之，作为动词的“经”，与“治”同义，“以经邦国”“有经天下之气”。这里的“经国”“经天下”，意即“治国”“治天下”，又称“经世”。“经世”之用，首见于《庄子·齐物论》：“六合之外，圣人存而不论。六合之内，圣人论而不议。春秋经世，先王之志，圣人议而不辩。”据王先谦、章太炎考证，这里的“经世”本义是纪世、编年，后儒释之为治世、救世，在儒术占主导的时代，广为运用。

《辞海》对“经”的解释主要有如下条目：

> 1.织物的纵线。与“纬”相对。2.南北行的道路。3.常道；规范。《礼记·中庸》：“凡为天下国家有九经。”《孟子·尽心下》：“君子反经而已矣；经正而庶民兴。”4.正常；寻常。《史记·孟子荀卿列传》：“其语闳大不经。”5.指历来被尊崇为典范的著作或宗教的典籍。亦指记载一事一艺的专书。如：十三经；《道德经》。6.旧时图书目录指儒家经典部分。7.治理。《周礼·天官·大宰》：“以经邦国。”《淮南子·原道训》：“是故不得于心而有经

① 亚当·斯密.国民财富的性质和原因的研究[M].郭大力，王亚南，译.北京：商务印书馆，2000：72.

② 黄寿祺，张善文.周易译注：上[M].北京：中华书局，2016：45.

天下之气。”8.测量;计度;筹划。《周礼·地官·遂师》:“经牧其田野。”9.经过;经历。10.缢死;上吊。11.人体的经脉。①

深刻理解“经”所具有的诸种含义,能够领会到它的存在所具有的客观性。凡事有经,经是必然;凡人有经,经乃存在。无经无以立,无经无以存。经即道也。

“济”,通“齐”,可释为“渡”,意为渡水,引申为拯济、救济之意,组成“济民”一词。

《辞海》对“济”的解释如下:

1.水名,济水。2.渡。如:同舟共济。亦指渡头。《诗·邶风·匏有苦叶》:“济有深涉。”3.救助;接济。如:济困扶危。《晋书·何攀传》:“惟以周穷济乏为事。”4.有益;有利。如:无济于事。《易·系辞下》:“万民以济。”5.成功。《书·君陈》:“必有忍,其乃有济。”6.停止。《淮南子·天文训》:“大风济。”高诱注:“济,止也。”②

理解“济”所具有的诸种含义,能够领会到它的主观性。“利禄功名,人之所求;周穷济乏,人之所施。可求也,可无求也。”

“以经邦国”“万民以济”是古文“经”“济”的主义。“经世”与“济民”联用就有了“经世济民”“经世济俗”“经邦济世”“以济兆民”等词。隋唐以后,“经世济民”之类词语渐趋流行。

作为“经邦济国”“经世济民”的缩语,“经济”一词首见于《晋书》。《晋书·长沙王传》载,长沙王司马兄弟“同产皇室,受封外都,各不能阐敷王教,经济远略”。《晋书·纪瞻传》载,元帝褒奖纪瞻“忠亮雅正,识局经济”。

《唐书·玄宗本纪》曰:“庙堂之上,无非经济之才。”《宋史·王安石传》:“朱熹论安石,以文章节行高一世,而尤以道德经济为己任,被遇神宗,致位宰相。”《宋史·叶适传》:“志意慷慨,雅以经济自负。”

此类“经济”,皆为“经邦济国”“经世济民”之意,类似“政治”,意指为政者“治理国家”“拯济生民”,也包括国家财政、国计民生的含义。

晚清时期,“经济”一词仍用其古典义。曾国藩倡导“义理、经济合一”,在《劝学篇·示直隶士子》中,将孔学分为义理、考据、辞章、经济四科,以求理学的经世功能。因曾氏的影响和时势的需求,“经济之学”逐渐成为士子潜心研习的学问。“欲为富强之国,经济须预储也。”尽管此时的“经济”仍然是“经邦济国”“经世济

① 夏征农.辞海[M].上海:上海辞书出版社,1979:1163.

② 夏征农.辞海[M].上海:上海辞书出版社,1979:933.

民”的政治意义，但是已经涉及国计民生，正在向“富强之国”“富足之道”的实学转化。

《辞海》对“经济”的解释如下：

> 1.经世济民；治理国家。杜甫《上水遣怀》诗：“古来经济才，何事独罕有。”《宋史·王安石传论》：“以文章节行高一世，而尤以道德经济为己任。”2.节约。3.社会生产关系的总和，是政治和思想意识等上层建筑赖以树立起来的基础。4.一个国家国民经济的总称，或指国民经济的各部门，如工业经济、农业经济等。①

显然，在中华文化语境中，“经世济民”一直是“经济”之首意。

二、英语“economy”的原意

英语“economy”一词源自希腊文“οικουομικοδ”。“οικουομικοδ”具有“家政”“生计”“家计管理”的含义。后来，亚里士多德在其《政治学》中把“经济”界定为家计管理、取财致富之术。

至17世纪，“economy”由“家政”之意被逐渐扩展为城邦以至国家治理之意。1615年，法国学者安图安·孟克列钦出版的《政治经济学》(*Political Economy*)一书，内容已超出家计管理，而涉及国计民生、社会治理等政治问题，可供君主借鉴，所以被称为“献给国王和王后的政治经济学”。

18世纪以后，欧洲的经济学论著渐多，内容越来越侧重于对社会生产、分配、交换、消费的研究，这使得“economy”一词逐渐独立于政治，而指向社会经济活动。19世纪后期，西方的经济学摆脱了政治学，专事社会生产、分配、交换、消费问题的研究。

三、“经济”对译“economy”

“经世济民”意义上的“经济”一词很早就随同汉籍传入日本。至江户时代，以“经济”命名的日籍越来越多。太宰春台在《经济录》中诠释“经济”：“凡天下国家治理，皆经济云。尧舜以来，历世的圣贤，尽心立言，垂教后世，皆此经济一事为之。”佐藤信渊极力倡导神道与洋学“混同”，认为经济“乃是经营天地之神意，救济世界人类之业”。“经济者，国土经营，万货丰饶，人民济救之道。”这种关注国计民生、注重物质财富的创造和分配的经济意识标志着“经济”词义的近代转换，也使以“经济”对译“economy”具有了合理性。②

---

① 夏征农.辞海[M].上海：上海辞书出版社，1979：1164.

② 冯天瑜.“经济”辨析：上[J].湖北经济学院学报，2005(6)：5-12.

日本明治年间，正是兼容政治治理之意的“political economics”盛行欧美之际，日本学者选择了含有“经邦济国”“经世济民”之意的“经济”一词对译“economy”是必然的，也是恰当的。

但是，随着西方经济学的转型，“economy”含义变为社会生产、分配、交换、消费之总和，作为汉字文化圈内的“经济”一词，也就失去了“经邦济国”“经世济民”之意，从“经世济民”转化为意指社会生产关系的总和，成为社会生产、分配、交换、消费的总称。单纯讲究追求财富的合理性，使现代“经济”与“经邦济国”“经世济民”相去日远。

四、“经济”应当回归“经世济民”之本义

财富第一，利润至上，单纯讲究追求财富的合理性，使得现代“经济”已然陷于穷途末路。回顾经济学的历程，从亚里士多德的《政治学》，到孟克列钦的《政治经济学》，到亚当·斯密的《国民财富的性质和原因的研究》，再到卡尔·马克思的《资本论》，直到现代经济学，经济学并非仅仅关注物质财富，经济与政治是契合在一起的。弗里德里希·李斯特在其著作《政治经济学的国民体系》中阐明：“政治经济学所研究的是一切国家的利益，是全体人类社会的利益。”①

“在几乎所有已知的文化中，道德思考都要求我们对物质忧虑不能给予过度的重视。我们也更加清楚地认识到，经济发展——特别是工业化以及最近的全球化——常常带来不利的副作用，如对环境的破坏，或对过去看来是完全不同的文化的同化，而且我们也需要用道德的眼光来考虑这些问题。所以，我们需要从物质和道德两个角度来考察经济增长。”②

中国经济文化历史厚重，可以为现代经济学的发展贡献中国智慧。同时，在中华文化背景中创建中国经济学是大有可为的。施炎平认为，任何一个有生命力的、有影响的经济模式和经济理论，都是植根于其文化精神背景的。例如，西方自由经济学说和市场经济理论强调利润效应、个人竞争、契约关系，是与欧洲文艺复兴以来的人文精神相关的。比较来看，中国古典人文精神更强调伦理协调、联系组合，突出社会群体原则，成就了中国人文精神的主流始终以集体主义为导向，在现代中国依然如此。人文精神的差异，必然影响到经济发展模式的差异。我们需要深入文化精神的层面，在更为深远的背景下思考和解决经济理论问题。③

梁鹤年在《“经世济民”经济对自由经济的超越》一文中，推断了“追求自利”

---

① 弗里德里希·李斯特.政治经济学的国民体系[M].陈万煦，译.北京：商务印书馆，2017：121.

② 本杰明·弗里德曼.经济增长的道德意义[M].李天有，译.北京：中国人民大学出版社，2008：4.

③ 施炎平.从经济寻根走向文化寻根——谈当代中国经济学的创建[J].社科信息文荟，1995(22)：32.

成为“自明之理”的过程：

可以说，追求自利是从一个独特的历史时段（英国的17～19世纪）观察和归纳出来的。斯密的理论刚好赶上与工业革命孪生的功利文明，在“追求自利”的头上戴上“带来公益”的道德（政治）光环。两百年后的今天，“追求自利”更被视为人类天生的理性，成为经济“科学”的自明之理。①

梁鹤年在质疑“自明之理”之后，提出了另一个观点：人类的经济行为是理性的，但不是追求自利，而是“不自觉地追求自利与互利的平衡”，并且认为，这一观点出自亚里士多德与亚奎那的古典的自然之法：

万物求存；动物求存，并求延续；人是理性动物，除了求自存和延续之外还知道与人共存。“存”不单是生存，是指“按其本质生存”。在现实生活中，理性受到内在情绪和外在环境影响，越有理性的人越希望他的现实生活与自然之法保持一致。自然之法无关道德，没有选择。它是客观的、绝对的，而且是任何有理性的人都“能够”知道的。②

如果说，“经”具有客观性，必然直接指向“自利”“自存”，那么，“济”的主观性是否能够在一定条件下“升化”为客观必然性，间接指向“他利”“共存”？或者说，经“自利”“自存”与济“他利”“共存”是否可以达到统一？梁鹤年认为：

追求自存与共存平衡的理性经济人既合乎西方古典“自然之法”，也贯彻了东方的“中庸之道”，结合了科学与道德。政府行为的原则应是经世济民，提升自存与共存的平衡，而不是自由经济，满足于无休止的自利追求。③

梁漱溟早就提出“经济改正之必要”，这种改正与文化变革是相辅相成的，“人类文化要有一根本变革”，变革的方向是“由西洋态度改变为中国态度”。④何为中国态度？通俗地讲，就是中国传统文化的态度。经济行为要符合中国传统文化道德，不要一味地追求经济利益，而要追求经济道德价值，引领人类走向至善。“世界已经足以满足每个人的需求，但却无法满足每个人的贪欲。”

中国很早就有“食货”“货殖”“理财”“富国”等比“经济”具体得多的词语，但它们远不及“经济”的重要地位；在“经世济民”的文化体系中，“经济”的宏观性、整体性、政治性特征决定了它具有远较“财利”更重要的意义。日本经济思想史家、高崎经济大学校长山崎益吉强调，“经世济民”的本义不能丢。“经济就

---

① 梁鹤年.“经世济民”经济对自由经济的超越[J].前线，2018(1)：37-39.

② 梁鹤年.“经世济民”经济对自由经济的超越[J].前线，2018(1)：37-39.

③ 梁鹤年.“经世济民”经济对自由经济的超越[J].前线，2018(1)：37-39.

④ 梁漱溟.东西文化及其哲学[M].北京：中华书局，2013：179.

是经世济民、经国安民,是《大学》八条目之治国平天下论。……近代以来,经济的真实意义被遗忘,单纯讲追求财物的合理性而失去了本来面目。"[①]这是"经济"的异化。

如果说,之前的经济是难以满足需求的,"自利"必然是第一位的,那么,在当代经济发展足以保障人类需求的条件下,"自利"与"他利"就可以统一了,"经世济民"的理性价值就可以实现了。

第二节　文　化

文化,或许容易理解,但是,似乎难以描述。翻开文化的历史,在她尚未"走红"之前就有了160多种已经引起学者关注的定义。[②] 克利福德·格尔兹在《文化的解释》中感慨,文化是一个大包大揽的概念,它包括了人类社会全部的学习与实践活动。在此意义上,文化就是一个"意义之网",一个"自构编码系统"[③]。

当然,不同的定义基于不同的立场,有狭义的,有广义的,有静态的,有动态的,反映了文化的不同特征。本书的研究立足于马克思主义文化观。理顺"文化"一词的演变,有助于准确而透彻地理解文化的含义。

一、文化的演化

文化之产生,源于其在社会生活中的作用。2000多年前的中国古代思想家就认识到了这种作用。当然,文化的演化有许多源头。雷蒙德·威廉斯在其1976年出版的著作《关键词:文化与社会的词汇》中主张,对文化、社会、发展之类"关键词"的研究,应该运用历史语义学的方法,不仅强调词义的历史源头及演变,而且强调历史的"现在"风貌——现在的意义、暗示与关系,既要看到过去与现在的关联,也要认识其演化进程中的变异、断裂与冲突。[④]

中华文化源远流长。甲骨之"文",像是人的身体上刻有花纹,意为文身,引申为文饰。《说文解字》曰:"文,错画也,象交文。"其所象物乃事物之"道"或"理"。"化,教行也,从人从匕。""匕者,变也,从倒人。"小篆之"匕"字,是"人"字

---

① 叶坦."中国经济学"寻根[J].中国社会科学,1998(4):59-71.

② 吕长竑,夏伟蓉.文化:心灵的程序——中西文化概念之归类和词源学追溯[J].青海民族学院学报,2009(3):137-141.

③ 克利福德·格尔兹.文化的解释[M].韩莉,译.南京:译林出版社,1999:3-26.

④ 雷蒙·威廉斯.关键词:文化与社会的词汇[M].刘建基,译.北京:生活·读书·新知三联书店,2005:17.

的倒形,“化”由“人”和“匕”组合而成,意为变化,引申为教化。《论语集注》曰:“道之显者谓之文,盖礼乐制度之谓。”《老子》曰:“以德化民曰化。”《增韵》曰:“凡以道业诲人谓之教,躬行于上风动于下谓之化。”《易·贲》有云:“观乎天文,以察事变;观乎人文,以化成天下。”①

“文化”作为一个整体词在中国古代文献中出现,可以追溯至西汉。《说苑·指武》曰:“圣人之治天下也,先文德而后武力。凡武之兴,为不服也。文化不改,然后加诛。”《文选》曰:“文化内缉,武功外悠。”其中之“文化”意指“文治”和“教化”,即以伦理道德礼乐制度教导和规劝世人,制约与感化世人。这样理解“文化”,在中华历史中一直保持到近代。

《辞海》对“文”的解释如下:

> 1.纹理。《左传·隐公元年》:“仲子生而有文在其手。”2.花纹。《汉书·食货志下》:“其文龙。”引申为刺画花纹。3.字,文字。如:甲骨文,钟鼎文。4.文章。如:作文,诗文。5.古指礼乐制度。《论语·子罕》:“文王既没,文不在兹乎!”6.法令条文。如:舞文弄墨,深文周纳。《史记·酷吏列传》:“与赵禹共定诸律令,务在深文。”7.文采;辞采。与“质”相对。《文心雕龙·原道》:“逮及商周,文胜其质。”8.文雅。如:温文尔雅。9.与“武”相对。如:文武全才。10.旧时铜钱一面铸文字,故称钱一枚为一文。如:一文不值。②

领会“文”的含义,可以感受到美好的存在、文明的价值、人心的向往。“文”就是美好,就是文明。所以,“文”化是必然的,是符合人类发展进步的要求的。

《辞海》对“化”的解释如下:

> 1.变;改。如:化险为夷;化悲痛为力量。2.转移人心风俗。如:潜移默化。《礼记·学记》:“就贤体远,足以动众,未足以化民。”《管子·七法》:“渐也,顺也,靡也,久也,服也,习也,谓之化……不明于化,而欲变俗移教,犹朝揉轮而夕欲乘车。”3.融解;消化。如:化痰止咳;食古不化。4.死。《孟子·公孙丑下》:“且比化者,无使土亲肤。”朱熹注:“化者,死者也。”陶潜《自祭文》:“余今斯化。”5.烧。如:火化。6.化生;化生之物。《礼记·乐记》:“和,故百物皆化。”郑玄注:“化犹生也。”又:“鼓之以雷霆,奋之以风雨,动之以四时,暖之以日月,而百化兴焉。”7.造化;自然的功能。《素问·五常政大论》:“化不可代,时不可违。”8.表示转变成某种性质或状态。如:绿化,电气化,

① 黄寿祺,张善文.周易译注[M].北京:中华书局,2016:215.

② 夏征农.辞海[M].上海:上海辞书出版社,1979:1533.

大众化。9.风俗；风气。《汉书·叙传下》："逼上并下，荒殖其货，侯服玉食，败俗伤化。"10.求讨；募化。《红楼梦》第二十二回："一任俺芒鞋破钵随缘化。"①

理解"化"的含义，可以感受到"化"的力量、进化的力量、演化的力量、造化的力量、变化的力量，改变不可阻止，更替势在必行。风习的迁移就是文明的进步。这就是文化的力量。

近代以来，随着西学东渐，文化内涵趋于融合。

"文化"渊源众异。在西方，"文化"同样可以追溯久远。拉丁语中，"culture"一词具有"耕耘""种植""培育""修养"等意义，一方面在"农业"(agriculture)和"园艺"(horticulture)中包含着这些意义，另一方面有对人的"教育""培养""训练"等意义。古罗马政治家西塞罗在其拉丁语著作中使用"culture"比喻"耕耘智慧"，与"哲学"近义。

16世纪，"culture"一词进入英语，转而具有了"为改善某一事物的品质而谨慎努力"之意。1852年，英国基督教徒纽曼开始使用"精神耕耘"(mental culture)、"智力培育"(intellectual culture)等词，类似于现在使用的"教养""培养"(cultivation)之意。直至18世纪，伏尔泰等学者开始在法语中使用"culture"一词，意指训练、修炼心智或思想品质等。

维多利亚时代，英国评论家马修·阿诺德在其著作《文化和无政府状态》中，使用"culture"指称"受过教育的人"之状态，把良好的风度、文学、艺术等称为"文化"，认为文化是教育的结果，是通过不懈修养获得的。"文化"逐步具有了现代意义。

德文之"文化"借自法文，在18世纪末开始拼写为"Kultur"，其主要用法是作为"文明"的同义词，一方面，表达一种抽象的含义，指成为"文明的"或"有教养的"人之过程；另一方面，描述人类发展的过程中约定俗成的文明的含义。"当'文化'一词(Kultur)在18世纪80年代的德国开始普遍使用时，如同'精神'(Geist)一词一样，标志着使用这种表达方式的约翰等作者对语言、法律、宗教、艺术和科学的变化之间的联系有了更敏锐的认识。"彼得·伯克认为："德国人所说的文化在法国人那里被称作'人类精神的进步'。到了18世纪末，它已经成为贯穿世界历史的概念。"孔多塞在其著作《人类精神进步史表纲要》中，不仅使用经济标准，而且还同时使用文化标准进行世界史的分期。②

马克思认为，文化是在人类与自然的交往的过程中形成的，"正是在改造对

---

① 夏征农.辞海[M].上海：上海辞书出版社，1979：208.

② 彼得·伯克.文化史的风景[M].丰华琴，刘艳，译.北京：北京大学出版社，2013：23.

象世界中，人才真正地证明自己是类存在物。这种生产是人的能动的类生活。通过这种生产，自然界才表现为他的作品和他的现实。因此，劳动的对象是人的类生活的对象化：人不仅象在意识中那样理智地复现自己，而且能动地、现实地复现自己，从而在他所创造的世界中直观自身”①。马克思主义文化理论从历史唯物主义的立场阐释了文化的起源、结构和功能，揭示了文化的本质及其发展规律。

二、文化的描述

概念是学科知识体系的元素。学科赋予了概念具体的含义。文化是人类学的中心概念。但是，“人类学对文化定义的理解具有较强的伸缩性，使得人类学关于文化研究的范畴具有了包罗万象的形态”②。

约翰·哈特利在讨论文化研究谱系时指出，“文化研究一直对源于边缘的革新大开方便之门”，“拒绝使其学科形式专业化”。这样，文化研究的“不确定性”(indeterminacy)，包括文化的定义、研究的范围和研究方法等，使得“任何人都可以参与，许多人跻身其中，结果使某些人感到不适，因为在这些人眼中是必不可少的事情，却难入另一些人的法眼”。③

文化定义之多，首先意味着文化容纳之多。雷蒙德·威廉斯在其《文化与社会》一书中指出，在 18 世纪后期和 19 世纪上半叶，有 5 个单词在英语中变成了常用词——工业、民主、阶级、艺术和文化，其中最重要的是文化概念；文化概念具有多方面的含义，最能表达这一时代所特有的知识和社会变化的复杂性。文化内涵之演变，文化范围之宽泛，决定了文化之界定在人类社会演进过程中的连续性动态呈现。

（一）文化是群体生活的习惯

从 18 世纪末开始，“culture”的词义和语用发生了变化。“在这个时期，文化一词主要指‘自然成长的倾向’以及——根据类比——人的培养过程。但是到了 19 世纪，后面这种文化作为培养某种东西的用法发生了变化，文化本身变成了某种东西。它首先是用来指‘心灵的某种状态或习惯’，与人类完善的思想具有密切的关系。其后又用来指‘一个社会整体中知识发展的一般状态’。再后表示‘各类艺术的总体’。最后，到 19 世纪末，文化开始意指‘一种物质上、知识上和精神上的整体生活方式’。”④

---

① 马克思恩格斯全集：第 42 卷[M].北京：人民出版社，1979：97.

② 李陶红.人类学的“文化”之思——基于文化定义的分析[J].民族论坛，2015(9)：24-28.

③ 约翰·哈特利.文化研究简史[M].季广茂，译.北京：金城出版社，2008：15-16.

④ 韦森.文化与秩序[M].上海：上海人民出版社，2003：9.

文化与生活息息相关。雷蒙德·威廉斯认为，文化即生活，“文化不只是一批知识与想象作品而已，从本质上说，文化也是一整个生活方式”。[①] 威廉斯的“文化”概念聚焦在了日常生活层面的意义上，“这些意义和价值标准不仅存在于艺术和学问中，而且还存在于各种制度和日常行为中”[②]。

文化就是人类的生活，并且“只是人类生活”。生活可以是个人的，而“文化”是集体的、大众的、群体的。

梁漱溟在《中国文化要义》中认为：“文化，就是吾人生活所依靠的一切。”很显然，文化是实实在在的东西。“文化之本义，应在经济、政治，乃至一切无所不包。”[③]

何为生活？生活即“生存状态”(state of living)。“生活所依靠的一切”决定了生存状态。相对稳定的生存状态就是风俗习惯。

让-雅克·卢梭在他的《社会契约论》中指出，文化是风俗、习惯，特别是舆论。维克多·埃尔在《文化概念》一书中认为卢梭的这个定义是最准确的。[④]

爱德华·泰勒在其名著《原始文化》(*Primitive Culture*)一书中给出的定义为人们所广泛接受：“文化或文明是一个复杂的整体，它包括知识、信仰、艺术、道德、法律、习俗以及作为社会成员的人所具有的其他一切能力和习惯。”[⑤]

如何理解泰勒的定义？我们可以这样分析。从语法句式上看，泰勒的定义中对各种文化要素的罗列似乎是随机的。其实不然，泰勒的定义与文化演变的轨迹——19世纪末，文化开始意指“一种物质上、知识上和精神上的整体生活方式”——是一致的。在这之前的观念中，文化意味着“高尚”，其组成部分只能是知识、信仰、艺术、道德、法律等，不那么高尚的“习俗”怎么能够成为文化呢？然而，泰勒在“传承”了高尚的文化的前提下，不仅将“习俗”列为文化要素之一，与那些高尚文化要素并列，而且还特别强调(似乎是重复)了“习惯”的终极地位，大有“凌驾于其他要素之上”之势。不但“高尚”的是文化，而且“低俗”的更是文化；不但“雅”是习惯，而且“俗”更是习惯，是文化的基准再现，在文化中占有主导地位，是文化的核心元素。伏尔泰的名著《风俗论》是以文化和社会之间的关系为主题的，与其说是“风俗论”，不如说是“文化论”。风俗是文化的代理，是文化的表征。风俗习惯就是文化。

我们可以进一步分析，泰勒是把文化元素分成了两部分：知识、信仰、艺术、道德、法律是高尚的，是精神的，是上层建筑，属于精英文化；而习俗以及作为社

① 雷蒙德·威廉斯.文化与社会[M].吴松江，张文定，译.北京：北京大学出版社，1991：403.

② 樊柯.走向文化社会学[D].中国社会科学院研究生院，2010：8.

③ 梁漱溟.中国文化要义[M].济南：山东人民出版社，1990：9.

④ 维克多·埃尔.文化概念[M].康新文，晓文，译.上海：上海人民出版社，1988：22.

⑤ 爱德华·泰勒.原始文化[M].蔡江浓，编译.杭州：浙江人民出版社，1988：1.

会一个成员的人所习得的其他一切能力和习惯是低俗的，是生活的，是社会基础，属于大众文化。文化必然是精英文化与大众文化的对立统一，是精神文化与物质文化的对立统一，是自然与"他然"的对立统一。文化就是在这种对立统一的关系中演化的、进步的。

自然生长的一棵树，不是文化；修剪整定的一棵树，仍然不是文化。修整的过程才是文化，修之，整之，越来越趋近于"他然"，越来越具有文化意味了。这个过程一定是基于自然的，尊重自然的，否则，就会被"整"死。所以，文化与自然是统一的。

回顾文化的历史，文化必然是基于自然的"文饰""雕琢"，是顺应"自然成长的倾向"而进行的对生命的"培植"和"教养"。文化是自然的衍生物，是自然的文化。文化与自然是对立统一的。

根据雷蒙德·威廉斯对文化历史的考察，文化及其相关的西语词汇本是用来表示栽种、培育、照料农作物的过程，后来被用来指称人类发展的历程，当然，仍然保留着顺应自然的意思。[①] 在工业革命以前，以乡村共同体为主要特征的英国社会呈现一种自然状态。工业革命把这种自然状态的社会形态摧毁了，造成了很多普遍性的社会问题。例如，人成为工具和手段，在机器面前丧失了自由，只能被动顺从；人的心灵呈现出机械化趋势；社会在功利主义和自由主义的环境中走向无政府状态。面对这样一个工业社会，批评家用"不自然的"加以形容，并提出各种对策，试图将社会重新导向"自然的"状态。这种努力的方向恰好与"文化"一词的动态语义相共鸣，因此，对于这些批评家而言，文化成了拯救英国社会的力量。"文化"与"社会"之争，即以一个"文化社会"代替现行社会，这个"文化社会"就是"自然的"社会。[②]

爱德华·泰勒试图走出对文化的静态观察，超越了将文化立于生活之上的精英文化传统，摆脱了精英文化与大众文化二元对立的文化模式，将文化推进到了社会生活层面，丰富和发展了文化概念。

风俗习惯就是文化的表征，不同的风俗习惯就是不同文化的再现。习惯形塑了群体中的一个一个的个体，濡化了个体的"整体生活方式"——从思维方式到行为方式，从对待自己到对待他人，从物质生产和改造自然的方式到管理制度的选择，再到思想意识及价值观的倾向性。例如，使用筷子或叉子，接受不同的社会管理制度，信仰集体主义或个人主义，都是一种自然而然的不由自主的"习

---

① 雷蒙·威廉斯.关键词：文化与社会的词汇[M].刘建基，译.北京：生活·读书·新知三联书店，2005：101-102.

② 欧阳谦.文化的辩证法——关于"文化主义的马克思主义"的几点思考[J].马克思主义与现实，2008(4)：47-55.

惯”，或者说是由习惯势力决定的。

到了20世纪30年代，人类学家的关注点又从“习俗”转向了“行为模式”，文化不再那么宽泛，不再强调“作为社会一个成员的人所习得的其他一切能力和习惯”，而限定于制约某一社会群体成员的价值体系和行为规范。

威廉·A.哈维兰在《当代人类学》中指出，文化是一系列规范或准则。当社会成员按照它行为时，该行为应限于社会成员认为合适和可接受的变化范围之中。

以“行为模式”替代“习惯”而解读文化，使文化被赋予了一种抽象性质，不再是表层的、浅显的，转而成为一个独立于社会实践而存在的概念，似乎更学术化了。

20世纪80年代，文化的核心要素从“行为模式”转变为“符号意义”。文化被视为一个“意义之网”，是由社会确定的“意义结构”组成的一个由社会构建的“符号体系”，“是人类学家必须加以解释的一个由当地人写就的文本”。“符号是整个人类行为和文化的基本单位。全部人类行为起源于符号的使用。符号使人类的所有文化得以产生和流传不绝。文化是以社会符号为媒介的行为总和。”“文化是模式化和符号化的存在，因而是有规律可寻和可循的。不同的共同体有不同的文化模式。”文化模式构造了行为、仪式、感知、思想，塑造了个人的心理和群体的“地方性”和“民族性”，乃至“国民性”。①

“文化是人类行为的软件——‘自组织编码系统’。这套文化编码体系，格尔兹更愿意把其理解为文化的意义系统。”②

2014年5月4日，习近平在北京大学师生座谈会上讲话指出：“中华文明绵延数千年，有其独特的价值体系。中华优秀传统文化已经成为中华民族的基因，植根在中国人内心，潜移默化地影响着中国人的思想方式和行为方式。今天，我们提倡和弘扬社会主义核心价值观，必须从中汲取丰富营养，否则就不会有生命力和影响力。”③

（二）文化是一个集合整体

16世纪60年代以来，“认为文化构成了一个整体的观点，逐渐变得明朗起来了”④。按照泰勒的概念，文化是一个“复合整体”，它有许多构成要素。这些不同的要素分别满足人们不同的要求，也就是文化的要求。

马林诺夫斯基认为，处于文化过程中的人类是组织化的，使用人工制品，通

---

① 李醒民.论文化的固有特征和研究进路[J].社会科学论坛，2005(7)：5-20.

② 张小军.让经济有灵魂[M].北京：清华大学出版社，2014：32.

③ 习近平总书记系列重要讲话读本[M].北京：学习出版社，人民出版社，2014：96.

④ 彼得·伯克.文化史的风景[M].丰华琴，刘艳，译.北京：北京大学出版社，2013：22.

过语言等象征符号进行交流。人工制品、组织化群体和象征符号是文化过程的三个相互联系的维度。“每个文化的完备性和自足性都归因于一个事实：满足基本的、实用的及整合化的全部需求。”[①]研究一个共同体的文化，可以运用分析方法，把它的各种要素加以分割，但是，在实践中这些要素是难以分开的。既然如此，文化确实是一个整体。

莱斯利·怀特把文化系统分为三个亚系统，即技术系统、社会系统、意识系统。技术系统是底层的，包括物质的、机械的、物理的、化学的存在；社会系统居中，主要指向社会制度与人际关系；意识系统处于上层，是哲学的层次，是以语言或其他符号表现的知识、思想、观念、信仰。技术系统是整个文化系统的基础和决定性因素。社会系统从属于技术系统，是技术系统达成的功能。意识系统表达技术系统的力量，同时反映社会系统的进化。技术系统和社会系统决定意识系统的内容和方向。

让·拉特利尔在《科学和技术对文化的挑战》一书中采用的是四分法：

> 一个共同体的文化可以认为是它的表达系统、规范系统、表现系统和行为系统的总和。表达系统包括构成共同体的各个群体用以解释自身以及他们生活于其间的世界的概念和符号之结合，还包括社会藉此扩展其知识与技艺的方法；规范系统包括与价值观念有关的一切，这些价值构成了评价行为与情境的基础，必要时也为实践活动的辩护提供基础，同时提供与特殊规则相关的一切，行为系统即以这些规则组织起来。表现系统包括物质的方式与形态的方式，表达与规范系统由此得到具体表现。通过情感，使更深层的东西（生活作为体验、作为感知自然与历史实在的方式，于此得以具体化）外化为有意义的形式，并在无穷的诠释中发挥作用。行为系统既包括那些技术手段，这些手段使合理地、适当地控制社会环境成为可能，也包括严格意义的社会手段，一个以掌握自身命运为己任的共同体即由此组织起来。[②]

李醒民认为：“作为一个整体，文化是有结构的，或者说是分层次的。”[③]比如，把文化分为一般文化和高级文化，或通俗文化和高雅文化，等等。

约翰·席勒在《美育通信》中提出了唯美主义的国家概念，它象征着文化概念的两个基本组成部分的结合，即“政治思想和对美学存在意义的思考的结合”[④]。

---

① 马林诺夫斯基.科学的文化理论[M].黄建波，等译.北京：中央民族大学出版社，1999：132.

② 让·拉特利尔.科学和技术对文化的挑战[M].吕乃基，等译.北京：商务印书馆，1997：4.

③ 李醒民.论文化的固有特征和研究进路[J].社会科学论坛，2005(7)：5-20.

④ 维克多·埃尔.文化概念[M].康新文，晓文，译.上海：上海人民出版社，1988：22.

对于作为一个整体的人类文化来说，从广义上讲，是“人化”的一切成果，通常可以分为器物、制度、观念三个层次，即物质文化、制度文化和观念文化，在生活实践中构成一个复合整体。物质文化包含文化的所有物化形式；制度文化是指规范个体行为，调整个体与个体、个体与群体、个体与社会之间关系的方式；观念文化是指人们的精神活动及其成果。

狭义文化是指观念文化，包括风俗、习惯、艺术、道德、宗教、哲学等等。毛泽东指出：“一定的文化是一定社会的政治和经济在观念形态上的反映。”①本质上讲，文化属于观念形态，包括风俗习惯、宗教信仰、文学艺术、伦理道德、哲学思想等。杨耕强调，文化是人类精神的产物，是理论世界、价值世界、意义世界。“文化是观念形态，是价值和意义，属于内涵性的存在，不能目视，但文化可以通过物质载体对象化、客观化，从而为人们所感知、体悟、理解、接受。”②

文化是一个有机整体吗？萧俊明认为，泰勒虽然使用“整体”一词，但是，“与有机整体论相去甚远”。尽管他也希望“从诸多具体事物中抽象出一个普遍概念从而完成对文化的概念厘定”，但是“所追求的概念始终无法对象化和具体化”，所以，使用“复合整体”这一概念，是“无奈之举”。③

萧俊明是这样分析的：

> 对泰勒来说，他面对的是同样的难题。他的那个“大写的”“单数的”文化如何能够被实体化或具体化使之成为可知、可感或可触的？为此，他必须构拟一个整体来承载这个作为普遍概念的文化，于是他把若干分离的要素填充到这个构拟出来的整体中，使之去支撑这个文化普遍概念。那么，这个复合整体就不可能是有机的，因为任何有机的整体即使不能被实体化也可以隐喻化，就像人体常被用来隐喻整体一样。从这个意义上讲，泰勒的“复合整体”其实是一个虚构，而它的构成要素却是实在的，于是就形成了一种你可以经验它的各个要素却无从知晓这个整体究竟为何物的“悖论”。④

泰勒没有将“复合整体”视为有机的，而是认为整体的部分是可以分离开来进行研究的。作为有机整体，其中的一个部分是不能独立存在的，只有存在于整体之中才是有“生命”的、有价值的，任何一个部分的“缺位”都会影响整体的功能。但是，文化不是这样的。我们应该把泰勒的“复合整体”更恰当地理解为“集合整体”，而不是“有机整体”。在这个集合整体中，各种文化元素都是可以独立

① 毛泽东著作选读：上册[M].北京：人民出版社，1986：384.

② 杨耕.文化何以陷入“定义困境”——关于文化本质和作用的再思考[N].北京日报，2015-04-27(22).

③ 萧俊明.文化的误读——泰勒文化概念和文化科学的重新解读[J].国外社会科学，2012(3)：33-46.

④ 萧俊明.文化的误读——泰勒文化概念和文化科学的重新解读[J].国外社会科学，2012(3)：33-46.

存在的，都是可以单独被感知的。如果可以把文化比喻为“人工草坪”的话，那么，文化的元素就是每一棵小草、每一滴“露珠”，它们的“在场”与否都不至于影响文化的整体性。每一棵小草的存在、小草的空间位置、小草之间的相互关系、集合成的空间氛围构成文化的内容，作为文化“内容”的小草的状态取决于文化的“根本”——土地的品质。这就是文化，一个集合整体。小草是显性的，露珠是显性的，生成露珠的元素是隐性的。

文化冰山理论认为，文化的组成要素包括显性部分和隐性部分。露出水面的冰山为显性文化，如建筑、烹饪、文学艺术、典章制度等；深藏在水下支撑的部分为隐性文化，如价值观、人文历史、民风习俗、思维方式和行为模式等。隐性文化通过显性文化再现出来。但是，本文化中的人因为长期浸润其中，对其隐性文化部分已经不再敏感，而在跨文化交流过程中对他文化却感知不到，或者无从感知。

刘云德将文化要素分为价值观、规范、意义和符号、物质文化四类，认为价值观是文化的核心。“文化的其他要素实际上都是围绕价值观这一核心展开的。它们要么是价值观的具体化和外化，如规范；要么是价值观的表现形式，如符号和意义体系；或者是价值观的物质载体，如物质文化。”①

《辞海》对“文化”作了三个条目的解释：

> 1.从广义来说，指人类社会历史实践过程中所创造的物质财富和精神财富的总和；从狭义来说，指社会的意识形态以及与之相适应的制度和组织机构。文化是一种历史现象，每一社会都有与其相适应的文化，并随着社会物质生产的发展而发展。作为意识形态的文化，是一定社会的政治和经济。在有阶级的社会中，它具有阶级性。随着民族的产生和发展，文化具有民族性，通过民族形式的发展，形成民族的传统。文化的发展具有历史的连续性，社会物质生产发展的历史连续性是文化发展历史连续性的基础。无产阶级文化是批判地继承人类历史优秀文化遗产和总结阶级斗争、生产斗争和科学实验的实践经验而创造发展起来的。2.泛指一般知识，包括语文知识在内。例如“学文化”就指的是学习文字和求取一般知识。又如对个人而言的“文化水平”，也是指一个人的语文和知识程度。3.指中国古代封建王朝所施的文治和教化的总称。南齐王融《曲水诗序》：“设神理以景俗，敷文化以柔远。”②

应该说，《辞海》中的“文化”定义与当代社会对文化的理解是一致的。

---

① 刘云德.文化论纲——一个社会学的视野[M].北京：中国展望出版社，1988：40.

② 夏征农.辞海[M].上海：上海辞书出版社，1979：1533.

(三)文化是有意图的活动

可以说,以上两个层次是对文化的静态描述,对于理解文化是有益的。但是,"'文化'一词并不是作为一个描述性术语问世的,也就是说,并不是对已经形成、被观察到并且得到记载的人类行为惯例的简称。……是作为一种有意图的活动的名字进入词汇表中的。……是在包括诸如'培植''饲养''养育'这些概念的家族中构想出来的"[①]。在早期法语中,"文化"甚至具有"救世主"意味,表达"劝诱归附"的意图,以唤醒大众的精神需求,改良习俗,善化社会,这与古代汉语中"化成天下"的意蕴相通。文化之意图在于"化",是一种"化人"的力量,文化是对人的灵魂的锻造,此即文化之功能。"化"的方向是"文",从野蛮化向文明。正是这种文明之"化"的力量推动着社会进步。"文之意义,限于一平面上;至于'化',则有'因袭其文''因时成化'之纵的意义矣。"[②]

唐君毅依于中国传统经典直接给出了一个动词性的"文化":"依于人者仁也之认识,以通天地、成人格、正人伦、显人文是也。"[③]

文明是文化的阶段性成果,或者说是文化的一种"状态化"的描述。斯宾格勒指出:"文明之于文化,正如存在(Being)之于演化(Becoming),智力之于灵魂。"[④]而文化本身是动态的、持续的、进化的、历史的、不断进行中的。文化是社会的产物,反过来,文化不断"产生着"新的社会。

文化是一种态度、一种信仰。文化的力量正是信仰的力量。文化是信仰的集合。当然,不同的文化有不同的信仰。汽车是先进的交通工具,可以满足人类快捷高效的生活方式,或许是汽车产业的"信仰"。环保主义的"信仰"却与之相反,认为汽车造成了环境污染。不同的文化主体信仰不同,因而有不同的文化意图,都企图"涵化"他者,这才导致文化冲突。在冲突——碎片化——再融合的过程中,"涵化"与"濡化"共同作用,形成了新的信仰,新的文化就诞生了。

"国际企业需要研究对待外国投资的不同态度。大多数国家的人们都认为,如果外国人购买本国产品或以旅游者的身份到本国来消费,那是件好事;然而如果外国人开始在房地产业投资和收购企业,则大多数国家的人们都会紧张起来。在外国投资的问题上,文化偏见表现得非常强烈。比如,当中国企业欲收购Maytag(一家以生产高质量洗衣机和其他家用器具而闻名的美国公司)时,美国的持股者为企业的前景感到忧心忡忡。同样,德国人听说美国的汽车制造商克

---

① 齐格蒙特·鲍曼.流动的生活[M].徐朝友,译.南京:江苏人民出版社,2012:56.

② 陈登原.中国文化史[M].北京:商务印书馆,2014:10.

③ 唐君毅.中国文化之精神价值[M].南京:江苏教育出版社,2006:317.

④ 菲利普·巴格比.文化:历史的投影[M].夏克,等译.上海:上海人民出版社,1987:191.

勒斯勒可能要和豪华轿车梅赛德斯共享平台和零件时,也惊得目瞪口呆。”[①]

“天人合一”,正是中华民族之信仰,亦是中华传统文化之真理。对外文化传播具有“涵化”作用,可以“涵化”世人;文化创新就是要更有效地达成“天人合一”。

对外文化传播的意图是什么?通过文化传播,弘扬优秀的中华传统文化。要达成此目标,就要尝试与国际传媒接轨,与国际学术融合,才能真正有效地将中华传统文化要义弘扬于世,尤其要防止蜕变为“文化搭台,经济唱戏”的经营模式。

对外直接投资的意图是什么?是经济利益,经世济民利天下。要达成此目标,必须端正心态,尊重规则,坚持经济人的理性,排除“江湖意识”等非商业因素的考量。当然,不仅是经济利益,在均衡经济利益基础之上,还要担当社会责任,创造社会价值。

(四)经济发展是一个文化过程

越来越多的政治家、学者正在把注意力放到文化的价值观和态度在促进或阻碍社会进步方面所起的作用上。迈克尔·塞尼指出,以经济和科技为出发点所设计的发展规划单纯追求经济扩张,不仅在观念上带有偏见,而且带来的后果也是“彻底毁灭性”的。经济发展的矛盾在于,经济价值观不足以保证经济发展。经济发展的终极目标是文化的进步,是人的解放。经济发展是一个文化过程。

当代,文化多被作为“静态化”的概念使用,以描述社会生活状况。文化的内涵、特质反映在社会经济生活中,或者说,文化主要通过经济生活体现出来。在此意义上,文化可以理解为“是人类行为的软件系统”,是经济的灵魂。[②]

经济生活是文化的主要场景,是伦理道德关切的主要领域。所以,投资活动不仅是经济活动,而且还是文化活动,要接受道德伦理的评判。经济主体进行投资及贸易活动时,不仅通过要素转移及商品交换将商品中蕴涵的文化元素加以展示,而且还通过人际沟通开展文化交流。对外投资不仅体现企业文化,而且还展现其民族文化底蕴。对外投资是文“化”的重要途径。

“经济活动是人类文化活动的一个侧面,外来的经济必然会带来外来的文化,与本土文化发生碰撞。”[③]微软 Windows 系统、苹果手机被引进中国,显示了对中国消费者的文化影响力,不仅因为其技术硬实力,而且还因为有文化策略。普通消费者接受外来资本及外来产品,显然感受到了外国文化的“气息”,那就是

① 琳达·比默,艾里斯·瓦尔纳.跨文化沟通:第 4 版[M].孙劲悦,译.大连:东北财经大学出版社,2011:260.

② 张小军.让经济有灵魂[M].北京:清华大学出版社,2014:32.

③ 涂永红.大国货币:文化篇[M].北京:科学出版社,2014:5.

外来文化的影响力、涵化力。

第一次世界大战之后，美国以其强大的经济实力、科技实力输出其所谓的“自由、平等、民主”。“美国公司和广告业的经营者、好莱坞电影公司的老板们，不仅向世界上其他国家销售他们的产品，而且还推销美国的文化和价值观”①，通过可口可乐、肯德基、麦当劳等物质载体进行潜移默化的宣传，对全球许多国家或民族文化产生了重大影响。“‘当你驾车载着孩子们出行时’其实是向巴西城市输出了美国文化，一种由高速公路、私家车和郊区生活模式等结合而成的文化模式。”②“顾客在享用麦当劳快餐的同时，也获得了美式的、杂糅的文化认同，使麦当劳超越商业和消费的范畴，成为全球文化传播中的一个范例。”③

实施“走出去”战略，我们宣传天人合一、尚仁行义的文化理念，这些文化理念蕴含在中国企业对外直接投资活动之中。世界人民接受了中国企业的投资，也就接触了中国文化。世人对中华文化感兴趣了，之后会更加关注我们的社会经济生活场景。在对外直接投资活动中，海尔集团把自己的企业文化、管理制度、“人单合一”的销售模式传播到东道国，在管理学界赢得大家对“海尔模式”的认可，这就是一个文“化”的过程。经济发展需要提高生产力，需要制度创新，需要源于价值观的动力。经济发展丰富了物质产品，制度创新为人民增加了闲暇时间，善化了人类的价值观，丰富了物质和精神生活，这就是文化的进步作用。

“经济增长包含着道德上有益的社会和政治结果。”“经济增长不仅依赖于道德动力，而且还具有正面的道德意义。特别有意义的反响是，我们可能至少部分地依赖于道德手段来满足我们的道德目的，即使这两者的联系只是经济上的。”④

（五）文化是一种“化”人的力量

恩格斯在《劳动在从猿到人转变过程中的作用》一文中指出，文化借助于意识和语言而存在，是人类特有的现象和符号系统。文化就是人化，人的对象化或对象的人化。文化是一种力量、一种“化”人的力量。“观乎天文，以察时变；观乎人文，以化成天下。”文化就是人文教化，通过教化，使人进入文明状态，确立人之为人的行为规范体系，从而成为群体中的人。“文化才是唯独人具有的生活方式。”⑤文化就是“人文”“教化”，这是文化的根本的性质。杨耕认为：

① 约瑟夫·奈.美国霸权的困惑：为什么美国不能独断专行[M].郑志国，等译.北京：世界知识出版社，2006：73.

② 康拉德·菲利普·科塔克.简明文化人类学：人类之镜[M].熊茜超，陈诗，译.上海：上海社会科学院出版社，2011：271.

③ 周文华.美国核心价值观建设及启示[M].北京：知识产权出版社，2014：140.

④ 本杰明·弗里德曼.经济增长的道德意义[M].李天有，译.北京：中国人民大学出版社，2008：13，15-16.

⑤ 莱斯利·怀特.文化科学——人和文明的研究[M].曹锦清，等译.杭州：浙江人民出版社，1988：33.

人创造文化，文化又塑造人。文化对人的塑造主要是通过对人的教化而实现的。每个人一出生就无可选择地生活于特定的文化环境之中，自觉不自觉地都要接受这种文化的培育和熏陶。一个人即使没有受过正规的学校教育，从小到大的耳濡目染，也会使他被这种文化所同化。①

1.文化“化人”之用

文化是“人为”的，文化也是“为人”的。文化的核心价值和突出作用就是“化人”，让人成为“人”。这是一个通过“教化”实现“人化”的过程。人，沐浴在文化之中，文化对人的教化作用是全面而深切的，又是自然而然的，这个作用表现在哪些方面？以下几个方面是显而易见的。

第一，导向和规范行为。文化就是习俗。威廉·哈维兰在《当代人类学》中指出，文化是一系列规范或准则。每一种文化都界定了具有约束力的行为规范，当社会成员遵从此规范行为时，其行为即处于其他社会成员认为合适和可以接受的界域之中。文化为人的行为提供方向和可供选择的方式。要遵从规范，首先就要认知规范。认知文化的过程就是接受规范的过程，就是接受习俗的过程，就是接受文化的过程。这个过程可以是自然而然的、潜移默化的，也可以是自觉主动的，甚至是被迫接受的。可以通过家庭启蒙、学校教育、公众舆论、榜样示范等文化手段，展现社会习俗，将行为规范加之于个人、组织、族群或者是阶层，实现文化的规范约束作用。卢梭在他的《社会契约论》中指出，作为风俗、习惯，特别是舆论的文化，有三个特征：一是铭刻在人们的内心；二是缓慢诞生；三是能够维持人们的法律意识。

第二，认知和培育能力。文化是可以传承的，具有承传文明的功能。人是文化的传承者，这是人类所独有的能力。“自我从本质上说是一种社会结构，是从社会经验中产生出来的。当一个自我产生以后，它就从某种意义上为它自己提供了它的各种社会经验。”②

要传承文化，首先就要认知文化。对文化的认知，是文化传承的基础。通过文化传承，人类才有知识的积累，才有能力的提升。人类传承的是以知识为载体的文化。这些知识包括思想、观念、价值、意识、科学、技术、工艺、经验等等。知识是能力的基础，知识的积累就意味着能力的强化，也包括“传承能力”。从本质上说，任何一个人都是一个社会群体的成员，代表着这个群体的价值观念，承载着这个群体的生活经验。面对环境的冲击，人的反应必然包含着某种适应过程，而这一适应过程不仅影响自我，而且还影响他人，影响环境。也就是说，人，既影

① 杨耕.文化何以陷入“定义困境”——关于文化本质和作用的再思考[N].北京日报，2015-04-27(22).

② 乔治·米德.心灵、自我和社会[M].霍桂恒，译.南京：译林出版社，2014：155.

响他自己的环境，也接受他的环境的影响。

文化是人的文化，同时，文化又是作为人的客体的文化。文化为人的认知提供了对象，“通过教育启蒙和知识传递，为人们认识和处理人与自然、人与社会的关系提供可资借鉴的思想资源，从而不断提升人的能力”[①]。人类如果不能继承，每一代人都要从零开始，也就不会有人类历史，也就没有文化。

第三，提升思想境界。人类有认知，有行为，有思想意识，这是文化的核心。文化为人类提供了关于是非、善恶、美丑的判断标准，即规范的标准。通过自然教育和社会教育，人的世界观、人生观、价值观得以确立，人通过不断接受先进的文化，强化正义感，提升责任感，追求真善美，从而具有更加高尚的道德情操和人生境界。文化“化”人是也。

维克多・埃尔认为：“文化，就是对人进行智力、美学和道德方面的培养。”[②]

“18 世纪的知识分子普遍认为，举止的‘粗野’和‘优雅’的差异与不同的思想方式有关。在德国，约翰・克里斯托弗・阿德隆出版的《论人类文化史》，就试图把‘精神文化’与‘社会生活’和‘修养的提高’联系起来。他认为，每种状态都有与之匹配的文化水平。”[③]

2.文化“化人”之力

文化之“化”，可以分为两种力量：“濡化”和“涵化”。

第一，濡化。濡化，让我们联想到耳濡目染和潜移默化。耳濡目染，是指经常听到看到，不知不觉地受到影响。潜移默化，是指人的思想或性格不知不觉地受到感染、影响而发生了变化。在《世界文化词典》中，濡化是指“人在一生中通过学习而获得在其文化中的适应能力的过程”[④]。在《心理咨询大百科全书》中，濡化是指“成长中的儿童获得本民族的文化模式的过程”[⑤]。

梅尔维尔・赫斯科维茨在《人类及其创造》一书中使用了“enculturation”一词，以定义“人区别于其他动物的学习经历，人在生命开始和延续中借此获得适应自己文化的能力”[⑥]。

濡化，是一个过程，是人接受文化的过程；通过这个过程，人获得了适应文化的能力，这是一个社会的价值观和社会准则被这个社会的成员传承或习得的过程。

---

① 杨耕.文化何以陷人“定义困境”——关于文化本质和作用的再思考[N].北京日报，2015-04-27(22).

② 维克多・埃尔.文化概念[M].康新文，晓文，译.上海：上海人民出版社，1988：54.

③ 彼得・伯克.文化史的风景[M].丰华琴，刘艳，译.北京：北京大学出版社，2013：20-21.

④ 蒋广学，朱剑.世界文化词典[M].长沙：湖南人民出版社，1990：1080.

⑤ 车文博.心理咨询大百科全书[M].杭州：浙江科学技术出版社，2001：612.

⑥ 汝信.社会科学新辞典[M].重庆：重庆出版社，1988：740.

新生儿是没有文化的，对语言、世界、道德和责任等还没有形成任何概念，是没有文化烙印的、没有被社会化的、没有被文"化"的人。新生儿从生存其中的周围环境中对"文化"的习得过程就是人类学家界定的"enculturation"，即母文化的习得。"enculturation"是人类生命中无须刻意学习的一种自然习得，是在周围环境和共处人群中自然而然得到的，耳濡目染，潜移默化。濡化与生活观察和社会化活动直接相关。在某些观察活动过程中，个体往往被要求仔细观察或刻意模仿某些行为，这就是社会化。濡化通常有两种类型：正式的和非正式的。比如，学校教育是正式的，非正式的通常发生在家庭和伙伴之间。

显然，一个民族的传统文化具有濡化力。民族文化素质的提升过程，就是本民族文化资源内化于民众的心灵，濡化为民众的文化品质的过程，这是民族文化实力的基础。

第二，涵化。涵化（acculturation），作为文化变迁的一种方式，在美国人类学家赫斯科维茨、雷德菲尔德、林顿合著的《涵化研究备忘录》中被定义为："由个体所组成的而具有不同文化的民族间发生持续直接接触，从而导致一方或双方原有文化形式发生变迁的现象。"①

涵化，同样是一个过程，不过，这是人接受外来文化的过程。通过这个过程，人获得了适应外来文化的能力，接纳或适应了外来文化。本质上讲，"acculturation"是指不同质的文化接触引起原有文化模式的改变。分别处于支配地位和从属地位的不同群体，由于长期直接接触而使各自的文化发生了变化，涵化就发生了。

根据《涵化研究备忘录》中的分析，"acculturation"现象可以导致三种不同的结果：一是接受。从行为方式到价值观均失去原有文化，接受新文化，也就是被同化了。二是适应。原有文化与新文化特征相结合，两种文化特征并存。三是反抗。由于压迫或对立情绪，造成心理压力，感觉自身处于弱势，便以强迫确定对方弱势作为心理补偿，或回归传统，坚守原有文化。②

相对于濡化，涵化更为触动人的心灵。"心灵就是个体运用有意味的符号与其他社会个体进行的社会互动形式的内化，而心灵的产生过程也就是个体将这种社会性符号互动内化的过程。"③个体所运用的"有意味的符号"也只能是他自己所隐含的文化的表征，与他者文化互动的过程就是心灵相契合的过程。

"当一个人针对某种环境调整自己的时候，他就会变成另一个个体；但是，在变成另一个个体的过程中，他也会不断地影响他在其中生活的共同体。也许这

---

① 林静，杨建华.涵化与交融——泉州传统民居红砖墙装饰特色与适应性探索[J].华中建筑，2014(12)：156-161.

② 安然.解析跨文化传播学术语"濡化"与"涵化"[J].国际新闻界，2013(9)：54-60.

③ 乔治·米德.心灵、自我和社会[M].霍桂恒，译.南京：译林出版社，2014：155.

种影响微不足道，但是，只要他不断地调整自己，他所进行的这些调整就会改变他能够对其做出反应的这种环境的类型，而这样一来，这个世界也就相应地变成了另一个世界。”①

涵化不是同化，而是相互影响、相互吸收的双向过程。涵化的过程既是“保持文化和身份”，又是“接触和参与”。

马特·里德利认为：“如果文化只包括学习他人的习惯，那它很快就会陷入停滞。文化要转入累积，思想必须互相接触、互相交配。‘交流思想’是老生常谈了，但却在无意之间带来了强大的繁衍力。”②

文化在相互涵化中创新和飞越。中华文化正是以其强大的涵化能力而延绵不绝，以开放性姿态融合各地域、各民族文化而不断丰富自身。中华文化不但“能不它化而自存”，而且“能化它而相存”，所以中华文明绵延未断，并且能够教化四边。尽管中原大地多次被其他民族占领，但文化体系却没有中断，相反，很多外来民族为中原文化所同化。中华文化以礼仪文明为高，不故步自封，不自以为是，礼仪就是中华。所以，中华文化能够与其他民族文化“和而不同而共存”，长久共兴。“中国贡献给世界的，除了经济，应当还有文化与思想。为不同文明冲突提供解决方案与思路参考，应当是人类共有的文化责任。”③

吸纳是涵化的前提，输出是涵化的基础。提升文化的涵化能力，首先要告别文化自卑，保持文化自觉，建立文化自信。确立全球视野，敞开胸怀，拥抱世界。

（六）文化的意义

约翰·席勒认为：文化概念包含着两个基本组成部分，即“政治思想和对美学存在意义的思考”④。

通俗一点儿讲，“文”就是“装饰”，目的是使事物更具有人类审美的价值。“化”就是“改变”，就是改变的过程和结果。文化就是通过装饰美化来改变事物，使整个事物都具备了“文”的性质和特点，从而脱离了原类事物的属性而成为一种新的事物，这种新的事物就是文化成果。这就是文化的意义。⑤

约翰·哈特利在其《文化研究简史》中，基于文化研究的宽泛，给出了如下的阐述：

> 研究的大门一旦敞开就没有人能够关闭它。例如，任何一个创造都意

① 乔治·米德.心灵、自我和社会[M].霍桂恒，译.南京：译林出版社，2014：239.

② 马特·里德利.理性乐观派[M].闾佳，译.北京：机械工业出版社，2015：5.

③ 刘伟见.中华文化助益世界[N].人民日报，2015-11-05(19).

④ 维克多·埃尔.文化概念[M].康新文，晓文，译.上海：上海人民出版社，1988：22.

⑤ 周其森.关于“文化”的定义：桌子是什么？[J].文化学刊，2017(8)：21-26.

味着一个"文化"之子的诞生，而"子"在它被规定好了的社会环境中聚集成"子们"时，就会自然而然地为上层建筑所关注，在"文化"场域及更多的学术视野中理性地生存下来，或者，它们就直接生存于上层建筑。[①]

文化的繁衍有多大，研究的范围就有多大，内涵也会随着新的创造而演变；基于"意识无法先于创造"，文化还具有不可预见和不可控性。所以，文化及文化概念的界定只能在社会演进中动态式呈现而不能被标准化。

"人们的工作就是创造文化，不仅仅是作家、技术人员、艺术家、木工以及所有那些从事电影、书籍这一类工作的人，文化也由那些不是直接从事文化产业的劳动者所创造。想一想那些人，他们修筑了你所经过的桥梁、你所经过的道路、交通工具以及人类的关系。"[②]文化是所有人的文化，文化主体中的每个人都自然而然地接受和影响文化。生活即是文化。

在生活环境及社会制度的作用下，人的生活在态度引领之下，通过选择不同的方式，安排不同的内容，融入"过程的集合体"中。人创造了文化，文化成就了人。文化的所有过程都与生活息息相关，生活的历程就是文化的过程。所以，文化概念的界定是植根于人的生活中的。

文化是社会理想的呈现，"文化即对完美的追寻"[③]。文化是一个没有终点的"选择性传统"(selective tradition)。

文化的作用是全面而深刻的。杨耕认为："文化的本质是观念形态，属于精神领域，但文化的作用并不限于观念形态、精神领域，文化的本质和文化的作用即社会功能既有联系又有区别。人们的经济活动、制度设计、行为方式、日常生活都具有特定的文化内涵，体现着文化的作用。"[④]"理论一经掌握群众，也会变成物质力量。"[⑤]

文化是民族的血脉，具有培育民族精神的作用。一个国家的发展，一个民族的昌盛，都离不开社会力量的凝聚，而这种凝聚力有赖于民族认同感。民族认同的根本源于文化认同。一个民族的文化体现了这个民族的风俗习惯、思维方式和价值观念，能够形成一个民族共同的理想追求，从而把整个民族动员起来，凝聚起来，维护民族利益，推动民族振兴。一个团队，一个企业的发展，同样需要文化的力量。

---

① 约翰·哈特利.文化研究简史[M].季广茂，译.北京：金城出版社，2008：15-16.

② 托比·米勒.文化研究指南[M].王晓路，译.南京：南京大学出版社，2009：13.

③ 马修·阿诺德.文化与无政府状态[M].韩敏中，译.北京：生活·读书·新知三联书店，2008：8.

④ 杨耕.文化何以陷入"定义困境"——关于文化本质和作用的再思考[N].北京日报，2015-04-27(22).

⑤ 马克思恩格斯全集：第1卷[M].北京：人民出版社，1956：460.

第三节　经济与文化的关系

经济发展离不开人。人是文"化"的，人的文化素质的高低必然影响经济发展的速度和水平。一定的经济基础必然生长出与之相适应的文化。现代市场经济仍然是以人为主体的，绝不是没有主体的单纯的经济运行，而其主体是具有健全的经济理性和道德约束的人。经济与文化一体化是当代社会经济发展之大势所趋。

在这个文化经济时代，文化与经济已经密不可分。经济文化化和文化经济化已主导全球经济，文化对经济发展的引领、推动和支撑作用日益明显。宏观上，国家或区域经济发展战略及产业政策的制定都体现一定的文化理念、文化引导；微观上，企业生产管理和品牌经营既是经济活动，又融合了文化活动，不但需要经济力量，而且还需要文化智慧。一个地区的经济发展模式和产业特征都凸显了文化元素。

没有文化，什么都不是。前联合国秘书长佩雷斯曾指出，许多发展项目之所以最终失败，根本原因在于"忽视了人的因素的重要性，忽视了由人际关系、信仰、价值观和各种动机所组成的复杂网络——这正是文化的核心"①。

李海舰认为，经济学对文化与经济关系的研究是由分离论到融合论。将文化元素注入经济，形成文化与经济的融合发展，即文化成为主导力量引领经济发展。而且，这是最高形态的融合发展。②

我国发展社会主义市场经济，这既是经济建设课题，也是文化建设课题。没有文化的协调发展，经济伦理和经济规范难以确立，就难以进行经济建设。现代市场经济就是文化经济，就是文化支撑的经济。我们必须十分注重经济增长的文化内涵，充分发挥文化因素在经济发展中的重要作用。

一、经济是文化的基础

马克思主义认为，经济是基础，文化是上层建筑，文化是建立在经济基础之上的上层建筑的一部分。一定的文化是一定社会的政治和经济在观念形态上的反映。经济决定着文化，有什么样的经济才有什么样的文化，那种企图逾越经济发展的历史阶段的文化思想，是注定要失败的。"社会结构和国家总是从一定的

① 世界文化与发展委员会.文化多样性与人类全面发展——世界文化与发展委员会报告[M]，张国玉，译.广州：广东人民出版社，2006：前言.

② 李海舰.文化与经济的融合发展[J].企业经济，2011(10)：5-6.

个人的生活过程中产生的。""不是意识决定生活，而是生活决定意识。"①

文化如何在经济的基础上存在？可以这样讲，文化作为一种社会意识，来源于人们的经济实践活动。从最原始的简单意义上讲，经济就是物质财富的生产、分配、交换、消费的过程，是资源的优化配置、组合利用的过程。在这个过程中的思想、计划、决策、运行、监督，都是文化的内容。在这里，文化无时不在，无处不在，或者说，文化直接与经济过程相关，经济过程也就是文化过程。文化是内在于经济活动过程而影响经济活动过程和结果的一种抽象存在。

当然，对文化与经济关系的分析，应当有短期与长期之别。在短期内，文化可以保持相对稳定，并制约着经济发展；但是，从长期看，文化会缓慢地变化，有时甚至会突变，而这种变化是经济刺激等外部影响的结果。文化与经济是相互作用的，经济对文化的影响是占据主导地位的。经济决定文化。

经济为文化的发展提供物质条件，从公共文化服务体系的建立到文化消费者的消费支出，都需要经济生产活动的支撑。经济也为文化提供内容和形式，或者说生产力水平决定了文化的内容。比如古希腊神话是和当时不发达的生产力水平分不开的，人们只能借助想象把自然力加以形象化；当生产力发展到现代大工业时代，神话地对待自然的态度也就不存在了。社会经济实践活动经过长期历史积淀，不仅成为文化的源泉，而且还成为文化活动的一部分，生产是文化，消费也是文化，酿酒有酒文化，饮茶有茶文化，经济与文化密不可分。

二、文化对经济增长有反作用

经济基础决定上层建筑，上层建筑对经济基础具有反作用，文化作为上层建筑的一部分对经济发展具有反作用。这是辩证分析的结论，是辩证唯物主义的基本观点。辩证唯物主义基本原理从不否认文化的或精神的力量，如"意识形态反作用于经济制度"，"精神反作用于物质"，就是意识形态和精神对经济制度和物质的"反作用"的命题。这种反作用可以是正效应，也可以是负效应，先进的文化可以促进经济增长，落后的文化可以抑制甚至阻碍经济增长。

(一)传统经济增长理论

经济增长理论研究经济增长规律和各个增长要素在经济增长中的作用，是发展经济学的核心理论。按研究对象划分，有研究发达国家的增长理论和研究发展中国家的增长理论。按研究方法划分，有历史分析的增长理论和计量模型的增长理论。经济学家一直致力于探索经济增长的源泉，这不仅是对经济学家的挑战，而且还是对整体社会科学的挑战。

① 马克思恩格斯选集：第1卷[M].北京：人民出版社，2012：151-152.

罗斯托的专著《经济增长理论史:从大卫·休谟至今》展示了一个清晰的脉络。自大卫·休谟、亚当·斯密开始,经济学家们就在探索经济增长的源泉,经过托马斯·马尔萨斯、大卫·李嘉图、约翰·斯图亚特·穆勒、卡尔·马克思、阿尔弗雷德·马歇尔的一系列探索,诞生了丰富的经济增长理论;后来,许多统计学家借助计量模型对增长理论进行了实证分析。再经过比克迪克、哈罗德、约翰·凯恩斯、韦斯利·米切尔、阿尔文·汉森、保罗·萨缪尔森等,经济增长理论不断演化,大概经历了资本积累论、技术进步论、人力资本论、经济周期论、制度决定论等几个重要的阶段。可是,从长期进程看,经济增长的要素,如人力资本、物质资本、技术进步等,都可以看作增长本身。那么,什么是长期经济增长的源泉呢?

1.古典经济增长理论

在古典经济学阶段,以亚当·斯密为代表的经济学家就开始论证经济增长的源泉。亚当·斯密在《国民财富的性质和原因的研究》中的增长论与劳动和资本是紧密相关的。

亚当·斯密认为,首先,经济增长取决于生产性劳动的劳动效率,即生产率。同时,生产劳动与非生产劳动的比例,即劳动参与率也影响经济,劳动参与率提高就会提高经济水平。其次,经济增长取决于资本积累率,资本积累可以扩大资本存量,带动经济增长。并且,资本积累往往伴随着劳动分工的深化和专业化水平的提高,而分工与专业化对长期经济增长具有重要作用。从此意义上讲,经济增长的历史,就是分工的历史。后来,李嘉图认为,分工源于资源禀赋优势。马克思则以资本积累和就业关系解释经济增长,为经济增长理论作出了突出贡献。①

在古典经济增长理论中,马尔萨斯的人口理论备受争议。马尔萨斯以农业社会为背景,分析人口增长与经济增长的关系,认为在土地要素增长有限的情况下,较高的人口增长率会逐步稀释人均资本,从而降低人均产出,直至出现人口减少。实践证明,马尔萨斯的理论带有局限性,忽视了创新与技术进步对经济增长的影响。实际上,正是快速的人口增长与技术进步推动社会进入了工业时代。

2. 新古典经济增长理论

经历了大萧条之后,新古典经济增长理论开始了劳动、资本等生产要素对经济增长贡献的实证分析,建立并利用哈罗德-多马模型、索洛模型等分析得出结论:高投资或储蓄率促进经济增长。

20 世纪 80 年代以来,以保罗·罗默发表的《收益递增与长期增长》为代表,

① E.多马.经济增长理论[M].郭家麟译.北京:商务印书馆,1983:72.

经济增长理论研究进入了一个新的阶段。这一时期摆脱了新古典增长模型技术进步外生化的束缚，将技术进步内生化，因此被称为“内生经济增长理论”。在这一阶段，不再一味地强调经济增长的外部力量，转而关注经济体系的内部力量，更加重视对知识溢出、人力资本投资、研究与开发、劳动分工和专业化及一些新问题的研究，对人均收入和经济增长的区域差异原因给予新的解释。强调知识和人力资本是经济增长的动力，通过产生正外部效应的知识和人力资本的投入的不断积累，经济增长就是可以持续的。①

20 世纪 90 年代，阿基翁和豪威特提出了“创造性毁灭”模型，即产品替代的创新模型，强调研究与开发是经济刺激的产物，主动研究所取得的知识是经济增长的源泉。创新和发明是厂商为追求利润最大化而有意识投资的产物，为了不断的利润来源，就有了不断的创新、研发和技术进步。②

制度经济学派强调制度对经济增长的决定性作用，主张通过明晰产权和制度变迁推动经济增长。

经济增长是现代经济学研究的焦点。现有的文献大多数研究的是那些对经济增长和经济增长过程有直接影响的要素或变量。西方学者的新古典增长模型强调技术创新、物质资本和人力资本等私人投资的增加以及人口增长率等核心变量对经济增长的推动。还有学者研究政府政策和社会制度，强调公共支出、政治制度和国际贸易开放度等变量通过影响经济环境而影响经济增长。③ 尽管这些增长理论已尽可能地将人力资本、技术进步甚至制度因素内生于模型之中，但其仍然不能提供令人信服的统一结论，尤其是不能解答经济增长与停滞长期并存这一现象。

更重要的是，从长期来看，这些要素不仅是经济增长的因素，而且还是经济增长本身。它忽视了影响经济增长的更深层次的因素——制度和文化的经济动力作用。④

(二)文化对经济增长的促进作用

基于马克思主义哲学的立场，文化作为上层建筑对经济基础具有反作用，这是容易理解的。文化对经济发展的反作用具有多种表现形式，有直接的，也有间接的，最大特征是渗透性和隐形性。从历史上看，春秋战国时期，铁器的广泛使用和土地私有化带来生产力水平显著提高，社会变革征象凸显，代表社会各阶层利益的文人学者纷纷表达自己的思想主张，形成了诸子百家，诞生了中国文化的

① 张建华，刘仁军.保罗·罗默对新增长理论的贡献[J].经济学动态，2004(2)：77-81.

② 张秀艳，张嵩.创业、知识过滤与毁灭性创新[J].吉林大学学报(社会科学版)，2014(4)：66-74.

③ 冯亚萍.文化与经济增长的关系浅析[J].当代经济科学，2006(3)：122-123.

④ 才国伟，刘继楠.文化：经济增长的源泉[J].中山大学学报(社会科学版)，2016(5)：201-212.

"轴心时代"。各种文化思潮相互激荡,各种富国强兵之策为诸侯列国所用,催生了新的社会生产方式,促进了经济的发展。欧洲文艺复兴促进了资本主义经济的发展,也是人所共知的。

这里,我们站在经济学立场上论证文化与经济增长的关系。事实上,关于文化对经济增长的影响,经济学家早就关注了,尽管或许是以"点滴见解"表达出来的。

1. 大卫·休谟的理论

大卫·休谟在《人性论》和《论社会信用》等著作中,论述了经济正义思想,提出了市场经济的必要条件——正义三原则:明晰产权关系;尊重和维护产权;建立诚信市场机制。休谟指出,人们从事经济活动必须履行许诺,诚信是许诺得以履行的基础,而契约是许诺履行的方式。

2. 亚当·斯密的理论

亚当·斯密在经济学奠基著作《国民财富的性质和原因的研究》中提出了"理性经济人"和"看不见的手"的理论,而"理性"就是一种文化形态。斯密认为,竞争是市场的本质特征,是创造价值的首要机制。而竞争信念或竞争意识,就是一种文化品质。实际上,亚当·斯密在强调"利己"的市场机制的同时,也非常重视作为市场运行条件的社会道德。他在《道德情操论》中认为,经济行为应该建立在"平等""节约""尊重"等道德伦理基础上。

3. 弗里德里希·李斯特的理论

弗里德里希·李斯特在他的《政治经济学的国民体系》一书中使用了"精神资本"的概念。他的生产力体系既包括"物质资本"形成的生产力,也包括"精神资本"创造的生产力,即人类知识积累所创造的生产力。"一国之中最重要的工作划分是精神工作与物质工作之间的划分。两方是相互依存的。精神的生产者的任务在于促进道德、宗教、文化和知识。"李斯特还用专门一章分析了民族精神与国家经济的关系,认为"国家生产力的来源是个人的身心力量"。①

4.马克斯·韦伯的理论

马克斯·韦伯在《新教伦理和资本主义精神》中认为,现代经济增长是伴随着"资本主义精神"开始于西欧的,资本主义的起因应该在西方文化独具的合理性中。新教提倡的"天职"观念促成了企业家精神和吃苦耐劳的工作伦理观,源于以"勤奋工作、节俭和苦行为主要内容的新教伦理"的资本主义精神,是导致西方资本主义兴起的重要因素。还有一些统计学家尝试以计量分析的方法实证马克斯·韦伯的结论,发现以新教作为虚拟变量,对经济增长的回归系数非常显著。1870～1970 年,以新教为主流宗教的国家人均收入比以天主教为主流宗教

① 弗里德里希·李斯特.政治经济学的国民体系[M].陈万煦,译.北京:商务印书馆,2017:158,216.

的国家高大约 1/3。

5. 道格拉斯·诺斯的理论

新制度经济学派认为，社会制度可以分为正式制度和非正式制度，文化属于非正式制度。正式制度和非正式制度必须高度相容，否则就会出现社会摩擦、动荡。新制度学派代表人道格拉斯·诺斯在其著作《制度、制度变迁与经济绩效》中认为，文化因素属于社会的非正式制度的一部分，是人们在社会活动和日常交往中自然演化形成的，包括风俗习惯、伦理道德、价值观念和意识形态等，不仅可以对塑造正式制度起作用，而且还可以通过制度环节影响经济绩效。作为一个群体所共同拥有的价值观和意识体系，文化的演进直接影响着制度变迁，从而影响经济绩效。

6.约瑟夫·熊彼特的理论

约瑟夫·熊彼特在其成名作《经济发展理论》中认为，创新(innovation)就是把生产要素和生产条件的新组合引入生产体系，建立一种新的生产函数，目的是获取潜在的利润。创新的过程是不断打破旧结构、创造新结构的过程，是一个“创造性”的破坏过程。创新是经济增长的源泉，而创新意识和创新能力取决于企业家精神这一文化心理因素，企业家是推动经济发展的主体。

7.弗朗西斯·福山的理论

弗朗西斯·福山在其专著《信任：社会美德与创造经济繁荣》中认为，在社会制度趋同的当代，决定经济竞争力的主要因素是由文化构建的社会信任和合作制度，信任是经济的更是社会与文化的主题，文化差异成为导致经济和社会差异的关键性因素。“文化的重要性日益提高，并且超越了特定的民族界限，延伸到了全球经济和国际秩序的领域。冷战结束后，世界人民反而越来越能感受到各文化之间的巨大差异，这的确是对体制趋同化的一种讽刺。”①

信任，是一种文化品质。菲利普·阿格因(Philippe Aghion)也从经济学意义上解读了“信任”。菲利普·阿格因在其著作《增长经济学》(*The Economics of Growth*)中用专门一章“文化与发展”(Culture and Development)论述文化对经济增长的影响。阿格因认为，除了创新与资本累积、制度与结构改革之外，第三种影响经济增长的因素就是文化与信仰：一是父母培养孩子的“耐心”。二是信任。

还有一些经济学者通过比较中国与欧洲的制度差异发现，在中国社会，宗族内部的伦理道德规范对社会生活具有很强的约束力，社会运转更依赖文化传统

---

① 弗朗西斯·福山.信任：社会美德与创造经济繁荣[M].郭华，译.桂林：广西师范大学出版社，2016：9.

等非正式制度。以城市为社会组织形式的欧洲的伦理道德规范较弱，社会更依赖于正式制度。

8.塞缪尔·亨廷顿为代表的理论

20 世纪 60 年代以后，“亚洲奇迹”促使经济学家的研究视角再次转向了文化禀赋，研究不同的文化传统对经济增长的作用。在《文化的重要作用：价值观如何影响人类进步》一书的“前言”中，塞缪尔·亨廷顿有一段陈述，表达了文化的作用：

> 20 世纪 90 年代初，我碰巧浏览了加纳和韩国在 20 世纪 60 年代初的经济统计数据，惊讶地发现两国当时的经济水平何其相似：它们的人均国民生产总值大致相等。在经济构成方面，初级产品、制造业和服务业所占的比例彼此相近；绝大部分的出口是初级产品，韩国当时仅生产为数不多的若干工业制成品。它们接受的经济援助水平也差不多相等。30 年后，韩国成了一个工业巨人，经济名列世界第 14 位，拥有一些跨国公司，大量出口汽车、电子设备及其他高级制成品，人均收入接近希腊的水平。此外，它在巩固民主体制方面取得长足进展。加纳却没有发生这样的变化，它的人均国民生产总值仅相当于韩国的 1/14。发展快慢相差如此悬殊，能作何解释呢？无疑，这当中有多种因素，然而在我看来，文化应是一重要原因。韩国人珍视节俭、投资、勤奋、教育、组织和纪律。加纳人的价值观则有所不同。简而言之，文化在起作用。①

改革开放以来，中国经济空前增长，再次吸引了世人对东方文化的关注。中国传统文化在中国当代经济奇迹中扮演了什么角色？

对中国崛起的关注和研究很多。从文化因素来看，可以解释为，改革开放释放了“企业家精神”，这与马克斯·韦伯的思想接近；也可以解释为，这是中国文化的变迁，经济自由思想和市场机制在中国出现的结果；还可以解释为，这是儒家思想的作用，作为中国主流文化，中国企业家受儒家伦理熏陶，价值观念中渗透着儒家思想，在经营决策和管理活动中必然得到反映和体现。国外学者的研究或许更为客观。保罗·克鲁格曼认为，东亚经济腾飞受儒家文化的节约（导致高储蓄率）和重视教育（导致人才和创新优势）的影响很大。

9.中国学者的理论

涂永红认为，文化不仅是人类社会发展的表征，而且还是推动人类社会前进的动力之本，一切人类社会的问题都可以在不同的文化和文明中找到根由和答

---

① 塞缪尔·亨廷顿，劳伦斯·哈里森.文化的重要作用：价值观如何影响人类进步[M].程克雄，译.北京：新华出版社，2013：1.

案，“提升生产力水平的并非生产力本身，而是更高级的文化因素”①。

中国经济高速增长的同时，也出现了区域经济发展水平差距拉大的问题：东、中、西部发展严重失衡。对此，学者也有专门研究。才国伟和刘继楠在《文化：经济增长的源泉》一文中采用文化竞争力指数度量文化，选用中国明代万人进士人数作为文化的工具变量，运用两阶段最小二乘法对文化与经济增长的关系进行实证估计。结果表明，文化对经济增长具有显著的促进作用，文化至少能够解释27%的区域经济差异。传承中华文明，鼓励改革创新，是加快经济增长的长远战略。

才国伟和刘继楠在《文化：经济增长的源泉》一文中有如下陈述：

> 在制度大环境相同的情况下，各地的制度小环境可能存在差异，而制度小环境的差异是由文化差异引起的。文化的发展以及文化因素对经济增长的影响通常是长期的、缓慢的，体现在深层次上。制度降低交易成本，而文化传承和积淀文明，激发创新和进取精神。文化和文明的沉积、凝练，一部分会转化为制度或道德来约束社会，一部分则由家庭传承，影响和激励着人们的行为。如果没有好的文化传承，就没有好的制度，没有技术进步；没有高素质的劳动力，就没有资本积累，没有经济的发展。因此，追求卓越的文化传统，理应是社会进步和经济发展的源泉。②

朱天在其专著《中国增长之谜》中回答了什么样的文化造就了中国经济高速增长的问题，答案是勤俭节约与重视教育和学习。节俭的价值观，使得中国的储蓄率在过去30年里一直位于世界前列，高储蓄率有利于投资增长。重视教育的传统文化使得中国人在面对先进技术时，有强大的学习能力。前者影响物质资本的积累，后者影响人力资本的积累和技术进步的速度，这才是决定中国经济增长的直接因素。

罗枢和白仲林通过扩展索洛-斯旺(Solow-Swan)模型分析了文化的作用机制，通过建立文化综合指数实证检验1991～2017年52个国家的文化与经济增长的关系。研究发现：文化指数与长期经济增长显著正相关；文化并非独立的生产要素，能够通过影响生产要素的配置作用于经济增长。在供给侧改革及优化要素配置的过程中，应当大力弘扬中华传统文化，以教育和文创产业为抓手，促进中国经济的高质量发展。③

王宁给出了另一种解释：经济升级的本质是经济增长模式的转变，即经济增

---

① 涂永红.大国货币：文化篇[M].北京：科学出版社，2014：5.

② 才国伟，刘继楠.文化：经济增长的源泉[J].中山大学学报(社会科学版)，2016(5)：201-212.

③ 罗枢，白仲林.文化的经济增长效应与机制研究[J].江西社会科学，2020(3)：60-71.

长从建立在物质容量基础上转变为建立在文化容量基础上。经济升级必须有文化升级的配合。“制度安排不但是各种势力博弈所达成的结果，而且还是某种主流的文化模式所促成的结果。人们的制度选择，不但受到利益的驱动（理性选择），而且还受到文化观念的约束（文化嵌入性）。因此，要分析经济增长（因变量），不但要看到制度因素的影响，而且还要进一步寻找导致制度变迁（或制度锁定）的更深层的文化因素的影响。”①

人是生产力中的决定性因素。进一步激活人的潜能，发挥人的创造力，就可推动社会生产力的发展。文化是实现人的自由全面发展的根本条件。现代社会中经济发展越来越离不开高素质的人才。何为高素质人才？除了具备精深的专业知识，还必须具有良好的人文精神和丰富的文化素养。高素质的人才从何而来？答案只有一个——文化教育。坚持以人为本，满足广大人民群众享受文化公共产品的需求，保护和激发人民群众的创造性，是发展社会主义经济和文化的根本出发点。

三、文化是思想的操作环境或窗口

文化在社会经济生活中的作用是显而易见的。人的思想意识、价值观念、行为准则制约着人的社会经济实践活动，规范着人的行为。在国际活动中，在对外直接投资活动中，怎样认识其他民族的思想意识、价值观念、行为准则，洞察人的心灵世界？文化是“思想的操作环境或窗口”②。透过这个窗口，就能彼此认知。

“如果社会理论的目标是解释以个人为基础的社会组织活动，理解个人行动便意味着寻找其隐藏在行动内部的各种动机。所以，解释社会组织活动时，必须从行动者的角度来理解他们的行动。换句话说，局外人认为行动者的行为不够合理或非理性，并不反映行动者的本意。用行动者的眼光衡量，他们的行动是合理的。”③

嵌入理论认为，一切经济活动都是嵌入社会生活中的，无法假设存在着只为满足个人物质欲望的纯经济活动；在决定交易和价格机制的因素中，“风俗习惯、公共义务、政治权威、法律行政要求、社会认同等构成的社群规范”是非常重要的。④

文化差异是客观存在的。“差异是一种整理、排列、存放的概念。也就是说，

---

① 王宁.经济增长模式转型：一个文化机制的分析[J].兰州大学学报（社会科学版），2020(1)：1-9.

② 琳达·比默，艾里斯·瓦尔纳.跨文化沟通：第 4 版[M].孙劲悦，译.大连：东北财经大学出版社，2011：5.

③ 科尔曼.社会理论的基础[M].邓方，译.北京：社会科学文献出版社，1990：22-23.

④ 高连克.论科尔曼的理性选择理论[J].集美大学学报（哲学社会科学版），2005(3)：18-23.

一个外来的侵入,或者如福柯所谓的'异托邦',一进入就被吸收消化了。换句话说,那里面已经启动一种原则性的同化,唯有这种同化才能随之而来地使人们看见差异。"但是,"全球化使人们面临'同一化(Uniformization)的威胁'以及文化资源泯没于全球市场的强大压力"。[①] 在对外直接投资过程中,既要输出文化资源,又要尊重文化差异性,不要异化为"文化帝国"。

文化的重要作用是什么?人们研究认识到文化对经济的促进作用。这种认识在人类社会的古代、近代、现代都是成立的,文化对于经济发展具有工具价值。但是,在经济高度发达的当代社会,人类应当提升思想境界。在经济基础得到保障、物质文明高度发达甚至财富过剩之后,人类的追求应当提升层次了,应当进入一个追求制度文明与精神文明的更高层次的文化的时代。

四、文化是经济的更高境界

"文化"之产生,因之于其在社会经济生活中的作用。2000 多年前的中国古代思想家就认识到了这种作用。文化是一个整体,可以分为物质文化、制度文化、精神文化三个层次。经济只是满足物质文化发展的需要,这是一个基础层次。所谓基础,一方面指经济是文化的基础,另一方面是指在广义文化中,物质文化是制度文化及精神文化的基础。奠定物质基础之后,就应当构建精神大厦。应当调整经济发展结构,服务于精神文化发展的要求。

制度对经济发展具有反作用。如果说,在物质需求得不到满足的时代,物质环境还可以成为衡量社会制度的标准,那么在当代,"可以被人称为'满意的社会制度',基本上同物质环境没什么关系。后者本身并不能带来前者,因为这两者并非同质的材料。你不能仅仅通过把物质财富一点一点地增加到几百万而建成良好的社会。社会问题并不是一些数量问题,而是涉及比例均衡的问题,并不在于财富的数量,而在于你的社会制度所具备的道德意义"[②]。唯有文化,即整体生活方式,而不是经济,才是对社会进行定性评判的标准。

发展的本意是为了人的发展,发展是提高人类选择能力和自由的过程,"自由在发展过程中居于中心地位"[③]。"我们的目的是要建立社会主义制度,这种制度将给所有的人提供健康而有益的工作,给所有的人提供充裕的物质生活和闲暇时间,给所有的人提供真正的充分的自由。"[④]

---

① 方维规.思想与方法:全球化时代中西对话的可能[M].北京:北京大学出版社,2014:24.

② 亨利·托尼.宗教与资本主义的兴起[M].赵月瑟,夏镇平,译.上海:上海译文出版社,2006:6.

③ 阿马蒂亚·森.以自由看待发展[M].任赜,于真,译.北京:中国人民大学出版社,2013:2.

④ 马克思恩格斯全集:第 21 卷[M].北京:人民出版社,1965:570.

"人是追求意义的存在。"[①]"当温饱问题不再威胁多数人的时候，找寻一种更超脱、更理想的社会模式就成为人类共同追寻的目标。此刻，处于底层的经济活动只是人们放飞理想的物质保障，经济发展必然会更多地服务于文化发展的要求，不再囿于经济学偏好的狭隘范畴。由此可见，一旦我们把一些经济问题放到文化环境中去研究，就会撇开蒙尘，发现其目的所在。"[②]

梁漱溟早就提出了"经济改正之必要"，这种改正与文化变革是相辅相成的。"人类文化要有一根本变革"，变革的方向是"由西洋态度改变为中国态度"。[③]简单通俗地讲，即不要一味地追求经济利益，而要追求道德价值，通过文化建设，引领人类走向至善。世界已经足以满足每个人的需求，但却无法满足一个人的贪欲。

① 赵毅衡.人是追求意义的存在[J].中国比较文学，2018(3)：1-2.

② 涂永红.大国货币：文化篇[M].北京：科学出版社，2014：9-10.

③ 梁漱溟.东西文化及其哲学[M].北京：中华书局，2013：179.

第三章　经济文化与企业文化

文化，不仅是个人的道德完善和精神发展，而且也是一个民族生活方式的最高阶段，是一个理性的实体为达到最高目的而进行的能力创造。

——康德：《判断力批判》

文化是一个非常宽泛、理解不一的范畴。在文化体系中，三个层次的文化内容包罗万象，应有尽有。如何界定“经济文化”呢？经济、政治、文化交织在一起，我们主张的“文化对经济具有促进作用”，其中的“文化”是哪个部分呢？

马克思、恩格斯在《德意志意识形态》中认为：“思想、观念、意识的生产最初是直接与人们的物质活动，与人们的物质交往，与现实生活的语言交织在一起的。人们的想象、思维、精神交往在这里还是人们物质行动的直接产物。表现在某一民族的政治、法律、道德、宗教、形而上学等的语言中的精神生产也是这样。”①

第一节　经济文化

随着对发展认识的深入，人们逐渐认识到发展是一个非常复杂的历史过程。它不仅包括拥有物质生活资料，而且还包括人类有机会选择满意的生活方式，追求人类整体的生存方式的繁荣和昌盛。从这个意义上讲，发展是促进人类选择自由的过程，是让人们有自由、有能力寻求自己认为有价值的东西。

一、经济文化的界定

有很多文献从文化角度解释经济增长的原因。马克斯·韦伯在《新教伦理和资本主义精神》一书中深刻分析了文化与经济增长的关系，认为文化对经济发展具有决定意义，文化因素可以通过制度影响经济发展。在马克斯·韦伯的体系中，文化是“作为一个群体或社会所共同具有的价值观和意识体系”影响着制度变迁，从而影响一个国家的经济发展绩效的。显然，马克斯·韦伯所指的对经济增长有影响作用的“文化”是广义文化中的一个核心的部分——价值观和意识体系。格雷夫认为，经济制度由文化信仰和组织这两个相关因素组成，过去的行为、文化信仰、社会结构和组织都影响着价值观念和社会机制的发展。影响价值观念和社会机制的文化信仰是许多人文学者所关注的，他们进行了大量的相关研究。法利亚和莱昂·莱德斯马把文化积淀定义为一套变化缓慢并且在人一生中接受的信仰、价值观念和行为规范，通过对 87 个国家文化积淀指标的回归分析得出结论：文化积淀与经济增长具有正相关性。②

在塞缪尔·亨廷顿和劳伦斯·哈里森合编的《文化的重要作用：价值观如何

① 马克思恩格斯文集：第 1 卷[M].北京：人民出版社，2009：524.

② 冯亚萍.文化与经济增长的关系浅析[J].当代经济科学，2006(3)：122-123.

影响人类进步》一书中，很多文章论述了文化对人类社会进步的影响，其中有文章提及了全球具有可比性的国家因为文化不同导致经济发展不同，得出了文化是影响经济发展的一个基础性因素的结论。但是，文化是一个非常宽泛、理解不一的范畴。在文化体系中，三个层次的文化内容包罗万象，如何界定"经济文化"呢？经济、政治、文化交织在一起，我们主张的"文化对经济具有促进作用"中的"文化"是哪个部分呢？这个部分就是"价值观"。

李江帆在《文化力、文化生产力与精神生产力》一文中对"文化"给出了狭义、中义和广义之分。狭义"文化"指文化艺术业向社会提供的精神财富。中义"文化"指一切意识形态部门及其派生部门，包括文化艺术、娱乐、教育、科学研究部门提供的精神文化财富。广义"文化"指人类在社会发展过程中所创造的物质财富和精神财富的总和，即物质文明与精神文明的总称。按照中义"文化"概念，文化力指人类的意识形态活动和科技、教育、文化艺术、娱乐等精神生产部门创造的精神财富对人类自身、社会生产和人类社会的作用力，包括精神产品的创造能力和精神产品对人类社会的作用力。前者即精神生产力，后者可称为"精神产品影响力"。①

根据李江帆的分析，在中义"文化"概念中，应当说，"意识形态活动"与"科技、教育、文化艺术、娱乐等精神生产部门"的活动是有差别的。"科技、教育、文化艺术、娱乐等精神生产部门"的活动是精神活动，同时也是经济活动，这些活动本身有一定的物质性，有一定的经济力，涉及精神产品生产要素的投入、成本控制、资本积累及产品和收入的分配方式等，通过文化精神产品的生产、交换、分配和消费而得以实现。而"意识形态活动"是纯粹的精神活动，本身不具有物质性或经济性，不是直接经济活动。但是，"意识形态活动"所创造的精神产品对经济有影响作用，对人类自身、社会生产和人类社会具有作用力，具有经济力。我们主张的"文化对经济具有促进作用"中的"文化"就是"意识形态活动"，是"纯文化"，是广义文化体系中的核心——精神文化。这就是本书所指的"经济文化"。

二、经济文化的内容

从内涵上说，文化是人的意识的集中体现，但不是意识的全部，而是针对人生与社会关系的意识，主要包括价值观、思想和道德。价值观是指对人生的基本目的、态度以及对自己和别人行为的评价。价值观是文化的核心和基本内容，它进一步体现在思想和道德上。

思想，即对社会关系及社会发展的理性认识，主要形式是哲学、宗教和人文

① 李江帆.文化力、文化生产力与精神生产力[J].中国经济问题，2007(5)：3-10.

社会科学。道德是约束人的意识和行为的社会规范，是价值观和思想的具体化，主要包括义务、良心、信誉、幸福等。道德又包括道德品质、道德行为、道德评价、道德教育等环节。

经济学者对于文化与文化学、人类学的认识和社会学者的认识是不同的，经济学者更倾向于把文化理解为一类可以纳入某种经济函数进行量化分析的变量。可是，文化确实难以量化。在企业中，文化是促使员工理解企业目标、投入企业活动的环境条件，可以说是一种外在的社会条件，尤其是在成员关系紧密的社会团体中，文化显得更为重要。但是，这种条件性或重要性是难以量化的。道格拉斯・诺斯认为，文化是多种知识的结合，包含价值标准、行为标准等。文化作为一种非正式制度，对正式制度发挥影响力。

青木昌彦、奥野正宽认为："'文化'可以说是属于该经济社会的人们所共有的价值观。在经济模式分析中认为，人们的价值观已经为他的偏好所反映。在这个意义上，所谓'价值观'也可以理解为属于该经济社会的多数人所共有的社会福利函数。"①

在塞缪尔・亨廷顿和劳伦斯・哈里森合编的《文化的重要作用：价值观如何影响人类进步》一书和迈克尔・波特的《态度、价值观、信念以及繁荣的微观经济学》一文中，经济文化是指那些对个人、单位及其他机构的经济活动有影响的信念、态度和价值观。波特认为，随着经济全球化的深入，对社会经济发展具有促进作用的经济文化日益趋同，同时，各个国家或地区的具有鲜明特色的民族文化可以更加突出专业化优势，成为竞争优势的重要源泉。

在塞缪尔・亨廷顿和劳伦斯・哈里森合编的《文化的重要作用：价值观如何影响人类进步》一书和马里亚诺・格龙多纳的文章《经济发展的文化分类》中，作者列举了20种文化因素：宗教，对个人的信任，道德规范，财富观，竞争观，公平观，工作价值观，离经叛道的作用，教育，实用性，较轻的美德，时间上的重点，理性，权力，世界观，生命观，救己与救世，乌托邦，乐观主义，民主观。他们认为，正是对这20种因素的不同选择，导致了整个价值观体系的不同。

李大农在《经济文化学》中认为，经济文化学的研究内容涵盖很广，小到个人经济行为中的观念，大到经济哲学。② 许多学者对经济文化内涵的界定参考了世界价值观调查（WVS）的结果。罗枢和白仲林总结归纳为四类：（1）信任。信任是社会制度存在的基础。信任是研究文献中出现频率最高的价值观。（2）成就感或上进心，两者均强调了人们对勤奋及努力工作的态度。（3）社会正义，即

① 才国伟，刘继楠.文化：经济增长的源泉[J].中山大学学报（社会科学版），2016(5)：201-212.

② 李大农.经济文化学[M].北京：北京师范大学出版社，2002：内容简介.

人们对群体制度安排的信心。(4)个人品质，良知、独立、勤俭、勇敢、自信、决心、顺从等都属于这一范畴。[①]

文化是一种与制度并列的要素，是指一个社会中多数人所共有的价值观念、偏好和态度等。虽然文化的形成与发展会受到自然地理环境、社会人文以及历史发展进程的影响，但是文化仍具有时空上的继承性和地域上的相对稳定性等特征。[②] 这就是我们所说的经济文化。沿用传统的分类方式可知，广义的文化分为物质文化、制度文化、精神文化。其中，制度文化和精神文化属于非物质的，与物质文化是并列的。这里的精神文化是不是可以等同于经济文化呢？本质上，人的精神可以成为经济增长的精神动力，也可以成为经济增长的精神阻力。这就是经济增长意义上的经济文化。

三、文化对经济增长的作用机制

一些经济学家对经济增长的解释强调文化的重要作用，认为不同国家拥有不同的文化，文化是决定个人和社会的价值观、偏好和信念的关键因素，而这些差异在决定经济表现中起着根本作用。这种作用是如何传导的？

弗里德里希·李斯特的生产力体系中包括“精神资本”创造的生产力。李斯特认为：“国家生产力的来源是个人的身心力量。”[③]李斯特专门论述了“身心力量”的作用机制：

> 我们说财富的起因是劳动，说得与事实更近一些，也就是起因于人的头脑和四肢；于是接着就发生了这样一个问题，促使头脑和手足从事生产、从事于这类活动的是什么？我们说，这是对个人有鼓励、激发作用的那种精神力量，是使个人在这方面的努力可以获得成果的社会状况，是个人在努力中能够利用的天然资源；除了这些还有什么呢？当一个人感到必须为未来作准备时，他对于这一点看得越清楚，他的智力和感情对他所起的激励作用就越大，从而促使他要为与他关系最密切的亲人谋未来的安全，提高未来的幸福生活；他如果从少年时起就惯于作远虑，惯于积极活动，他在这方面的习惯就越巩固，他的高尚感情就越加发展，身心就越加获得了锻炼；他从小所看到的榜样越好，他利用他的身心力量以改善他周围情况的机会就越大；他的正当活动所受的束缚越少，已往努力的成就越大，所获得的成果越巩固，他的有组织、守纪律的活动就越加能够博得社会的同情和尊敬，他的心情由

① 罗枢，白仲林.文化的经济增长效应与机制研究[J].江西社会科学，2020(3)：60-71.

② 才国伟，刘继楠.文化：经济增长的源泉[J].中山大学学报(社会科学版)，2016(5)：201-212.

③ 弗里德里希·李斯特.政治经济学的国民体系[M].陈万煦，译.北京：商务印书馆，2017：216.

> 于偏见、谬论、迷信、无知等而受到的打击也越少;在这样的情况下,他的身心力量对生产目标将作更大的发挥,将获得更大的成就,对于他已有的劳动成果也将作更加圆满的利用。但是所有上述这些方面,主要还是有赖于个人所处的社会状况的。谈到社会状况,这就是说,科学与艺术是否发达,公共制度与法律对于宗教品质、道德和才智、人身和财产安全、自由和公道这些方面是否能有所促进;国内的物质发展、农工商业这些因素是否受到一视同仁的、相称的培养;国家是否有足够强大的力量,可以保障它的国民在财富和教育方面世世代代发展下去……①

卡尔·马克思认为:"劳动过程结束时得到的结果,在这个过程开始时就已经在劳动者的表象中存在着,即已经观念地存在着。"②文化观念影响着人们的思想,影响着个人对进步、风险、公正、利益、机会、选择等几乎所有问题的看法。可以说,文化观念是经济社会发展的前导,经济社会发展需要文化观念提供目标和理想。

弗朗西斯·福山在其专著《信任:社会美德与创造经济繁荣》中认为,在社会制度趋同的当代,决定经济竞争力的主要因素是由文化构建的社会信任和合作制度,信任是经济的更是社会与文化的主题,文化差异成为导致经济和社会差异的关键性因素。"倘若连最起码的非正式信任感都不存在,现代经济生活是无从谈起的。"③

甘贝塔将信任定义为一种信念,可以用概率来度量。"当我们说信任某个人或某个人值得信任,暗含的意思是这个人将会做出对我们有益的行动的概率足够高,以使我们考虑参与同其的一些形式的合作。"④

不同的文化产生不同的对于人类行为正当性的信念,比如,一些信念主张执行惩罚策略,而另一些可能不主张,这可能导致既定制度环境中的均衡结果的不同。比如竞争信念,亚当·斯密认为,竞争是市场的本质特征,是创造价值的首要机制,能够促进生存和成功。

"当文化表现为信任、成就感以及社会正义等可测维度时,可直接改变生产要素积累的路径,从而作用于经济增长。"⑤信任是社会契约的基石,使交换成为可能,有利于资本积累,促进经济增长。成就感的获得需要勤劳奋斗的精神,有

---

① 弗里德里希·李斯特.政治经济学的国民体系[M].陈万煦,译.北京:商务印书馆,2017:135-136.

② 马克思.资本论:第1卷[M].中共中央编译局,译.北京:人民出版社,2004:208.

③ 弗朗西斯·福山.信任:社会美德与创造经济繁荣[M].郭华,译.桂林:广西师范大学出版社,2016:143.

④ 姜树广,孙涛.信念与经济增长——基于全球价值观调查的跨国证据[J].世界经济文汇,2016(4):36-53.

⑤ 罗枢,白仲林.文化的经济增长效应与机制研究[J].江西社会科学,2020(3):60-71.

利于提高要素生产率。社会正义是教育投资和创新研发的制度保障，在知识经济中发挥着举足轻重的作用。

陈宪和韩太祥认为，文化要素决定了企业家及企业内部管理者的选择机制，进而影响经济总体生产率。并且，文化本身也是一种知识资产，不同于实物资产和劳动力等生产要素，此二者通过两种方式作用于生产要素：一是通过对物质要素的替代，二是通过对物质要素和知识资产的节约。文化以其特有的方式进入总生产函数，从而决定了经济增长率和增长路径。①

马里亚诺·格龙多纳在《经济发展的文化分类》一文中，把价值观分为"内在价值观"和"工具主义价值观"。内在价值观是指不计个人得失而始终遵循的价值观，如爱国主义就是一种内在价值观，个人可以为了捍卫祖国利益而献出生命。工具主义价值观是指那些只有对自己有利才予以遵循的价值观，工具价值观是短暂的，不足以支撑经济发展。只有内在价值观才是经济发展的持续动力。"持续发展所必备的内在价值观，虽然是非经济性的，却决不能是反经济的。它们应既是非经济的，同时又是亲经济的。它们是非经济的，不会随经济成就而消失；它们是亲经济的，将会不停息地推进积累的过程。"②

道格拉斯·诺斯在《经济史中的结构与变迁》一书中，分析了意识形态对经济发展的影响。第一，意识形态让人们认识了所处的环境，简化了决策过程，所以，意识形态是一种节约机制。第二，意识形态与个人的道德、伦理评价交织在一起，人们可以在相互对立的理性意识中进行选择。"现实的经济变化的发生不仅是因为相对价格的变动对新古典模型产生压力，而且还是因为不断演变的意识形态观念使得个人和集体对自身地位的公平性产生相互对立的观点，并使他们按照这些观点而行动。"③

实践证明，价值观是长期经济行为的关键驱动力。"实现了道德创新的企业可以收获更多的经济利益。这些经济利益来自一个简单的事实，那就是在同等条件下，多数人还是愿意与那些诚信、可靠、公平与细心的企业打交道。这一方向的道德创新是企业调动员工能力、建立信任、保持客户信心的根本。"④

姜树广和孙涛在传统经济增长理论和文化经济学的基础上特别强调信念对经济增长的作用，认为不同国家或地区民众所持群体信念的差异是导致不同社

---

① 陈宪，韩太祥．文化要素与经济增长[J]．经济理论与经济管理，2008(9)：12-18.

② 马里亚诺·格龙多纳．经济发展的文化分类[C]//塞缪尔·亨廷顿，劳伦斯·哈里森．文化的重要作用：价值观如何影响人类进步．程克雄，译．北京：新华出版社，2002：82.

③ 道格拉斯·诺斯．经济史中的结构与变迁[M]．陈郁，等译．上海：生活·读书·新知三联书店，上海人民出版社，1994：64.

④ 汤长安．企业文化创新在构建核心竞争力中的作用[J]．湖南社会科学，2006(3)：120-122.

会制度体系及经济绩效差异的重要原因。《信念与经济增长——基于全球价值观调查的跨国证据》一文将信念这一相对主观的因素作为经济增长的重要变量进行理论论证和实证检验，使用世界价值观调查（WVS）涉及的信任、社会正义信念、竞争信念和“工作—休闲”信念构造的综合信念健康度指数显著解释了过去20多年全球经济增长的国别绩效差异。研究结果发现，国家层面的信任、社会正义信念、竞争信念以及“工作—休闲”信念水平与国家的长期增长速度存在明显的正相关性。

“在社会科学界一个日益广泛的共识是，决定当今社会发展的很大一部分是来自整个社会群体的信念，这些信念或价值观通过各种机制转化为行为乃至动力来推动之后的经济社会发展。”①

第二节　企业文化

企业作为社会的细胞，是文化的载体，也是文化的元素。企业作为经济活动主体，必然参与市场竞争，是竞争的主体。企业文化直接影响企业竞争力，并且是企业竞争力的核心元素。

李海舰认为，企业是现代社会的核心组织。“企业文化是社会的核心文化，企业文化是社会的领航文化，企业文化是社会的先进文化。过去，文化就是文化，经济就是经济。现在，企业文化成为经济因素，而且是最重要的经济因素；企业文化成为一种资本，而且是最重要的企业资本。目前看来，一切都是文化，文化无所不包，无所不能。尽管文化在属性上是软的，但其效用却是硬的。未来是一个用文化统治世界的时代。”②

一、企业文化的兴起

企业文化（corporate culture）作为一种管理理论，缘起于20世纪80年代的美国。1970年，波士顿大学教授戴维斯在《比较管理——组织文化的展望》一书中提出了“组织文化”的概念。1973年，彼得·德鲁克在其代表作《管理：任务、责任和实践》一书中，将“管理”与“文化”关联在一起，认为管理是科学，是建立在价值观基础上的一种文化，所以，要将文化研究作为管理科学研究的基础。

本质上，企业文化研究的兴起源于不同国家之间企业管理经验的相互学习，

① 姜树广，孙涛.信念与经济增长——基于全球价值观调查的跨国证据[J].世界经济文汇，2016(4)：36-53.

② 李海舰.企业文化十大转型[J].中国电力企业管理，2005(2)：63-64.

是世界各国在全球经济一体化进程中所采取的自觉的、开放的、思辨的思维方式中孕育而生的。第二次世界大战以后，日本将西方的先进管理理论与本国的民族传统文化相结合，培育了具有本土特色的管理理念，对日本企业发展和经济崛起产生了重大推动作用，对美国许多企业和市场形成了巨大冲击。于是，美国学者开始研究日本企业的管理经验，以期借鉴。

1981 年，加利福尼亚大学的威廉・大内出版了《Z 理论——美国企业界怎样迎接日本的挑战》一书，分析了企业文化和企业管理的关系，提出了“Z 型组织”和“Z 型文化”的概念。威廉・大内认为，一个公司的传统形成了其自身的文化，包括一整套“象征”和“仪式”。公司的信念和价值观基于这些“象征”和“仪式”得以传承，而这些“象征”和“仪式”为企业赋予了生命。

1982 年，特雷斯・迪尔和艾兰・肯尼迪合作出版了《企业文化——现代企业的精神支柱》，强调杰出的公司都有优秀的企业文化。同年，托马斯・彼得斯和小罗伯特・沃特曼二人合作出版了《寻求优势——美国最成功公司的经验》一书，对优秀公司的管理过程进行研究，认为企业文化是企业员工共有的价值观或基本信念，优秀公司的成功皆源于企业文化的力量。这一时期这些著作的问世标志着企业文化研究的兴起。

企业文化研究是从概念开始的理论研究。在 20 世纪 80 年代理论探索的基础上，90 年代以后的企业文化研究逐渐转向了定量研究与应用研究，着力于对企业文化进行“测量”，为企业经营管理服务。

1990 年，本杰明・斯耐得出版了《组织气氛与文化》一书，认为社会文化对企业文化具有很大的影响，企业文化通过影响企业气氛及人力资源的管理实践，进一步影响员工的工作态度、工作行为及奉献精神，最终影响企业的经营绩效，进而提出了一个企业气氛、管理过程、工作态度、工作行为和企业效益的关系模型。

1998 年，金・卡梅隆和罗伯特・奎恩合作出版了《诊断和改变企业文化：基于竞争价值理论模型》一书，建构了一套组织文化和管理能力的测量体系，为塑造组织文化和改变个人行为方式提供了较为完善的策略和方法。

1999 年，特瑞斯・迪尔和爱兰・肯尼迪出版了《新企业文化：重获工作场所的活力》一书，认为企业文化的稳定性非常重要，高层管理者面临的重大课题是如何建立和谐的企业运行机制，学习创新型企业的优秀经验，提高经营绩效，迎接 21 世纪的挑战。

企业文化也引起了中国学者和企业界的广泛关注。但是，最初的研究是以介绍和借鉴外国已有研究成果为主，企业文化实践也难免粗糙。随着研究的深入和实践的拓展，研究和实践水平不断提升。

刘光明认为："企业文化有广义和狭义之分，广义的企业文化是指企业物质文化、行为文化、制度文化、精神文化的总和，狭义的企业文化是指以企业价值观为核心的企业意识形态。"①

魏杰认为，企业文化就是企业信奉并付诸实践的价值理念，即企业在实践中真正实行的、解决企业问题的价值理念。②

张德认为，企业文化是"企业全体员工在长期的创业和发展过程中培育形成并共同遵守的最高目标、价值标准、基本信念及行为规范，它是企业理念形态文化、物质形态文化和制度形态文化的复合体"③。

孙元认为，企业文化就是一种资本、一种竞争力和一种品牌，更是企业出奇制胜的法宝。任何事物一旦被赋予了文化的内涵，就有了较高的知名度和影响力，也就意味着文化是一种不尽的财富。④

二、企业文化的结构体系

艾德佳·沙因在其著作《组织文化与领导力》一书中，将组织文化定义为"由特定群体在处理外部适应与内部聚合问题的过程中发展出来的一套模式，为成员所认可并传授给新成员以作为理解、思考和处理相关问题的正确方式"⑤。

按照沙因的主张，我们可以从五个维度理解组织文化。第一，如何看待组织和环境之间的关系：二者是可支配的关系还是从属关系，或者是协调关系等。第二，如何判断真实和现实的本质：什么是真实的，什么是现实的，判断的标准是什么，如何论证真实和现实。第三，对人性本质的判断：哪些行为是人性的，哪些行为是非人性的，个人与组织之间的关系应该是怎样的。第四，对人类活动本质的判断：哪些人类行为是正确的，人的行为是主动的还是被动的，什么是工作，什么是娱乐等。第五，对人际关系本质的判断：什么是权威的基础，如何正确地分配权力，人与人之间关系的应有态势是怎样的。

根据沙因的分析，我们可以将组织文化分为三个层次。第一，人工制品(artifacts)，即外显的文化产品，是有形的，易感却不易理解。第二，信仰与价值(espoused and values)，即隐形于人工制品之下的，比如组织的战略、目标和哲学。第三，基本假设与价值(basic assumptions and values)，即植根于人们头脑中的、不被意识到的假设、信仰、规范等，处于无意识的层次，很难被感知，却决定

① 刘光明.企业文化：第3版[M].北京：经济管理出版社，2002：8.

② 魏杰.企业文化塑造[M].北京：中国发展出版社，2002：12-16.

③ 张德.企业文化建设[M].北京：清华大学出版社，2003：1-2.

④ 孙元.企业文化：企业的核心竞争力[J].大经贸，2006(11)：88-89.

⑤ 艾德佳·沙因.组织文化与领导力[M].马红宇，等译.北京：中国人民大学出版社，2011：13.

了人们的行为方式。其实，沙因的这个划分与我们通常对文化层次的划分是基本一致的。

企业文化作为一个完整的文化体系，具有文化的基本结构和一般特征。企业文化体系可以分为三个层级：第一层是物质文化，属于企业文化表层；第二层是制度文化，属于中层；第三层是精神文化，属于文化的核心。

（一）企业物质文化

企业物质文化（corporative material culture）是由企业生产经营的物质产品及生产经营活动所需要的各种物质设施等构成的器物文化，是一种以物质形态为载体的表层企业文化，是企业文化的外在表现，也是物质载体。

（二）企业制度文化

企业制度文化（corporative institutional culture）是企业对员工的行为加以约束的规范性文化，可保证员工行为的统一性和标准性，维护企业有序运营。员工的行为包括生产行为和生活行为，表现在日常经营、交际活动、宣传教育、文体休闲等活动中。企业制度文化彰显了企业文化中人与人、人与物、人与社会的关系，保证了企业在变幻莫测的竞争环境中的稳定性，是企业目标达成的重要保障。企业组织机构、企业管理制度和企业领导体制是企业制度文化的具体化。

（三）企业精神文化

企业精神文化（corporative spirit culture）是企业在生产经营发展过程中形成的精神品质和思维定式。精神文化受传统文化背景和意识形态倾向的影响，具有一定的稳定性和继承性。企业精神文化是企业文化的核心，是物质文化和制度文化的升华，在企业文化体系中处于核心地位。企业精神文化主要体现在企业价值观、企业精神、企业伦理、经营哲学、管理风格等方面。

三、企业文化力

“文化力”算不上一个新鲜词。

我国古代思想家王充在《论衡》中有云：“人有知学，则有力点。”1940 年1 月9 日，毛泽东在陕甘宁边区文化协会第一次代表大会上的演讲中提出：“新的政治力量，新的经济力量，新的文化力量，都是中国的革命力量，它们是反对旧政治旧经济旧文化的。”[①]毛泽东把文化力量与政治力量、经济力量相提并论。文化的隐性力量是客观存在的，尽管是隐性的，也是容易被认知的，只是之前没有被挖掘。

---

① 毛泽东文艺论集[M].北京：中央文献出版社，2002：28.

20世纪80年代初，西方学者从日本经济发展中觉悟到了“文化力量”。

1981年，麦肯锡管理咨询公司顾问阿伦·肯尼迪和哈佛大学教授特雷斯·迪尔在其合著的《西方企业文化》一书中提出，每个企业、每个组织都有一种文化，文化中存在力量。

1992年，美国学者约翰·科特、詹姆斯·赫斯克特合作出版了《企业文化与经营业绩》一书，使用了“企业文化的力量”这个概念。在同一年，莱斯特·瑟罗在《21世纪的角逐》一书中，对“文化力”作了比较系统的论述。他认为，21世纪的经济格局，在一定程度上取决于“文化力”的较量。

文化力问题作为一个横跨文化学和经济学的问题，引起了文化界的特别关注，也吸引了许多企业家和学者的热情。贾春峰在1993年撰文对“文化力”概念进行了理论分析。① 周松平和朱亦兵发表文章《企业文化力论纲》，提出了“企业文化力”的概念，并分析了企业文化力的组成要素。②

廖为宏在《试论企业文化力》一文中，分析了企业文化在日本的实践，指出了当代企业管理糅合文化因子、以文化为载体的时代特性。他认为，企业文化力就是指企业文化在企业经营运作的全过程中所发挥的导向作用、优化作用、凝聚作用、激励作用、约束作用和调适作用。③

叶生在《企业灵魂——企业文化管理完全手册》中认为，企业文化对企业的作用通常表现为一种力。这种力主要表现在六个方面：凝聚力、激励力、约束力、导向力、纽带力、辐射力。这六种“力”也就是企业文化的六种功能，对企业发展的作用越来越大。④

《辞海》对“力”的解释如下：

> 1.气力。《史记·项羽本纪》：“力拔山兮气盖世。”2.物理学名词，物质之间的相互作用。凡能使物体获得加速度或者发生形变的作用都称为力。由于相互作用的方式不同，力有很多种。3.能力。如：才力；视力；购买力。4.威力；权力。《孟子·公孙丑上》：“以力服人者，非心服也。”5.尽力；竭力。如：力战；力争。《左传·僖公二十三年》：“其从者肃而宽，忠而能力。”《汉书·匈奴传上》：“夫力耕桑以求衣食。”6.功劳。《国语·晋语五》：“子之力也夫。”韦昭注：“力，功也。”⑤

---

① 贾春峰.加强市场经济发展中“文化力”的研究[J].党校科研信息，1993(19)：5-8.

② 周松平，朱亦兵.企业文化力论纲[J].湖北社会科学，1999(4)：17-18.

③ 廖为宏.试论企业文化力[J].华东经济管理，2001(S2)：75-78.

④ 叶生.企业灵魂——企业文化管理完全手册[M].北京：机械工业出版社，2004：42.

⑤ 夏征农.辞海[M].上海：上海辞书出版社，1979：462.

李江帆认为，文化力（power of culture）作为文化力量的简称，泛指文化具有的作用力。任何事物都有其自身的“力”，尽管存在形式和大小可能不同。以此推之，文化也是有其自身的力量的。[①] 这种文化作用力是指文化因素对经济发展和社会进步所产生的影响和作用，主要表现在为经济发展提供精神动力，为社会提供行为规范，优化经济发展环境，成为经济增长的重要因素。

文化力与经济力是交织在一起的。“文化力就是一种生产力；就生产文化产品的能力而论，文化力本身就具有经济力，二者是合二为一的、不可分割的，不存在文化力‘转化’为经济力的问题。”[②]文化力即文化生产力，分为物质文化生产力、制度文化生产力和精神文化生产力。现代企业竞争力就是这三方面生产能力的综合反映。近年兴起的行为金融学研究表明，除了制度和经济因素外，文化这类非正式制度也会对企业行为产生重要影响，这种影响也就是文化力。

李海舰和王松认为，当今时代，产品利润越来越取决于产品实体以外的文化含量。一个没有文化的企业是没有竞争力的，一个缺乏文化要素的产品也是缺乏竞争力的。通过塑造产品的观念价值，增加产品中蕴含的文化要素，提升产品的文化含量，可以为企业带来高额利润。这样，文化资本就成了企业利润的重要来源。[③]

总而言之，文化力即指文化具有的产生某些作用的能力。企业文化力就是在企业经营管理活动中，通过主导人的价值观念，影响人的行为选择，进而决定企业发展的一种隐性的作用力。

四、精神生产

我们在广义上使用的“文化”概念，是与“自然”相对应的，一切的社会存在都是文化的。文化被分为三个层次：物质文化、制度文化、精神文化。文化生产包括物质生产、制度生产和精神生产。从最广泛意义上讲，人创造了文化，人是文化的生产者，其中既包括有形的物质文化的生产，也包括无形的制度文化和精神文化的生产。

在这里，我们着重探讨精神文化的生产问题。马克思在《1844 年经济学哲学手稿》中指出，宗教、家庭、国家、法、道德、科学、艺术等等，都是生产的一些特殊的方式，并且受生产的普遍规律的支配。

马克思和恩格斯在《德意志意识形态》中使用了“精神生产”的概念。[④] 不

---

① 李江帆.文化力、文化生产力与精神生产力[J].中国经济问题，2007(5)：3-10.

② 李江帆.文化力、文化生产力与精神生产力[J].中国经济问题，2007(5)：3-10.

③ 李海舰，王松.文化与经济的融合发展研究[J]，中国工业经济，2010(9)：5-14.

④ 马克思恩格斯选集：第 1 卷[M].北京：人民出版社，2012：151-152.

过，马克思的精神生产理论是在批判地继承近代资产阶级古典经济学思想成果的基础上产生的，弗里德里希·李斯特的理论是马克思精神生产理论的重要来源。①

弗里德里希·李斯特在《政治经济学的国民体系》中批判经济学"流行学派"的错误。他认为："那些养猪的和制丸药的当然属于生产者，但是青少年和成年人的教师、作曲家、音乐家、医师、法官和行政官也是生产者，他们的生产性比前一类要高得多。前者所生产的是交换价值，后者所生产的是生产力。就后一类来说，有些人能够使下一代成为生产者，有些能促进这一代人的道德和宗教品质，有些能提高人类的精神力量，有些能使病人继续保持他的生产力，有些能使人权和公道获得保障，有些能确立并保护公共治安，有些则由于他们的艺术给予人们精神上的愉快享受，能够有助于人们生产情绪的高涨。"②

李江帆认为，精神产品有三个特点：第一，精神产品主要是"动脑"而不是"动手"的产物，是智力劳动的直接产物。第二，精神产品有一定的精神内容，如对某项技术的设想、对某种思想情感的表现等。第三，能够满足人们的精神方面的需要，如欣赏、学习的需要，改进工艺流程的需要，认识事物的需要等。③

弗里德里希·李斯特认为，物质生产和精神生产是相互依存、相互促进的。"内在财富的生产决不会因为它所需要的物质产品的消费而使国民财富减少，相反，它是促进国民财富增加的有利手段。"反过来也一样，"财富的生产也是增进文明的有力手段"。"精神生产者的任务在于促进道德、宗教、文化和知识，在于扩大自由权，提高政治制度的完善程度，在于对内巩固人身和财产安全，对外巩固国家的独立主权；它们在这方面的成就愈大，物质财富的产量愈大。反过来也是一样，物质生产者生产的物资愈多，精神生产就愈加能够获得推进。"物质生产与精神生产要保持协调平衡。"一大堆无用的书本、难以究诘的理论体系和学说的空泛争论，结果使整个国家在理智上越来越糊涂而不是越来越开朗。"④

弗里德里希·李斯特认为，教育是精神生产的关键，是继承和传播"精神资本"，是培育未来生产力的主要手段。"一国最大部分消耗，是应该用于后一代的教育，应该用于国家未来生产力的促进和培养。"⑤教育和培养的主体是谁？显然不仅仅局限于学校教育，企业生产实践活动是更好的也是更重要的教育。企

① 景中强.论马克思精神生产理论的经济学来源——对资产阶级古典经济学家精神生产理论的历史分析[J].理论与改革，2003(2)：35-38.

② 弗里德里希·李斯特.政治经济学的国民体系[M].陈万煦，译.北京：商务印书馆，2017：143.

③ 李江帆.文化力、文化生产力与精神生产力[J].中国经济问题，2007(5)：3-10.

④ 弗里德里希·李斯特.政治经济学的国民体系[M].陈万煦，译.北京：商务印书馆，2017：158.

⑤ 弗里德里希·李斯特.政治经济学的国民体系[M].陈万煦，译.北京：商务印书馆，2017：138.

业是精神生产的主体。

当代，精神生产的主体是谁？知识分子作为精神生产的主体当然是重要的，而作为物质文化生产的主体——企业，扮演了精神生产的主要角色。企业是科学、技术、工艺、程序的创造发明主体，也是思想、观念、意识的倡导者，是制度、规范的制定者。企业行为在改造着自身，也在改造着消费者以至社会公众。企业通过广告宣传、营销理念，倡导“生活快节奏”“健康新观念”、体验消费、享受生活、网购等等，使民众养成新的社会生活消费习惯。企业自身也在不断创新生产经营理念，实践生产经营方式。这些都是精神生产的产品。

精神生产创造精神财富，观念价值传递精神财富。产品是产品实体化和产品概念化的统一；产品生产是物质产品生产和精神产品生产的统一，产品价值是产品使用价值和产品观念价值的统一。产品被赋予精神内涵，产品消费也就成为物质消费和精神满足的统一。此时，产品价值 ＝ 使用价值 ＋ 观念价值。观念价值可以激励消费者，也可以娱乐消费者，能够帮助消费者树立新的理念，满足消费者的精神需求，传递精神财富，倡导先进文化。[①]

马克思和恩格斯在《德意志意识形态》中，把“精神生产”界定为“关于意识的生产”，并将“社会意识”区分为“思想、观念、意识的生产”和“政治、法律、道德、宗教、形而上学”等形式的生产。[②] 我们认为，企业作为精神生产的主体，是社会思想、观念、意识的主要的创新生产者。而对外直接投资正是精神产品的对外传播的载体。

经营者的行为也为社会创造了新的词汇和语言。许多新词流行，如“扫一扫”“刷卡”等等，都是反映社会生活的文化现象。品牌消费、广告文化、营销手段，都是企业生产的文化。

“在以信息技术为标志的知识经济社会里，价值的增长不是通过劳动而是通过文化知识实现的。文化生产本质上是建立在知识转移基础上的。”[③]企业创新活动正是知识转移意义下的文化生产，企业技术创新、产品创新、服务创新、制度创新、理念创新、价值观的转变，都是文化生产的现实活动。

现代企业不仅要建设企业文化，而且还要进一步从企业文化转向文化企业。李海舰认为，企业是“把思想变成财富”的组织，只有拥有先进文化，才能制造先进产品。因此，实践企业文化成为一种时尚。将来，当学习型组织达到登峰造极之时，所有企业都将成为文化企业。成为文化企业是一切领航企业所追求的最高目标。那时，企业是一所大学校，企业首先不是制造产品，而是制造概念，创新

① 李海舰，周霄雪.产品十化：重构企业竞争新优势[J]，经济管理，2017(10)：33-43.

② 马克思恩格斯选集：第1卷[M].北京：人民出版社，2012：151-152.

③ 王思敬.论文化生产力的内涵、属性与发展途径[J].商业时代，2012(7)：17-18.

观念，引领文化发展。①

第三节　文化与对外直接投资的关系

"文化一经出现，就处于分化之中。"②

文化差异引起的文化冲突的确会增加跨国投资企业的成本，降低企业利润率。但是，如果能够有效化解企业中的文化冲突，充分整合各方的差异，融合各方的优势，实现优势互补，就会为企业发展带来新的动力，提高跨国企业的国际竞争力。

对外直接投资是企业的战略重组，是企业战略性的创新活动。创新需要文化的支撑。文化孕育创新环境，激发创造活力，影响对外直接投资活动。

文化的本质是观念形态，属于精神领域。但是，文化的作用并不限于观念形态和精神领域。组织的制度设计，人们的经济活动、日常生活、行为方式都具有特定的文化内涵，体现着文化的作用。

一、文化与对外直接投资的关系

文化在本质上是精神生产，是特定社会阶段作为整体的物质生产和生活方式在社会意识中能动的反映，文化具有意识形态属性。③ 文化的能动性就是文化作为"软实力"资源的重要功能所在。

"文化"和"对外直接投资"，似乎是不相关的两个领域，其实二者联系密切。

对外直接投资企业与东道国处于不同的社会文化环境中，拥有不同文化背景的员工，在价值观念、思维方式、行为习惯等方面存在诸多差异，企业内部也有不同的企业文化和管理模式。双重文化增加了企业内部管理的复杂性。

文化差异导致文化冲突，降低了员工之间的信任度，傲慢与偏见，猜忌与戒备，不利于企业员工形成凝聚力，可能导致企业难以形成统一意见，管理断层分化，工作互相掣肘，降低决策的合理性和管理的有效性。

文化差异致使企业管理困难是必然的。但是，若能将不同文化优势相融合，有效化解冲突，实现优势互补，创造新思维，激发新活力，就会提升企业的生存能力和竞争能力，促进企业持续创新成长。企业在对外直接投资区位选择时，文化因素是不能不考虑的因素。

---

① 李海舰.企业文化十大转型[J].中国电力企业管理，2005(2)：63-64.

② 莱斯利·怀特.文化科学——人和文明的研究[M].曹锦清，等译.杭州：浙江人民出版社，1988：80.

③ 刘德定.当代中国文化软实力研究现状及问题分析[J].中外企业家，2012(2)：113-116.

基于经济立场，国家竞争力、产业竞争力、企业竞争力是三位一体、彼此融合的。企业竞争力是基础。要提升综合国力，必须首先提升中国企业的国际竞争力。杨永胜认为，全球竞争力具有“升级”特征，不再局限于中国的大企业，不再局限于“世界 500 强”的概念，不再局限于规模，而是要更具全球引领力、更具创新力、更具资本布局能力、更具责任感与使命感等，而且要充分体现“中国方案”的特色、彰显中国形象，在国际市场拥有更多的话语权。这种“升级”，就是由经济的竞争“升级”为文化的竞争，竞争力不仅来自经济力，而且还来自中国文化力。跨文化管理是重中之重，只有实现制度与文化双轮驱动，才能切实增强中国企业的内力。①

二、文化推动对外直接投资

国外学者针对文化因素与对外直接投资之间关系的研究较早。伍德科克、弗洛雷斯和阿奎莱拉、布洛姆奎斯特和德洛根迪克等认为，因为相似的文化环境便于沟通交流，节约企业内部成本，有利于企业外部扩张，所以在通常情况下，对外直接投资企业早期选择文化距离更近的国家进行投资。还有学者基于中国企业对外直接投资面板数据的分析研究，得出文化地理位置更接近、文化环境更相似、资源更丰富的东道国更能吸引中国企业对其直接投资的结论。

国内学者研究认为，文化距离越小，越能吸引中国企业直接投资。② 还有学者特别研究文化“走出去”的投资效应。谢孟军使用差分 GMM 和系统 GMM 两种估计方法对文化“走出去”的投资效应进行了实证研究，认为文化“走出去”表现出显著的投资推动效应。③

中外文化交流对于促进文化传播、提高我国的文化软实力是有作用的。一方面，向世界各国人民展示中国包容、开放、互相尊重、和谐共处的大国形象；另一方面，有助于传播中国传统文化，增强各国人民对中国文化的认同感，彰显中国文化的亲和力，化解交往阻力，降低文化差异带来的贸易和投资成本。

三、对外直接投资是文化传播的有效路径

经济是手段，文化才是目的。哈佛大学召开的一次题为“经济时代的文化责任”的国际研讨会得出了一个重要结论：一切经济行为的终点都是文化，经济发展是货币流通方式换来非货币的文化成果。诺贝尔经济学奖获得者斯蒂格利茨认

---

① 杨永胜.全球竞争力培育[M].北京：中国人民大学出版社，2019：序言.

② 许和连，李丽华.文化差异对中国对外直接投资区位选择的影响分析[J].统计决策，2011(17)：154-156.

③ 谢孟军.文化“走出去”的投资效应研究[J].国际贸易问题，2017(1)：39-49.

为:“在这个世界上最容易流逝的东西是物质,而真正流传下来的就是文化了。”[①]

1998 年 3 月 30 日至 4 月 2 日,联合国教科文组织在斯德哥尔摩召开了政府间文化政策促进发展会议,通过了《文化政策促进发展行动计划》,其中指出:“发展最终应以文化概念来定义,文化的繁荣是发展的最高目标。”对外直接投资只是经济手段,文化传播及文化进步才是目的。对于中国企业来说,通过对外直接投资活动,开辟了一个文化传播的路径。美国经济学家英格尔认为,任何一个国家,不经历一个国民心理上和人格上向现代性转变的历程,仅仅依赖外国援助、先进技术和民主制度的引进,是不能成功地从一个落后国家跨入自身拥有持续发展能力的现代化国家的行列的。南美国家的一些学者也认为,一个民族的落后和不发达是它的文化选择造成的。[②] 中国企业对外直接投资,对于东道国来说,接受的不仅是经济增长,而且也是一种文化选择。

中国的文化产品正越来越多地走向海外。“从贸易额看,我们是处于顺差的一方,但从文化传播角度看无疑仍处于逆差。我们的文化产品大部分处于品牌缺失,甚至贴牌生产的状态,尤其在内容生产领域仍缺乏国际竞争力。长远来看,这不利于文化产业的国际化发展,也不利于中国文化的国际传播。”[③]文化贸易强,文化传播要更强。我们必须加强对外文化传播,而对外直接投资是文化传播的有效途径。

同时,我们也要加强文化交流。文明是全人类的,是许多民族相互学习、共同创造的,而不是哪一个或几个民族的功劳。文明人的“文明”和野蛮人的“野蛮”往往难分高下;真正的文明,其实是一件东拼西凑的“百衲衣”,“转借”(borrowing)才是文化史中的重要因素,只有不长进的民族才不肯向人家学习。[④]

文化是过程与结果的统一。对外直接投资是经济活动与文化活动的统一。在对外直接投资过程中,应追求工具理性与价值理性的统一。在资本主义经济发展初期,工具理性和价值理性是推动资本主义发展的两大动力,马克斯·韦伯称之为“经济驱动力”和“宗教驱动力”。但是,从 19 世纪下半叶起,尤其在 20 世纪,西方工业文明的两大支柱精神,即人本精神和技术理性开始出现张力和冲突,技术理性和工具理性的过度发达并没有达到人的本质力量增强和人的解放的宗旨,而是导致了人与自然生态关系的破坏和人际交往关系的异化,导致意识形态、技术理性、大众文化等社会力量对人的统治。经济发展了,文化却消解了。面对工具理性和价值理性的冲突,人们必须重新思考如何做好二者的统一。

---

① 叶皓.经济搭台,文化唱戏——兼论文化与经济的关系[J].南京社会科学,2010(9):1-5.

② 叶皓.经济搭台,文化唱戏——兼论文化与经济的关系[J].南京社会科学,2010(9):1-5.

③ 李小牧.文化贸易强 文化传播要更强[N].人民日报,2016-05-16(4).

④ 罗伯特·路威.文明与野蛮[M].吕叔湘,译.北京:生活·读书·新知三联书店,2015:序言.

四、文化力提升企业国际竞争力

从具体体现形式分析，企业竞争力可分解为许多内容：决策竞争力、组织竞争力、执行竞争力、流程竞争力、员工竞争力、品牌竞争力、渠道竞争力、价格竞争力、创新竞争力。这些竞争能力作为一个整体，构成企业竞争力。核心是什么？核心就是企业文化、文化竞争力。文化竞争力就是由共同的价值观念、共同的思维方式和共同的行为方式聚合而成的一种整体力量。这是企业的魂。

企业核心竞争力是指企业在长期经营活动中形成的文化能力，它以企业价值观、使命、愿景等精神文化为核心。以精神文化为核心的竞争力是无形的，难以被识别或模仿，是支撑、整合企业竞争力的基础性能力。例如，以全球统一的服务标准和品牌形象为标志的麦当劳企业文化，造就了极具竞争实力的麦当劳全球化连锁经营能力。海尔"真诚到永远"的企业文化，也是在长期的经营实践中凝练而成的。这个"文化"无形无状，却无处不在，在员工的观念中，在顾客的认知里。定位一个企业的核心竞争力，首先要确定它的核心价值观。

企业文化力可以分解为文化生产力、文化传播力、文化同化力。

文化生产力是提升文化软实力的基础。就企业来说，文化生产力是提升企业竞争力的基础。落后国家与发达国家的差距，很大一部分是文化生产力的差距。一个国家或地区的落后首先是文化的落后。国民对文化知识的理解、掌握、运用和再生产的能力，是国家文化软实力的基础。一个企业的文化生产力是企业生存和成长的基础。

文化生产力是建立在对文化知识的生产、传播、运用和再生产基础之上的，知识生产、传播、运用离不开必要的文化资源设施和有效的教育手段。企业首先应该是一个学习型组织，员工不断接受教育，这是文化生产力发展的基本条件。在此基础上，企业才会有文化生产的创新。

文化传播力是文化竞争力的必要条件。文化必须借助于特定的载体才能进行有效传播，纯粹的文化理念是不能直接转变为文化力的。文化传播的广度、深度、力度决定了是否能够把文化潜在的同化力转化为现实的软实力。企业的文化传播能力越强，越能有效转化为现实的竞争力。

文化同化力取决于文化及其产品的品质高低和接受者的认可度。作为企业来说，应当致力于提升企业文化及其文化产品的品质，才能增强同化力。首先要有吸引力，"一种文化形态要获得国际社会理解、认可和呼应，最根本的要求是要使自身文化成为一个'磁力源'"[①]。其次要有渗透力，能够深入人心。

---

① 刘佳.中国文化软实力战略转向研究[M].北京：中国法制出版社，2017：35-36.

第四章　对外直接投资与企业国际竞争力

中国文化和哲学，讲心体之大用，讲道体之大用，历来是先天后天、形上形下，浑然一体，不相间隔的。不保住人的先天本心，任其被遮蔽、被污染，则人非其人矣！然此心若不能涵养、光辉广大，使天下万物皆备于我心，则此心味乱而不能浑然与万物同体矣！惟有人心澄明，才能创造一个澄明的世界；惟有人心神圣，才能创造一个神圣的世界；惟人心至真至纯，才能创造一个至真至纯的世界！宗教、哲学、道德、艺术中所有美好的境界，全是人凭着灵明之心和道德本性创造的，凭着道体仁体之心创造的。惟灵明之心不被遮蔽，惟道体之心流行发用，创造无穷，才是小德川流，大德软化的世界，才是圣人之道洋洋乎发育万物，峻极于天的世界也才是一个诚明美好的人文世界！惟此世界，才能建构发展人的纯正意识与至诚精神。

——司马云杰：《文化价值论》

第一节　对外直接投资

发展不仅是一个经济和政治的概念，而且还是一个文化和文明的进程。“没有人文背景的发展，只是一种没有灵魂的经济增长而已。经济繁荣的本身就是人类文化发展的一部分，发展的本质是人的发展，而人类发展的终极目的是扩大人的选择的过程。”①

一、对外直接投资内涵界定

在资本主义经济体系背景下，投资是经济活动的基础。国际投资是国际化经营的主要内容。国际投资的早期形态是资本输出，英国在19世纪70年代就开始了资本输出。早期资本输出是以间接投资的形式进行的。19世纪80年代开始出现了国际直接投资。

从资本的历史进程看，其国际流动首先表现为以国际贸易为标志的商品资本的运动；其次表现为货币资本的运动，即以国际借贷、证券投资为主要形式的国际间接投资，其标志是跨国银行的出现；最后表现为生产资本的运动，即国际直接投资，其标志是跨国公司的出现。

国际投资是国际资本跨国流动的一种形式，是将资本从一个国家或地区投向另一个国家或地区的经济活动。② 国际投资可以分为国际直接投资（international direct investment）和国际间接投资（international indirect investment）。国际直接投资是国际投资的基本形式，是资本国际流动的最高形式。国际货币基金组织（IMF）认为：“国际直接投资是指一国（地区）的居民和实体（直接投资者或母公司）与在另一国的企业（国外直接投资企业、分支企业或国外分支机构）建立长期利益关系，并对其进行控制的投资。”经济合作与发展组织（OECD）认为，国际直接投资有三种具体方式：股权资本，即对外直接投资者在本国之外拥有企业股权；利润再投资，即对外直接投资者用于再投资的是国外分支机构股份的未分配红利或未汇回的收益；企业内贷款，即对外直接投资者（母公司）与其分支企业之间的贷款。

各国学者还有许多个性化的界定。澳大利亚学者肯伍德和洛赫德在其合著的《国际经济的成长：1820～1990》一书中认为，国际直接投资是指“一国的一家

---

① 联合国教科文组织，世界文化与发展委员会.文化多样性与人类全面发展：世界文化与发展委员会报告[M].张玉国，译.广州：广东人民出版社，2006：1.

② 任淮秀.国际投资学：第4版[M].北京：中国人民大学出版社，2015：2.

公司在另一国设立分支机构或获得该国一家企业的控制股权”[①]。日本学者小岛清认为：“从经济学的角度说，所谓‘直接投资’应该理解为向接受投资的国家传播资本、经营能力、技术知识的经营资源综合体。这里所说的经营资源是指在经营企业中发挥各种能力的主体，从表面看是以经营者为核心的，更实质地说，是指经营管理上的知识和经验，包括专利、技术秘密以及市场调查方法等广泛的技术性的专门知识，销售、采购原料、筹措资金等在市场上的地位以及商标及信用、情报收集、研究开发等的组织。”[②]实际上，“经营资源”就是企业的经营资产，转移“经营资源”是国际直接投资的本质特征。

二、对外直接投资理论解读

（一）马克思、列宁的过剩资本理论和资本输出理论

在马克思的经济学说中，过剩资本理论占有重要地位，这是与国际投资问题密切相关的理论，甚至可以说，这是最早的对于国际投资动因的解读。资本主义经济危机是生产过剩的危机，生产过剩从三个层面表现出来：商品过剩、人口过剩和资本过剩。资本过剩是相对于有利的投资场所不断减少而言的，为资本输出准备了物质条件。马克思指出：“所谓的资本过剩，实质上总是指利润率的下降不能由利润量的增加来抵消的那种资本——新形成的资本嫩芽总是这样——的过剩，或者是指那种自己不能独立行动而以信用形式交给大经营部门的指挥者去支配的资本的过剩。”[③]利润率的下降使部分小资本不能拥有正常的生产条件，不能发挥盈利机能，而资本是逐利的，因而走向对外投资。

在列宁的经济学说中，资本输出理论也是重要的内容，与马克思的过剩资本理论有着密切的联系。在《帝国主义是资本主义的最高阶段》一书中，列宁将资本输出与商品输出相对应，认为自由资本主义的经济特征是商品输出，垄断资本主义的经济特征是资本输出。“只要资本主义还是资本主义，过剩的资本就不会用来提高本国民众的生活水平（因为这样会降低资本家的利润），而会输出国外，输出到落后的国家去，以提高利润。在这些落后国家里，利润通常都是很高的，因为那里资本少，地价比较贱，工资低，原料也便宜。”[④]“当把垄断与资本输出联系在一起时，就已经包括了所谓‘垄断优势’的含义。”[⑤]资本输出的动因是过剩资本需要寻找新的有利的投资场所。

---

① 肯伍德，洛赫德.国际经济的成长：1820～1990[M].王春法，译.北京：经济科学出版社，1997：20.

② 小岛清.对外贸易论[M].周宝廉，译.天津：南开大学出版社，1987：422.

③ 马克思.资本论：第3卷[M].中共中央编译局，译.北京：人民出版社，2004：279.

④ 列宁.帝国主义是资本主义的最高阶段[M].中共中央编译局，译.北京：人民出版社，2015：60.

⑤ 卢汉林.国际投资学[M].北京：高等教育出版社，2012：423.

(二)现代国际直接投资理论

在对外直接投资理论体系形成之前,西方学者主要运用传统的国际贸易理论和国际资本流动理论解释国际直接投资。第二次世界大战以后,国际直接投资迅猛发展,引起学者极大关注,形成了众多理论流派,论述内容涉及国际直接投资的动因、决定因素、方式和条件等。这些理论流派主要包括垄断优势理论、内部化理论、产品周期理论、比较优势理论、发展阶段理论、投资诱发要素组合理论、国际生产折衷理论等。

实际上,现代国际直接投资理论研究主要有两条路径:一是基于产业组织理论,研究跨国企业开展对外直接投资的决定因素和条件,认为对外直接投资是企业发展到一定阶段以后的必然选择。例如斯蒂芬·海默的垄断优势理论(Monopolistic Advantage),这是研究国际直接投资最早的、最有影响的理论。二是以国际贸易替代理论为基础,研究投资产生与发展的决定因素,例如小岛清在研究比较优势理论的基础上,提出了边际产业扩张理论;雷蒙德·维农根据产品的生命周期过程,提出了产品周期理论。20 世纪 70 年代后期,基于不同路径的以上两类国际直接投资理论呈现融合趋势,结合资源禀赋论,形成了综合性的对外直接投资理论——国际生产折衷理论。

国际生产折衷理论(Eclectic Theory of International Production)是由英国经济学家约翰·邓宁于 1977 年提出的。邓宁认为,一国的商品贸易、资源转让与国际直接投资共同构成其国际经济活动。然而,20 世纪 50 年代以来的各种国际直接投资理论只是孤立地对国际直接投资进行部分的解释,没有形成一套将国际贸易、资源转让和国际直接投资等对外经济关系有机地结合在一起的一般理论。邓宁认为,跨国企业所拥有的所有权优势、内部化优势以及区位优势的不同组合,决定了它所从事的国际经济活动的方式。

按照邓宁的分析,对外直接投资动因主要有四类:一是资源寻求型动机,即企业寻求、占有、利用稳定的资源供应而进行的对外直接投资。二是市场寻求型动机,即企业为开拓和保障国外市场而进行的对外直接投资。三是效率寻求型动机,即企业为降低生产经营成本和提高生产效率而进行的对外直接投资。四是战略资产寻求型动机,即企业为获取和利用国外先进的生产技术、生产工艺和管理经验等进行的对外直接投资。另有学者发现,某些企业为了分散经营风险或者享受优惠政策也进行对外直接投资。

对外直接投资的根本动机是利润最大化,为实现利润最大化的目标,力求增加销售收入和降低经营成本。在此目标之下,各类投资动机是互补的,某一投资项目往往是多种动机共同作用的结果。例如,一家外国企业在东道国直接投资建立一个劳动密集型项目,其产品大部分在东道国销售,那么,这家企业同时兼有降低生产成本和开辟东道国市场的动机，或许还享受东道国政府给予外商投资企业的优惠政策。

学者认为，受自身能力和环境条件的制约，不同国家的不同企业对外直接投资的动机可能是不同的。发达国家之间的投资，大多出于市场导向和技术与管理导向的动机；发达国家向发展中国家的投资，主要是市场导向和降低成本的动机；发展中国家向发达国家的投资，更多注重获得市场及学习先进技术与管理经验等；发展中国家之间的投资，主要是市场导向和降低成本导向。另外，不同的行业有明显不同的投资倾向。例如，制造业主要投向市场容量和市场潜力更大的国家或地区，初级产业部门主要投向自然资源丰裕的国家。

（三）中国对外直接投资理论研究

“到目前为止，有关国际投资理论的研究尚不系统，也不成熟，因此它是一个亟待发展的研究领域。”① 中国对外直接投资起步较晚，理论研究相对滞后。20 世纪 90 年代开始，许多知名学者投入对外直接投资理论研究中，他们在致力于阐释西方理论的同时，结合中国实际，表达了自己的见解，对于我们准确认知国际直接投资、正确制定对外投资政策、合理开展对外投资活动起到了指导作用。

关于对外直接投资的基本理论研究是必要的。孙建中基于中国是一个经济高速增长但发展不平衡的发展中大国，兼有发达国家和发展中国家的特征，对外直接投资动机呈现多极化和综合型特征的认识，提出了中国对外直接投资的综合优势理论。他认为，中国对外直接投资综合优势表现在三个方面：一是投资动机的多极化；二是差别优势的多元化；三是发展空间的多角化。三个方面相互激励，相互促动，形成对外直接投资的综合优势。②

聂名华认为，比较优势理论是我国对外直接投资的理论依据，中国企业应当充分利用比较优势参与国际竞争。同时，对劳动密集型产业进行人力资本和技术资本投入，将简单劳动密集型转化为智力劳动密集型，从而实现从比较优势到竞争优势的转换。③

有学者将对外直接投资作为一个经济活动过程进行研究。毛蕴诗提出了对外直接投资过程论，他对投资行为的主动型、诱发型和迫动型的分类对于揭示中

---

① 卢汉林.国际投资学[M].北京：高等教育出版社，2012：45.

② 孙建中.资本国际化运营——中国对外直接投资的综合优势比较[M].北京：经济科学出版社，2000：187.

③ 聂名华.试论中国发展境外直接投资的理论依据[J].财贸经济，2001(1)：55-59.

国对外直接投资发展规律有一定的价值。① 吴彬和黄韬提出了“二阶段论”，将对外直接投资作为一个动态过程，分为“经验获得阶段”和“利润攫取阶段”。前一阶段是与东道国企业相比处于劣势的企业学习阶段；后一阶段是与东道国企业相比处于优势的企业攫取利润的阶段。② 冼国明和杨锐认为，发展中国家的对外直接投资是一个从发展中国家对发达国家的逆向投资（学习型）到对其他发展中国家直接投资（竞争型）的转换过程。③

有学者致力于中国对外直接投资动因研究。宝贡敏提出了市场控制论和规模经济论，将发展中国家的对外直接投资动因归纳为控制市场或追求规模经济。④ 马亚明和张岩贵提出了国外直接投资（FDI）的竞争策略模型，认为发展中国家国外直接投资是应对发达国家挑战和压力的一种策略和手段，即使不存在竞争优势，发展中国家也可能进行策略竞争型国外直接投资。⑤ 裴秋蕊和卢进勇的研究显示，中国对外直接投资具有显著的自然资源寻求动机、市场寻求动机和战略资源寻求动机，随时间呈现不同的发展趋势：2006～2008 年最为显著的投资动机是自然资源寻求动机，2009～2012 年市场寻求型投资动机占据主导地位，2013～2015 年展现出较为显著的战略资源寻求动机；基于不同的投资动机，影响中国对外直接投资的因素也随之发生变化。⑥

另有关于中国对外投资模式的研究。卢进勇和闫实强将中国企业对外直接投资总结为九种模式：营销渠道投资模式、加工贸易投资模式、创立自主品牌投资模式、并购品牌投资模式、品牌输出投资模式、资产并购模式、股权并购模式、国家战略主导投资模式、海外研发投资模式。⑦

还有中国对外投资的影响因素研究，特别是文化距离等影响研究。许和连和李丽华研究认为，文化距离越小，越能吸引中国企业直接投资。⑧ 谢孟军的研究认为，文化“走出去”表现出显著的投资推动效应。⑨

---

① 毛蕴诗.对外直接投资过程论——对外直接投资的四维分析模型及其应用[J].中山大学学报（社会科学版），1994(2)：1-9.

② 吴彬，黄韬.二阶段理论：外商直接投资新的分析模型[J].经济研究，1997(7)：25-31.

③ 冼国明，杨锐.技术累积、竞争策略与发展中国家对外直接投资[J].经济研究，1998(11)：57-64.

④ 宝贡敏.关于国际直接投资理论的思考——以发展中国家企业向发达国家直接投资动因为中心的分析[J].国际贸易问题，1996(12)：4-8.

⑤ 马亚明，张岩贵.策略竞争与发展中国家的对外直接投资[J].南开经济研究，2000(4)：29-32.

⑥ 裴秋蕊，卢进勇.中国对外直接投资动机趋势变化研究——基于单边引力模型及面板数据的实证分析[J].经济问题探索，2019(7)：111-121.

⑦ 卢进勇，闫实强.中国企业海外投资模式比较分析[J].国际经济合作，2005(3)：24-29.

⑧ 许和连，李丽华.文化差异对中国对外直接投资区位选择的影响分析[J].统计决策，2011(17)：154-156.

⑨ 谢孟军.文化“走出去”的投资效应研究[J].国际贸易问题，2017(1)：39-49.

也有许多基于企业对外投资活动开展的对外投资动机研究、区位分布研究、产业选择研究以及与贸易的关系研究，都有相应的成果。

三、对外直接投资实践

发达国家对外直接投资实践久远，已经趋于成熟。英国、法国、德国、美国、荷兰、日本等国是对外直接投资活动的主要国家。孔淑红在《国际投资学》中根据国际投资规模和形式的变化，将国际投资的历史发展划分为七个阶段。①

第一阶段：1914 年之前，这是国际投资的起步阶段，主要投资国是英国、法国、德国等。英国最早开始，并长期处于主导地位。1913 年，英国的对外投资总额已达 40 亿英镑，相当于英国国民财富总额的 1/4，占当时各国国际投资总额的 1/2。到 1914 年，英、法、德、日等国对外投资总额已达 440 亿美元。这一阶段的东道国主要是在北美洲、拉丁美洲、大洋洲和非洲等资源丰富的地区。

第二阶段：两次世界大战之间(1914～1945 年)，这是国际投资缓慢增长的阶段。两次世界大战和 20 世纪 30 年代的经济危机重创了世界经济，抑制了国际投资。这一时期，主要投资国家改变了，美国成为国际资本的主要来源国。国际货币体系崩溃，国际投资资金短缺，传统的私人对外投资风险增大，投资额减少，官方投资增加。

第三阶段：第二次世界大战以后至 20 世纪 60 年代末(1946～1970 年)，这是国际投资恢复增长的阶段。第二次世界大战以后，美国凭借雄厚的政治、经济、军事实力进行对外经济扩张，国际投资规模迅速扩大。西方主要国家的对外投资恢复增长，但是规模仍然有限。

第四阶段：20 世纪 70 年代，这是国际投资高速增长的阶段。在这十年里，国际投资在国际经济中的地位提高了。美国、英国、法国、联邦德国和日本依然是主要的投资国。日本作为后起之秀，以美国和西欧作为投资的重点区域加速投资，在国际投资领域的地位日益提高。

第五阶段：20 世纪 80 年代到 90 年代初期，这是国际投资稳定增长的阶段。在科技革命和跨国公司全球化经营等因素的共同作用下，国际投资继续增长。但是，各国对外投资增长速度不一致，美国的对外直接投资增长放慢，日本的对外直接投资增长加速。1980 年，日本对外直接投资余额 365.2 亿美元，至 1986 年为 1000 亿美元，成为世界上最大的债权国。美国转而成为最大的债务国。西欧各国对外投资稳定增长，形成了美国、西欧、日本三足鼎立的国际投资格局。值得注意的是，发展中国家的对外投资在这一阶段开始增长。

---

① 孔淑红.国际投资学：第 5 版[M].北京：对外经济贸易大学出版社，2019：4-8.

第六阶段:20世纪90年代后期至2007年,这是国际投资突破性发展的阶段。随着经济全球化的深化,国际投资方式和投资领域发生了重大变化。外国直接投资流出存量在这一时期增长了6倍。2007年,全球海外子公司的附加值占全球国内生产总值的11%,销售额达31万亿美元,比2006年增长了21%。这一时期,发展中国家越来越多地参与到国际投资中,并逐渐占据重要地位。比如,在大力吸引外国投资的同时,中国企业积极"走出去",中国成为世界对外直接投资的重要来源地。

第七阶段:2008年金融危机以来,这一阶段可以说是国际投资的调整期。2008年美国次贷危机引发的世界金融危机给全球经济造成了严重影响。2008年全球对外直接投资额下降了21%,2009年继续下降29%,从2008年的1.7万亿美元降至2009年的1.2万亿美元。2011年,全球对外直接投资额为1.5万亿美元,恢复到世界金融危机前的平均水平,2012年又降至1.35万亿美元。

2015年,全球对外直接投资额为1.76万亿美元,同比增长11.8%,这是2008年全球金融危机爆发以来的最高水平,但仍比危机前的峰值低10%。从全球对外直接投资的来源看,发达国家占据主导地位,发达经济体的对外投资达到1.1万亿美元。2016年,全球对外直接投资额降为1.75万亿美元,同比下降2%。新兴市场国家的投资资产增长显著,发达国家增长乏力。中国以1830亿美元的对外直接投资总额首次成为全球第二大投资国。2017年,全球对外直接投资比上年下降23%,为1.43万亿美元,这与全球GDP和贸易增长加速形成鲜明对比。外国直接投资下降主要是跨境并购大幅下降造成的。发达国家对外投资下降了3%,约为1万亿美元。欧洲对外投资下降了21%,为4180亿美元。美国、加拿大对外投资上涨了18%,达4190亿美元。美国仍是全球最大的对外投资国。发展中国家对外投资下降了6%。中国对外投资减少了36%,降至1250亿美元。①

2017年,流入发达国家的对外直接投资下降37%,为7120亿美元。其中,跨国并购下降29%,主要原因是超大型并购及企业重组比2016年减少,也与英国和美国对外直接投资流入量在2016年飙升之后大幅下降有关。流入发展中经济体的对外直接投资保持平稳,为6710亿美元。流向转型经济体的对外直接投资下降了27%,降至470亿美元。②

2017年,中国吸引外资全球排名第二,仅次于美国。同时,中国对外投资位

---

① 数据来源:2016年《世界投资报告》、2018年《世界投资报告》。

② 数据来源:2016年《世界投资报告》、2018年《世界投资报告》。

居美国和日本之后，全球排名第三。中国仍是发展中国家最大的吸收外资国和对外投资国。不过，2017 年中国对外投资额同比减少了 36%，降至1250 亿美元，这是近年来中国对外投资的首次下降。2018 年，全球对外直接投资流量继续下滑，较 2017 年下降 13%，降至 1.3 万亿美元。这是全球对外直接投资连续第三年下降。①

继 2017 年和 2018 年的大幅下降后，2019 年全球对外直接投资流量小幅上升 3%，达 1.54 万亿美元，全球对外直接投资存量达 37 万亿美元。2019 年对外直接投资的增长主要是因为美国 2017 年税制改革影响减弱，流入发达经济体的投资增加。2019 年，流向发达经济体的资金增加了 5%，达到 8000 亿美元。流入非洲的对外直接投资减少了 10%，降至 450 亿美元。流入转型经济体的外资有所增加，增长 59%，达到 550 亿美元。流入拉丁美洲和加勒比的对外直接投资增长 10%，达到 1640 亿美元。流入最不发达国家的对外直接投资减少了 6%，降至 210 亿美元，仅占全球对外直接投资的 1.4%。②

2019 年度，尽管流入亚洲发展中国家和地区的对外直接投资下降了 5%，降至 4740 亿美元，但是，亚洲仍然是全球最大的外国直接投资接受地，全球超过 30%的外资流入该区域，其中，流入中国的外资增至 1410 亿美元，创历史新高。③

2020 年，全球外国直接投资大幅下降，从 2019 年的 1.54 万亿美元下降至 8590 亿美元，同比降幅达 42%。下降集中在发达经济体，其外国直接投资流量同比急剧下降 69%，降至 2290 亿美元，是过去 25 年来的最低水平。发展中经济体的情况相对好得多，降至 6160 亿美元，同比降幅为 12%。④

新冠肺炎疫情对对外直接投资造成了供给冲击、需求冲击和政策冲击。各国实施的封闭隔离措施减缓了现有投资项目，严重衰退的经济迫使跨国公司重新进行项目评估，部分国家或地区在危机期间采取了新的投资限制政策。这些都将影响对外直接投资。

第二节　企业国际竞争力

根据基本经济学理论，资源具有稀缺性，经济活动依赖于有限的资源。为了更多地获得有限的资源，竞争产生了。资源的稀缺性是竞争产生的根源。

---

① 数据来源：《2017 年度中国对外直接投资统计公报》和 2019 年《世界投资报告》。

② 数据来源：2020 年《世界投资报告》。

③ 数据来源：2020 年《世界投资报告》。

④ 数据来源：《中国对外投资合作发展报告(2020)》。

竞争是指两个或两个以上的个人、组织或者集团为了自身的利益，在一定的程度上为获取某种稀缺的资源而展开相互较量、相互制衡的过程。这一过程包含了三个必需要素：利益冲突的竞争主体、有限的竞争资源、特定的竞争场所。可以说，竞争是社会经济活动中的普遍现象，社会因为竞争的存在而不断向前发展。

一、企业竞争力

“文化主体，既是文化的创造者、传承者，又是累积性文化结构中的原子化个体——文化的作用对象。”[①]企业既是文化主体，同时也是文化的作用对象。

企业作为相关利益者的集合体，其存在目的在于自身盈利。企业为了生存发展，必须开展市场竞争。

（一）企业竞争力的概念

目前，对竞争力的界定难以形成统一的表述。

迈克尔·波特在《竞争优势》一书中指出：“竞争是企业成败的关键。竞争决定对企业经营业绩有所贡献的各种活动是否适当，例如创新、有凝聚力的文化或者有效的实施。”[②]竞争优势来源于企业为客户创造的超过其成本的价值。

联合国贸发会议（UNCTAD）认为，企业竞争力是一个复杂的概念，可以从不同的角度进行考察：可以被定义为企业在可持续基础上保持或提高市场份额的能力，可以被定义为企业降低成本或提供物美价廉产品的能力，还可以认为是提高利润率的能力。

国内学者积极参与竞争力研究。俞国方认为：企业竞争力“就是企业在市场经济的竞争环境中，相对于其他竞争对手所表现出来的生存能力和持续发展能力的总和”[③]。孙晓林等认为：“企业竞争力由三个部分组成，即企业现实的市场竞争能力；企业潜在的、企业未来可能拥有的市场竞争能力；企业将潜在竞争能力转化为现实，获得竞争优势的能力。”[④]金碚认为：“在市场经济中，竞争力最直观地表现为一个企业能够比其他企业更有效地向消费者（或者市场）提供产品或者服务，并且能够获得自身发展的能力或者综合素质。而所谓‘更有效地’，是指以更低的价格或者消费者更满意的质量持续地生产和销售；所谓‘获得自身发展’，是指企业能够实现经济上长期的良性循环，具有持续的良好业绩，从而成为

① 张昆.跨文化传播与国家形象建构[M].武汉：武汉大学出版社，2015：387.

② 迈克尔·波特.竞争优势[M].陈小悦，译.北京：华夏出版社，2005：1.

③ 俞国方.企业竞争力与核心竞争力价值辨析[J].价值工程，2001(1)：43-45.

④ 孙晓林，仲伟俊，满大庆.企业竞争力概念剖析[J].东南大学学报（哲学社会科学版），2002(6)：55-58.

长久生存和不断壮大的强势企业。”①

(二)企业竞争力的影响因素

企业竞争力的影响因素是全方位的、全过程的，一切存在和力量无不影响企业竞争力。

企业竞争力可分为显性竞争力和隐性竞争力。显性竞争力是企业所具备的产品制造及服务能力，隐性竞争力是企业所拥有的文化和制度资源。

企业竞争力可分为三个层面。

第一层面是物质层，表现为企业的物质资源，产品研发、产品生产及质量控制、成本控制、产品营销能力及品牌竞争力等。

第二层面是制度层，包括现代企业制度的建立与运行机制、企业管理方式方法、企业环境、资源关系等。

第三层面是核心层，主要是指以企业价值观为核心的企业文化、企业形象、个性化的企业特色、企业愿景。

企业竞争力取决于以下八个方面的能力和资源状况：

(1)战略决策能力。这是企业辨别市场机会和陷阱，对环境变化作出及时有效反应的能力。企业通过对未来市场和环境的把握，明确发展目标，合理配置资源。这是企业生存与发展的首要问题，是企业竞争力的根本。

(2)研发创新能力。创新能力是企业发展的源泉，是企业取得长期竞争优势的保证。企业只有通过学习与创新，不断研发产品，更新服务，超越自我，才能超越竞争对手，求得持续发展。

(3)经营能力。这是企业争夺市场份额、提升经济效益的必要条件。这种能力是长期学习与实践积累的结果。

(4)制造能力。制造能力是企业竞争力的基础，取决于物质基础、制造系统、劳动生产效率和制造成本控制能力等。

(5)文化制度资源。先进的文化观念和现代企业制度是企业竞争力的成长要素，包括组织文化的先进性与适应性、经营思想与管理理念的超前性、现代企业制度的建立与有效运作、企业管理方式与运行机制科学有效等。

(6)人力资源。现代企业竞争归根结底是人才的竞争，人力资源是企业的核心资源，包括管理人才、科技人才等各类人才。

(7)财务资源。财务资源反映了企业融资能力及资金保障程度。

(8)信息资源。当前信息化水平已成为企业竞争力的重要体现。企业信息

---

① 金碚.经济学对竞争力的解释[J].经济管理,2002(22):4-12.

系统、信息渠道的建立与管理、信息反应速度等，直接影响企业竞争力。①

（三）企业竞争力的指标体系

胡大立认为，企业竞争力是一个具有层次性、动态性、综合性等特征的多要素系统，包括安全能力、盈利能力、市场控制能力、技术创新能力、资本运营能力、知识管理能力、组织结构、人力资本、企业文化、信息技术水平、环境关联水平等12类要素、70项测评指标。可以说，这是一种多因素评价方法。②

张晓文等将构成企业竞争力的因素分为评价因素和分析因素两类，将评价内容分为基本要素、评价要素、指标层、操作层4个部分、30项评价指标。③

更多学者认为，企业竞争力主要由资产、利润、销售收入、销售成本、销售价格、市场占有率等因素决定，这些因素构成企业竞争力评价指标体系。可以说，这是一个以盈利能力为核心的指标评价体系。还有学者认为，可以利用经营能力、营销能力、技术能力、资本能力等指标综合评价企业竞争力。

（四）企业竞争力的评价方法

关于企业竞争力的评价，学者提出了许多方法，各有侧重，也有偏颇。就目前来看，主要有下几种：

1.模糊综合评价法

很多反映企业竞争力的指标是难以进行准确的量化评价的，只能进行定性评价，评价必然具有模糊性，所以，对企业竞争力进行模糊评价是通常的选项。例如，我们把竞争力按照强弱水平分为强、较强、一般、差四个等级，可是难以界定每个等级的标准。这种等级分类是主观的、模糊的。在竞争力评价过程中，许多因素有模糊性，不能简单地给定一个分数。所以，只能采用模糊的综合评价方法对企业竞争力作一个整体的判断。

实际上，模糊综合评价法是一类方法，具体的运作程序会有不同，本质上都是依赖专家的经验进行的主观判断。

2.因子分析法

因子分析法是运用因子分析模型建立竞争力综合评价指标和公共因子变量分析指标进行企业竞争力测评的一种方法。可以使用企业竞争力综合评价指标判定竞争对手在业内的地位，可以使用公共因子分析竞争对手的优势与弱项。公共因子变量的确定可以使用主成分分析法，综合评价指标值的权数可以借助统计软件分析生成，排除了个人主观因素，具有较强的客观性和科学性。

① 孙朋杰.中国企业国际竞争力培育研究——以中国企业对外直接投资为实证分析[D].华侨大学，2004：15-16.

② 胡大立.企业竞争力决定因素及其形成机理分析[M].北京：经济管理出版社，2001：79.

③ 张晓文，于武，胡运权.企业竞争力的定量评价方法[J].管理评论，2003(1)：32-37，63.

与模糊综合评价法相比，因子分析法可以有效降低主观赋权的误差，使评价结果更客观真实。并且，因子分析法经济快捷，是很多企业进行相关调研分析的重要工具。

3.对比差距法

对比差距法就是直接将本企业与另一企业进行对比分析，以寻找差距。例如，将本企业与业内最优秀的某一企业进行对比，把双方的一系列指标分别进行对比，就可以发现本企业在某一项或几项指标上与对方企业的差距，就可以判定竞争力的差距。使用这种方法需要遵循以下三个步骤：第一，筛选确定拟对比的指标。第二，获得指定的各项指标与对比企业的指标数据并进行对比，确定差值。第三，将各项指标的对比差值进行汇总分析，判定本企业与对比企业的整体差距。

该方法具有因子分析法的部分优点，并且可直接进行多指标的对比，无须进行数值的加总比较，可以降低由于确定各因素权重而造成的误差。

4.内涵解析法

这是一种定性分析和定量分析相结合的研究方法，重点分析影响企业竞争力的内涵性因素，并对其影响进行评价，以揭示企业的核心竞争力。内涵解析法的具体步骤为：第一，确定影响企业竞争力的主要因素，并确认因果关系。第二，运用统计分析、问卷调查、专家咨询等方式，评估企业竞争力的状况。对于可以量化的指标，直接确定数值；对于难以直接量化的因素，采取问卷调查和专家咨询的方式进行分析确定。第三，深度解析企业核心能力，探寻企业理念及其渗透性，以判断企业竞争力水平。

内涵解析法可以深入企业核心层面进行深刻分析，但是难以全面量化，难免存在主观性的影响。

5.综合指数评价法

综合指数评价法是一种利用综合指标体系进行评价的方法。步骤如下：第一，确定评价指标的权数。第二，计算各子系统的综合平均指标。第三，对各子系统的平均指数进行加权平均，求得综合平均指数，以此建立反映企业竞争力的数学模型。

评价标准：综合平均指数接近 1，表明对比企业间的竞争力无明显差异；综合平均指数与 1 的离差越大，表明对比企业间的差异越大。因此，企业可以依据综合平均指数值的大小确定本企业在业内的地位。

二、企业国际竞争力

国际竞争力研究起源于美国。1983 年，里根总统创立了由 30 名专家组成的“关于工业竞争力的总统委员会”。哈佛大学商学院迈克尔·波特的“竞争三部曲”——《竞争战略》《竞争优势》和《国家竞争优势》以国家竞争优势为分析目的，以产业竞争优势为分析对象，以企业竞争优势为分析切入点，详细阐述了竞争力理论，提出了竞争力分析方法，揭示了企业获取长期竞争优势的关键因素，奠定了其在竞争力理论领域的权威地位。波特明确指出，竞争是企业成败的关键。“竞争优势归根结底来源于企业为客户创造的超过其成本的价值。”[①]然而，获取竞争优势的行为常常对产业结构和竞争反应产生重大后果。

国际竞争是必然的。竞争优势不仅是企业生存的根本，而且还是国家发展的核心。构成国际竞争力的资源是整体的，应当包括物质资源、制度资源和文化资源。普京曾强调，俄罗斯的民族思想应成为国家的竞争力。[②]

国内学者对国际竞争力的研究始于20世纪90年代中期。国家体改委经济体制改革研究院、中国人民大学、深圳综合开发研究院组成联合研究组，于1996年开始出版《中国国际竞争力发展报告》。

学者对于国际竞争力的认识分歧较大，对国际竞争力的测度各有观点。国际竞争力的定义也一直在不断演化。

（一）国际竞争力内涵界定

1.国外学者的观点

国际竞争力取决于国家实力。对于任何国家来说，国际竞争力必须建立在社会、经济、科学、文化发展的基础上。在当今知识经济的时代，竞争力不再取决于原材料或劳动力成本优势，而主要取决于创造、获取和应用知识的能力。在可持续发展背景下，国际竞争力是一个国家或地区既能够提供满足国际市场检验标准的产品和服务，又能够持续提高国民生活水平、实现可持续发展的能力。

瑞士洛桑国际管理发展学院（IMD）认为，国际竞争力是竞争力资产和竞争力过程的统一。“竞争力资产”包括各种自然资源和创造的经济资源，如基础设施。“竞争力过程”是指将资产转化为经济成果，然后通过国际化经营产生竞争力。国际竞争力是一个国家或地区创造与保持一个能够使企业持续产出更多价值、人民拥有更多财富的环境的能力。这种能力必须是可持续的。

迈克尔·波特明确地把国际竞争力定位在产业层次，他认为，国际竞争力是一国特定产业通过在国际市场上销售产品反映出来的生产率，是企业基于全球战略在国际市场上竞争的能力。产业是企业的集合，所以，企业竞争力是根本。竞争优势是所有战略的核心，不同企业的竞争优势不同，获得竞争优势要求企业

---

① 迈克尔·波特.竞争优势[M].陈小悦，译.北京：华夏出版社，2005：3.

② 张艳璐.欧亚主义与当代俄罗斯的国家思想重构[C]//洪涛.卢梭的难题——复旦政治哲学评论：第9辑.上海：上海人民出版社，2018：121.

作出选择。成本领先战略、差异化战略、集中战略是企业选择的三大基本战略。"文化是帮助企业形成一系列组织标准和态度的要素集合",是企业成功的重要因素。企业实施不同的基本战略需要不同组织文化的支持。鼓励创新、个性化和冒险的公司文化(惠普)有利于差异化战略的实施,而节俭、有纪律和关注细节的公司文化(艾默生电气公司)将有助于成本领先战略的执行。公司文化如果合适,就能够有力地强化基本战略意图实现的竞争优势。①

经济合作与发展组织(OECD)认为,国际竞争力是一个国家或地区能够在自由公正的市场条件下生产产品和服务的能力。这些产品和服务既能达到国际市场的检验标准,又能使该国或地区人民的实际收入保持不变或有所提高。

2.国内学者的观点

20 世纪 90 年代以来,国内学者积极关注国际竞争力的研究,取得了许多优秀成果。企业家也进行了实践探索,积累了诸多经验。在企业家看来,在全球经济一体化的时代,企业所做的一切都是为了创造世界名牌。一个品牌要成为世界名牌,就必须拥有全球用户资源。事实上,全球每一个行业都有几个领导者品牌,它们几乎瓜分了这个行业的全球市场。从此意义上讲,企业的国际竞争力就是获取全球用户资源的能力和满足全球用户需求的能力。

金碚认为,国际竞争力是在国际自由贸易条件下(或在排除了贸易壁垒因素的假设条件下),一国某特定产业的产出品所具有的开拓市场、占据市场并以此获得利润的能力。② 范晓屏提出从三个角度测度企业国际竞争力:一是企业行为能力;二是企业潜在能力;三是企业战略管理能力。③ 金碚提出了工业品国际竞争力的实现指标、因素指标等,对于产业竞争力评价研究具有重要借鉴作用。④

王与君提供了一个竞争力公式:国际竞争力=竞争力资产×竞争力过程。对于任何一个企业来说,无论是创造价值的各种能力,还是将各种资产高效率地运用于创造价值的过程,都可以纳入这个公式之中。⑤

李海舰把企业国际竞争力与企业国际化关联在一起,强调要提升企业国际竞争力就要促进企业国际化,包括销售国际化、生产国际化、融资国际化、服务国际化和研发国际化。⑥

---

① 迈克尔·波特.竞争优势[M].陈丽芳,译.北京:中信出版社,2014:25-38.

② 金碚.产业国际竞争力研究[J].经济研究,1996(11):39-45.

③ 范晓屏.企业竞争力多相测度指标体系的构造[J].中国工业经济,1997(5):57-61.

④ 金碚.中国工业国际竞争态势分析[J].中国工业经济,1998(5):5-7.

⑤ 王与君.中国经济国际竞争力的基础与前景[D],中共中央党校博士学位论文,1999:72-75.

⑥ 李海舰.中国的企业国际化战略[J].新视野,2002(2):31-34.

王核成认为，在国家经济体制、社会文化、宏观经营环境共同作用下所形成的组织制度与企业文化是企业国际竞争力的基础，决定了企业价值观、企业宗旨、企业目标与战略、企业管理制度、企业运行机制、企业管理方式、企业管理规则、日常规范等。这些思想、观念、机制、规则决定了企业资源的配置模式。企业资源包括企业可获取的、可利用的、有形的、无形的一切资源。企业素质是企业资源积累、配置和运作的结果，反映了企业经营的一种状态和企业管理达到的水平。企业能力是指协调企业资源并使其发挥最佳作用的技能，体现于企业内个人之间、业务之间、环节之间相互作用、相互配合和作出决策的方式方法。企业素质、资源配置、企业能力三者相互作用，在适应国际市场环境过程中互动发展，创造出企业核心优势和国际竞争力。①

李京文等认为，国际竞争的主体是国家，而国家间竞争的实质是各国产业间竞争与企业间竞争。国际竞争力与综合国力相关联。综合国力是国际竞争力的基础，国际竞争力是增强综合国力的手段。相对来说，综合国力侧重于衡量国家目前的状况，主要是对国家现实实力和影响力的评价，以硬指标即统计数据为主；而国际竞争力强调预测未来发展的趋势，更多依赖于软性因素和指标进行评价。②

中国人民大学竞争力评价研究中心认为，国际竞争力是指在世界经济大环境中，各个国家或地区相对于其他国家或地区创造增加值和国民财富持续增长的系统能力。

虽然学者们各抒己见，但是也有基本共识。通常，国际竞争力被划分为三个层次，即企业国际竞争力、产业国际竞争力、国家国际竞争力。企业国际竞争力还可以分为企业国际贸易竞争力和企业国际投资竞争力，两者既有联系，又有区别，可以相互促进，侧重点又有不同。国际贸易竞争力侧重展示产品、质量、服务、品牌等方面的竞争力，国际投资竞争力主要展示企业的项目投融资能力、技术优势、管理能力和品牌竞争力等。

2018 年《全球竞争力报告》显示，全球最具竞争力经济体排名第 1 位是美国，新加坡、德国、瑞士、日本排名第 2 至第 5 位，中国排名第 28 位。该报告公布的“全球竞争力指数”使用的指标主要分为四个方面，包括环境便利性、人力资本、市场、创新生态系统。

总而言之，企业国际竞争力是指在自由贸易条件下，企业以相对于其他企业更高的生产率向国际市场提供满足消费需求的产品的能力。具体来说，企业国

---

① 王核成.中国企业国际竞争力的评价指标体系研究[J].科研管理，2001(4)：73-79.

② 李京文，郭金龙，王宏伟.国际竞争力综合影响因素分析[J].中国软科学，2001(11)：5-9.

际竞争力的形成需要具备以下五个方面的基本条件：

第一，企业所在产业和企业竞争所涉及的产业是开放的自由竞争市场。在封闭的、垄断的市场中没有竞争。

第二，企业国际竞争力的实质是一个企业同其他企业的生产率的比较，如果不具有可比性，竞争就失去了标准。

第三，企业国际竞争力是国内外消费者的满意率和企业的利润率的统一，而消费者满意率是市场竞争的基础。

第四，企业国际竞争力是企业生存状态的现实反映，又决定了企业的长期生存状态。因此，企业国际竞争力具有持续性的特点。

第五，影响企业国际竞争力的因素有很多，并且是动态变化的，企业国际竞争力是企业国际化经营的综合表现。

（二）企业国际竞争力理论解读

1.比较优势理论

“比较优势”是国际竞争力形成的一个不可替代的基础。例如，第二次世界大战后的日本和亚洲“四小龙”，依据本国或地区较为丰富的劳动力资源及由此形成的较低的劳动力价格这一比较优势，发展了劳动密集型产业，取得了成功。但是，比较优势并不意味着必然的竞争优势，只有在竞争过程中将比较优势转变为竞争优势之后，才能体现为国际竞争力，实现比较利益。某些发展中国家虽然拥有丰富的自然资源，但不具备自我开发能力，尽管具有比较优势，但不能转化为国际竞争力。具体说来，比较优势有以下几个方面：

第一，宏观环境优势。宏观环境是指企业所处的外部环境，包括一个国家或地区的社会文化、经济实力、科技、教育、金融以及政府政策等方面。宏观环境优势是一个国家国际竞争力的基础，有助于提升企业竞争力，在与企业国际竞争力的共同作用下转化为国家竞争力。

第二，资源禀赋优势。古典经济学认为，国际竞争力取决于一个国家或地区的资源禀赋。例如，澳大利亚和巴西等国家拥有丰富的矿产、森林等资源，它们在原材料开采及粗加工等环节具有较强的竞争优势。

第三，投资主体优势。企业是投资主体。投资主体优势是指一个国家或地区的企业在经营管理方面优于竞争对手所带来的比较优势。这些优势在市场机制作用下，在国际竞争中可以转化为企业国际竞争力。投资主体优势主要来源于企业微观的资源配置能力，如企业在劳动力、技术、信息、资本及自然资源等全部生产要素的组合利用下表现出的能力——产品生产销售的能力，建立企业文化、树立企业形象的能力，企业持续发展的能力，等等。

第四，垄断优势。垄断优势主要包括技术垄断、市场垄断、原材料垄断以及规模经济带来的垄断。斯蒂芬·海默认为，企业对外直接投资的动因是结构性市场不完全尤其是技术和知识市场不完全。企业优势主要包括：产品市场不完全的优势，如产品特异性能、商标、特定的营销技术；要素市场不完全的优势，如在资本市场上有较强的筹资能力；管理技能优势；规模经济优势；低成本经营优势；等等。

2.竞争优势理论

竞争优势是指处于同一市场、面对相同顾客群体的诸多企业中，一个企业具有能够赢得更高的市场占有率或利润率的优势。

按照迈克尔·波特的理论，每个企业就是一个集合，这个集合包括了一系列各不相同又相互关联的生产经营要素和生产经营环节，正是这些相互关联的生产经营环节构成了一条创造价值的链条——企业价值链。本质上，这个价值链就是一个企业内部的一系列的创造价值的活动链。对于一个企业来说，这个链条上的每一个环节都不可能单独形成企业的竞争优势，而又必然影响企业的整体竞争优势。但是，从整体上观察企业，却是无法认识和发现其竞争优势的，因为企业的竞争优势隐于企业从产品设计、原料采购、技术开发、生产工艺到营销推广以及人力资源管理的全过程中。这一系列活动中的每一个环节都直接影响企业成本，对产品价格有所贡献。这就是竞争优势理论，又被称为“价值链”(value added chain)理论。

在今天的经济生活中，很少有某个企业凭借一己之力向消费者提供一种产品或服务，而是由多家企业联合生产某种产品或提供服务，从而又有了产业价值链的概念。潘成云认为，产业价值链是指一系列相互关联的企业所组成的一个企业体系，它以各个企业的核心技术或流程为基础，以满足消费者的特定需求。[①] 根据波特的分析，一个产业内部的竞争状态取决于五种基本的作用力：新竞争对手的进入、替代品的出现、客户的议价能力、供应商的议价能力、现存竞争对手的竞争。对于一个企业来说，应对这五种作用力的战略只有三种，即“成本领先战略”“产品差异化战略”“集中战略”。

“竞争优势”与“比较优势”是两个不同的概念。比较优势侧重于强调不同国家企业发展的潜在优势，通常表现为不同产品及产业之间的比较关系；竞争优势关注的是不同国家企业发展的现实优势，表现为同一产业内部生产相同产品的不同企业之间的竞争关系。比较优势强调各方的优势可以实现互补和相融，表现为互补互利的关系；竞争优势强调优胜劣汰，表现为各方具有排斥性。各种比较优势在国际竞争过程中往往都能发挥各自的作用，而竞争优势只能在具有优

① 潘成云.解读产业价值链——兼析我国新兴产业价值链基本特征[J].当代财经，2001(9)：7-11.

势的一方发挥作用。

3.核心竞争力理论

比较优势只有转化为竞争优势，才能成为现实的竞争力。但是，并不是所有的比较优势都必须转化为竞争优势。事实上，一个企业只要能够抓住某一个或几个方面的比较优势，或者是经营中的关键环节，建立起企业的核心竞争力，就足以在竞争中制胜。一个国家也是这样。

普拉哈拉德和哈默尔在《哈佛商业评论》上发表的《公司的核心竞争力》一文中，提出了企业核心竞争力的概念。他们认为，企业核心竞争力是企业获取各种资源并合理配置以转化为产品或服务的能力，是通过产品或服务带给消费者独特价值、满足消费者核心利益的能力，这是企业内部长期累积的结果，是难以被竞争对手模仿和替代的特殊能力。

定位一个企业的核心竞争力，首先要界定它的文化价值观。它的文化价值观可能是通过不同的载体表现出来的，且不同的企业表现方式各不相同。一些高科技企业，核心竞争力或许就是某一项技术；一家优秀企业的核心竞争力也可能直接表现为它的品牌，甚至管理者的远见卓识和经营智慧就是企业的核心竞争力。

（三）企业国际竞争力指标体系

企业国际竞争力的强弱可以借助于一系列指标加以考量。这些指标性质各不相同，所处层次不同，构成一个指标体系。

1.学者主张的评价指标体系

瑞士洛桑国际管理发展学院（IMD）从 1991 年开始的国际竞争力的研究过程中，逐渐形成了由八类要素构成的评价指标体系，以说明和评价国际竞争力。八类要素包括经济实力、国际化程度、政府作用、金融环境、基础设施、管理程度、科学技术、人口结构素质。

企业生产力即文化生产力，企业竞争力就是文化竞争力。企业竞争力可以分为三个层次：物质文化竞争力、制度文化竞争力、精神文化竞争力。正如维纳·艾莉的研究所指出的，生产活动是一个全体成员奉献“智力”的过程，仅仅依靠个人或少数专业人才从事知识生产的时代已经结束了，使企业具有一种彼此合作、共同创新的文化是至关重要的。所以，彼得·圣吉主张建立学习型组织，“当团队真正在学习的时候，不仅团队整体产生出色的成果，而且个别成员成长的速度也比其他的学习方式快”[①]。

实业家受自身所处地位的影响，对竞争力的认识带有明显的国家或地域特

① 彼得·圣吉.第五项修炼——学习型组织的艺术与实务[M].郭进隆，译.上海：上海三联书店，1998：11.

征。更加重视合作的北欧国家的实业家认为，经济社会化程度、医疗设施条件、劳动力素质、产品和服务质量及生产效率是构成竞争力的主要因素。更加注重经营独立化的国家的实业家认为，社会自由化水平、金融设施完善程度、企业家精神、劳动力适应性、自然资源丰富程度是构成竞争力的主要因素。而像瑞士、日本等国，由于自然资源匮乏，就不得不重视人力资源的开发利用，注重提高科学技术水平，加强企业精细化管理，善于创新，提高资源利用效率，以获取竞争优势。

如何构建企业国际竞争力评价指标体系？王核成设计的企业国际竞争力评价指标体系分为三个层次，即外显竞争力、内在竞争力、基础竞争力。[①]

外显竞争力是企业在国际市场竞争中显现的满足市场需求、争夺市场份额的表现力及对竞争对手的威胁力，这是企业国际竞争力最直接的体现。可以使用下列指标进行评估：产品竞争力、品牌与形象竞争力、市场营销体系竞争力、国际资本市场竞争力、企业国际化经营所处的阶段等。

内在竞争力是企业竞争的实力和潜力的综合，具体体现在企业素质、资源配置等方面。评价指标包括战略管理能力、创新能力、整合适应能力、国际化经营能力、研究开发能力、制造能力、企业资源素质与规模、国际型人才、国际型企业管理水平、企业运行效率、企业信息化水平等。

基础竞争力是内在竞争力和外显竞争力的前提，是企业国际竞争力的启动活性因素与成长激励因素。可以通过以下几个方面来反映：现代企业制度的建立、管理体制与组织结构设置、组织文化与观念创新。

高玉婷认为，评价一个企业的国际竞争力，需要从四个层次展开分析，分别是“做大”“做强”“做优”“世界一流”。[②] 可以说，这四个层次分别对应四个因素，即规模因素、效率因素、成长因素、国际化因素。[③]

2.本书主张的评价指标体系

第一，物质文化竞争力指标。企业物质文化（corporative material culture）是由企业生产经营的物质产品和各种物质设施等构成的器物文化，是一种以物质形态为主要载体的表层企业文化，主要包括企业生产设备、技术工艺、生产系统、产品服务、辅助体系、形象识别系统、信息传播网络等因素，是企业文化的外在表现。

企业物质文化力取决于企业所拥有的物质资源和利用能力，是由企业物质

---

① 王核成.中国企业国际竞争力的评价指标体系研究[J].科研管理，2001(4)：73-79.

② 高玉婷.中央企业国际竞争力的多维度评价——与世界500强企业进行对比分析[J].中国流通经济，2016(9)：116-126.

③ 赵昌文.中国企业国际化及全球竞争力[M].北京：中国发展出版社，2014：32-180.

产品和物质设施所承载形成的生产力、传播力、吸引力、导向力。资源是能力的基础。

第二，制度文化竞争力指标。企业制度文化（corporative institutional culture）是企业对员工的行为加以约束的规范性文化，以保证员工行为的统一性和标准性，维护企业有序运营。企业制度文化主要由企业组织机构、企业管理制度和企业领导体制三个系统组成。

企业制度文化力是规范企业行为的无形力量，通过组织机构、规章制度、行为规范等要素产生凝聚力、激励力、约束力、稳定力。

制度文化竞争力指标主要包括现代企业制度（建立、运行、效果）、规章制度完善性、职业礼仪规范性、薪酬体系竞争性、管理机制合理性、管理方式国际性（国际接轨程度）、组织文化先进性。

第三，精神文化竞争力指标。企业精神文化（corporative spirit culture）是企业在生产经营过程中形成的精神品质和思想观念，受社会传统文化背景和意识形态的影响，具有一定的继承性和稳定性。企业精神文化是高层次文化，是物质文化和制度文化的升华，在企业文化体系中处于核心地位。精神文化包括价值观、企业精神、经营哲学、管理风格、企业伦理等内容。

企业精神文化力是指以价值观为核心的企业经营理念所产生的作用力，包括尊重力、执行力、学习力、协作力等。

精神文化竞争力指标主要包括价值观认同度、企业愿景清晰度、企业精神美誉度、经营哲学时代度、社会责任担当度、人力资本指数（人力资本指数分解为职工教育率、技术培训率、工资利税率、知识结构指数）、国际企业经营思想与理念、战略管理（战略规划水平、战略与资源匹配、资源整合实施能力）、创新思维与学习型组织的建立。

三类指标分别处于三个层次：一是物化（物质文化）竞争力，即外显竞争力，处于最外层；二是制度文化竞争力，处于中间层；三是精神文化竞争力，即内在竞争力，处于核心层，是外显竞争力的动因和持续的保障。处于中间层的制度竞争力是竞争力的激励性因素。外显竞争力指标是硬指标，是显性的，说明现在的状态；内在竞争力指标是软指标，是内在的，据此可以预测未来，具有前瞻性。

三、企业文化力与企业竞争力

“文化与观念也是一种生产力，先进的文化与观念是企业竞争力的成长激励因素，对企业竞争力的形成与发展有着决定性的作用。”[①]许多学者致力于对企

① 王核成.中国企业国际竞争力的评价指标体系研究[J].科研管理，2001(4)：73-79.

业文化和企业竞争力关系的理论研究，同时也有一些定量与实证研究，证明了优秀的企业文化有助于提升企业竞争力。

托马斯·彼得斯和小罗伯特·沃特曼在《寻求优势——美国最成功公司的经验》一书中，通过对100多家优秀企业的研究得出结论：优秀的企业文化能够形成企业持续的竞争优势。他们认为，进行组织的明智方式应当考虑至少七个互相影响的因素：结构（structure）、战略（strategy）、人（staff）、管理风格（style）、制度和程序（systems）、指导思想和共同的价值观念（即公司文化，shared values）以及公司目前有的和将来希望具有的长处或技能（skills）。① 这就是以“公司文化价值观念”为核心的七个因素，不仅包括了“硬”的方面——经营战略和组织结构，而且还包括了“软”的方面——管理风格、工作程序、人员、技能及共同的价值观念。

张荣昌和方丽华认为，企业文化具有激励员工士气、塑造企业家人格等功能。开发企业文化力，意味着提升企业文化品位，必须强化人本管理，塑造企业形象，其结果是必然增强企业竞争力。②

邢方认为，企业文化是企业核心竞争力的动力源。企业文化决定了企业的价值取向，保障了核心竞争力的稳定性和不可模仿性。③

汤长安认为，企业文化是企业核心竞争力的重要内容，企业文化创新在培育企业创新机制中具有不可替代的作用。比如，传统观念将环境保护与企业成长相对立，但是，事实证明，企业可以通过技术、材料、工艺及经营模式的创新，在减少污染的同时降低生产经营成本，提高产品质量，进而提升竞争力。又如，企业道德建设有助于改善风险管理、增强股东信心和提升社会声望。承担道德责任、履行道德义务的企业往往业绩更好。④

邹农基在《民营企业文化力塑造》一文中，构建了适用于民营企业的文化力塑造模型，他认为能力、责任、绩效、团队、发展五个关键维度决定了企业竞争力。⑤

高芙蓉在《中小企业文化力与核心竞争力管窥》一文中，分析了中小企业文化力对企业价值、产品价值及顾客让渡价值的提升作用，由此三个层面确认了企业文化力与企业核心竞争力之间的关系。⑥

---

① 托马斯·彼得斯，小罗伯特·沃特曼.寻求优势——美国最成功公司的经验[M].管维立，译.北京：中国财政经济出版社，1985：8-9.

② 张荣昌，方丽华.文化力·知识经济·企业战略[J].宁波大学学报，1999(1)：21-24.

③ 邢方.企业文化是提升中小企业核心竞争力的动力源[J].企业活力，2006(2)：72-73.

④ 汤长安.企业文化创新在构建核心竞争力中的作用[J].湖南社会科学，2006(3)：120-122.

⑤ 邹农基.民营企业文化力塑造[J].江苏科技大学学报，2007(1)：22-26.

⑥ 高芙蓉.中小企业文化力与核心竞争力管窥[J].中州大学学报，2007(1)：37-39.

约翰·科特和詹姆斯·赫斯克特基于对22个行业的200多家企业进行的长达11年的跟踪调查研究得出的结论,合作出版了《企业文化与经营业绩》一书,认为企业文化是一个不断塑造的过程,对企业长期经营业绩有着重大作用,是决定企业兴衰的关键因素。处在不同经营阶段的企业,其文化是不同的,随着企业的发展和变化适时作出调整和改变,才能保持对企业积极的影响。"新型企业文化只能是从不断成功的良性循环中逐渐发展壮大的。"①

确实,企业文化为企业注入了活力,为企业带来了有形的和无形的资源,为企业提高了社会的和经济的双重效益。当今,任何一家优秀企业都有着自己卓越的文化。无论是国外的微软、麦当劳,还是国内的联想、海尔、阿里巴巴,它们的文化建设都是非凡卓越的。

第三节 对外直接投资与企业国际竞争力的关系

一、对外直接投资与企业国际竞争力关系的理论解读

对于对外直接投资与企业国际竞争力之间关系的研究方兴未艾,尚未形成完善的理论体系。目前看来,主要观点有两类:一类是将对外直接投资视为跨国公司实现其竞争优势的行为,代表学者有海默、巴克利和卡森等;另一类是将对外直接投资视为跨国公司寻找其竞争优势的行为,代表学者有邓宁、小岛清等。诸多实证研究显示,成功的对外直接投资与企业国际竞争力的提升是相伴发生、如影相随的。

(一)实现论

斯蒂芬·海默提出的垄断优势理论对对外直接投资与企业国际竞争力的关系开始了最早的探讨。1960年,海默在他的博士论文《民族企业的国际经营:一项对外直接投资的研究》中提出,投资者基于两个原则实施对外直接投资,以达到控制海外企业的目的:一是保证投资安全,二是与东道国企业相比具有某些特定优势。投资者通过国外投资使自身的垄断优势在更大范围的国际市场上实现为竞争优势。

彼德·巴克利和马克·卡森分析了跨国公司内部交易的竞争优势。他们认为,当企业发现中间市场不完善时,就会尝试绕过外部市场,在共同所有权的控

① 约翰·科特,詹姆斯·赫斯克特.企业文化与经营业绩[M].李晓涛,译.北京:中国人民大学出版社,2004:98.

制之下进行企业内部的交易，因此能够保持企业的优势。这种优势体现在：可以提升生产控制的能力，如协调确定关键投入要素的数量；可以通过差别价格合理有效地利用市场机制的作用；可以避免交易双方的不稳定性及知识产权转让的不确定性；可以规避潜在的政府干预。

（二）寻找论

英国经济学家邓宁认为，国际生产的优势应当建立在三个基本条件之上：一是，对外投资企业具有超越东道国的某种所有权的优势；二是，对外投资企业自己控制这种优势比向当地企业许可更为有利；三是，对外投资企业在国外运用这些优势能够与某些投入要素相结合，比直接出口方式更为有利。对企业来说，对外直接投资在国际竞争中的优势主要来源于企业自身，属于企业特有优势，或者是企业内部交易优势，或者是能够有效利用东道国条件的优势。

小岛清基于对日本企业的调查研究发现，日本对外投资是为了获得原材料和中间品。小岛清强调，以往的理论是以美国的对外投资为研究对象的，偏向于从企业所具有的垄断优势角度解释对外投资的动机，而从日本企业对外投资的进程和特点来看，日本对外投资是从已经丧失或即将丧失比较优势的行业开始的，目的是寻找并获得原材料和中间品，这是日本国内所不具有的。这种投资行为可以使投资国和东道国的各自比较优势得以发挥，对双方都有利。因此他得出结论，对外直接投资的优势是建立在各自比较优势的基础上的。

二、对外直接投资对于企业国际竞争力的提升作用

加入 WTO 之后，中国企业赢得一个更加开放的环境，也面临更为激烈的市场竞争。

肖光顺在其博士论文《对外直接投资与企业竞争力研究》中，提出了“企业竞争力动态循环理论”，认为竞争力要素不是恒定不变的，而是可以由企业自觉的“更新投资”行为加以调节和重新配置的竞争力变量。对外直接投资是企业重新配置“竞争力要素”的“更新投资”行为，通过对外直接投资可以从多方面为企业竞争力提供新的源泉，因此具有竞争力强化效应。[①]

郑磊等学者运用计量模型，实证检验了对外直接投资对国内的技术进步确实存在积极的促进效应。还有学者借鉴技术溢出回归分析框架，证明了中国对外直接投资存在反向技术外溢效应，说明了我国对外直接投资在一定程度上促进了本国的技术进步，提升了企业的国际竞争力。

---

① 肖光顺.对外直接投资与企业竞争力研究[D].福建师范大学，2004：40-43.

刘文炳在其著作《中央企业国际竞争力研究——并购重组的视角》中，分析了并购重组与中央企业国际竞争力的关系，揭示了并购重组提升企业国际竞争力的机理，认为并购重组是提升企业国际竞争力的重要途径，并构建了企业国际竞争力的评价指标体系。①

程聪等以长三角地区186家从事跨国经营的企业为研究对象，探讨了企业跨国并购过程中业务关联与技术匹配之间的内在逻辑，分析了对企业国际竞争力可能产生的影响作用。研究结果表明，企业在跨国并购过程中，业务关联度通过企业技术匹配能力对企业国际竞争力产生显著的影响。②

培育中国企业的国际竞争力也就是培育企业国际竞争优势，最重要的是发展资源的获取及优化配置使用。在日益开放的环境中，中国企业的某些比较优势已经失去，必须"走出去"寻找新的竞争优势，优化配置全球资源。

对跨国公司来说，对外直接投资是产品进入他国市场的有效途径，又是获得境外生产要素、创造价值的重要手段，是提升竞争力的有力武器。我们要"走出去"，他们也要"走进来"，这就要求中国企业不仅能够在开放的国内市场上同"走进来"的跨国公司竞争，而且还要有国际化竞争的能力。对外直接投资的过程就是企业国际竞争力"移植"的过程，对外直接投资是企业提高国际竞争力的一个重要手段。中国企业的对外直接投资可以从三个方面进行战略选择：区位选择、产业选择、方式选择。

中国企业的对外直接投资应当以获取资源为基础，以赢得市场为目标，以掌控战略优势为核心，在保证均衡经济利益的前提下，达成"经世济民、广善天下"的崇高文化追求。这其中，经济利益是基础，但也不能忽视文化利益，需要秉持一种文化价值观。

资源具有稀缺性，特别是关键资源和创造性资源。我国某些企业资源基础薄弱，资源空间狭窄，创造性资源匮乏，通过对外直接投资，可以迅速接近国际化资源中心，获得资源控制和利用权。

三、对外直接投资具有文化功能

现有对外投资理论主张的是经济动机，虽然涉及跨文化沟通，但并不以文化价值为追求目标，文化只具有工具价值。根据需求层次理论，人类行为动机不会永远停留在经济利益上。理论的修正是必要的，文化功能可以成为对外投资的动机。中国作为一个对外投资迅速增长的发展中国家，对国际投资格局影响深

---

① 刘文炳.中央企业国际竞争力研究——并购重组的视角[M].中国经济出版社，2011：21-90.

② 程聪，王立丰，钟慧慧，等.业务关联、技术匹配与企业国际竞争力：跨国并购的视角[J].科研管理，2018(10)：90-99.

远。基于中国立场，我们要为相关理论研究提供一个崭新视角——对外直接投资具有文化功能。

保罗·肯尼迪在《大国的崛起与衰落》中分析预测，经济势力的增强必然不断扩大中国在国际关系中的政治影响力。徐崇利认为，中国不应当复制西方“霸道帝国”的发展模式，而应当成为对国际社会负责任的“仁慈大国”。[①] 易显河的“领袖型国家”理论认为，中国具有成为世界领袖的先天资质。但是，成为真正的领袖国家还必须是具有“德性”的国家，尊重国际价值体系，担当更多的国际社会责任，至少不能以牺牲他国利益为代价寻求自我发展。中国在国际事务中要展现领袖范式，“不仅要输出资本，而且还要输出文化价值”[②]。

党的十八大报告指出：“合作共赢，就是要倡导人类命运共同体意识，在追求本国利益时兼顾他国合理关切，在谋求本国发展中促进各国共同发展，建立更加平等均衡的新型全球发展伙伴关系，同舟共济，权责共担，增进人类共同利益。”[③]

就投资主体来说，中国对外直接投资以国有经济成分为主，彰显中国“仁慈大国”文化范式更为便利有效。发达国家的很多跨国公司为了树立良好的公众形象，从而间接实现盈利目的，已经进入了开展环境外交的阶段。[④] 中国企业不可等闲视之，需要有超前意识，不仅要展示经济力量，而且要展示道德力量，讲究环境伦理，尊重人权，提升中国话语权。韩秀丽认为，海外投资终会与当地产生环境伦理关系，“母国出于环境伦理道德，也应当对本国的海外投资者施予与本国国内相同或高于国内的环境标准”[⑤]。

毛泽东在《文化工作中的统一战线》一文中指出：“没有文化的军队是愚蠢的军队，而愚蠢的军队是不能战胜敌人的。”今天，我们正处于“走出去”的关键时期，文化对于对外直接投资的作用不可忽视。可以说，缺乏文化的投资是脆弱的投资，而脆弱的投资是经不起风浪、不可能持续的。

杨耕认为，一个国家、民族的发展离不开社会力量的凝聚，社会力量的凝聚

---

① 徐崇利.中国的国家定位与应对 WTO 的基本战略——国际关系理论与国际法学科交叉之分析[J].现代法学，2006(6)：3-13.

② 易显河.国家主权平等与“领袖型国家”的正当性[J].西安交通大学学报(社会科学版)，2007(5)：54-71.

③ 胡锦涛.坚定不移沿着中国特色社会主义道路前进 为全面建成小康社会而奋斗——在中国共产党第十八次全国代表大会上的报告[M].北京：人民出版社，2012：47.

④ 董晓同.美国跨国公司的环境外交——英特尔的实践[C]//薄燕.环境问题与国际关系——复旦国际关系评论：第 7 辑.上海：上海人民出版社，2007：161-183.

⑤ 韩秀丽.中国海外投资的环境保护问题研究——国际投资法视角[M].北京：法律出版社，2013：39.

有赖于民族认同，而民族认同主要来自文化认同。文化具有培育民族精神的作用。一个民族的文化体现了该民族在价值观念、信仰追求、思维方式、风俗习惯等方面的共性，因而能够凝聚民族的共同利益和理想追求，能够形成强烈的感召力和向心力，从而使整个民族凝聚起来，把整个民族动员起来，使民众自觉维护民族利益，积极推动民族振兴。文化是民族的血脉和精神家园。文化的力量深深地熔铸于民族的生命力、创造力和凝聚力之中。①

在对外直接投资过程中，投资主体全盘接受或彻底否认其他文化都是不可能的，也是不可取的。文化是对人类实践过程的反映、约束和规范，文化也是一定社会生产力水平的体现。不同文化之间相互影响、相互借鉴，形成新的文化。文化得以发展，生产力得以不断提升。在对外直接投资过程中，要从文化差异中寻找共同性，吸收新的文化因素，在文化交流中发展自己的文化。同时，要充分发挥本民族优秀文化资源优势，加强文化传播，繁荣世界文化大花园。

① 杨耕.文化何以陷入"定义困境"——关于文化本质和作用的再思考[N].北京日报，2015-04-27(22).

第五章　中国企业对外直接投资分析

现存的经济秩序以及无数重建这种秩序的计划，都因为它们忽视不言自明的真理而失败，因为即便最普通的人也有灵魂，物质财富的增长并不能弥补伤害他们的自尊、妨碍他们自由的制度安排。对经济组织合理的评价必须考虑以下事实：如果工业不想因为受伤害的人性不断爆发的反抗使自己瘫痪，它就必须满足并非纯经济的标准。

——托尼：《宗教与资本主义的兴起》

国际投资是国际化经营的主要内容。企业对外直接投资是提升企业国际竞争力的重要战略。中国企业对外直接投资虽然起步较晚，但是发展迅速，在国际投资格局中已经占有重要地位。中国企业对外直接投资的动因和实践与其他国家企业比较，都显示了一定的差异性。

第一节　中国企业对外直接投资现状分析

对外直接投资是中国企业参与全球经济一体化，与世界各国经济体深度融合、共同发展的桥梁，也是推动中国经济结构转型发展的重要力量。目前，中国企业对外直接投资与利用外资已经基本均衡。随着中国企业对外直接投资不断增长，为了防止对外直接投资潜在的系统性风险，中国政府开始加强对企业对外直接投资的合规性审查，以提升中国企业对外直接投资的质量。

一、中国企业对外直接投资综述

改革开放以后，中国企业开始走出国门，实施对外直接投资。1979 年，中国对外直接投资流量 0.35 亿美元。自 2000 年“走出去”上升为国家战略以来，对外投资获得了飞速发展。2012 年中国成为世界第三大对外投资国。2014 年中国对外投资流量超过吸收外资数量，成为净资本输出国。2016 年，中国对外投资流量达到 1830 亿美元，首次成为全球第二大投资国。通过对外直接投资，中国更深度地融入全球经济中，也成为经济全球化的有力推动者。[①]

为了抑制对外投资的非理性行为，避免某些企业可能存在的通过对外直接投资把资金转移到海外的现象，2017 年中国政府出台了一系列新的对外投资政策，针对一些企业在海外对房地产、俱乐部和酒店等领域的投资予以限制。同时，国际上投资保护主义盛行，中国的一些跨国并购因被东道国认为是敏感产业或处于敏感领域而受阻，导致中国的对外投资下降 36%，降至 1250 亿美元，这是中国对外投资的第一次下降。不过，2017 年中国对外投资在全球排名中依然居第 3 位，仅次于美国和日本。

2018 年，中国对外直接投资流量 1430.4 亿美元，同比下降 9.6%。在全球对外直接投资流出总额同比减少 29%，连续 3 年下滑的国际环境下，中国成为第二大对外投资国，略低于日本(1431.6 亿美元)。截至 2018 年年末，中国对外直接投资存量达 1.98 万亿美元，是 2002 年年末存量的 66 倍，在全球对外直接投

① 数据来源：《2017 年度中国对外直接投资统计公报》.

资存量排名中位居第 3，仅次于美国和荷兰。中国在全球投资中的影响力不断扩大，流量占全球比重连续三年超过一成，2018 年占 14.1%；2018 年年底存量占 6.4%，皆创历史新高。[①]

2019 年，中国对外直接投资流量 1369.1 亿美元，同比下降 4.3%，仅次于日本(2266.5 亿美元)。2019 年年末，中国对外直接投资存量达 2.2 万亿美元，较上年年末增加 2166.1 亿美元，是 2002 年年末存量的 73.5 倍，仅次于美国(7.7 万亿美元)和荷兰(2.6 万亿美元)。2020 年《世界投资报告》显示，2019 年，全球外国直接投资流量 1.31 万亿美元，年末存量 34.57 万亿美元。以此为基数计算，2019 年中国对外直接投资分别占全球当年流量、存量的 10.4% 和 6.4%。[②]

中国在全球投资中的影响力不断扩大。在全球经济复苏缓慢，部分国家投资保护主义抬头，全球跨境投资大幅波动，国际投资不确定、不稳定因素增加的形势下，中国对外投资不断扩大，为东道国带来资本流入，拉紧了双方的产业链和供应链，为推动各国共同发展和世界经济平稳复苏发挥了积极作用。表 5-1 为 2006 年以来中国企业对外直接投资统计情况。

表 5-1　2006 年以来中国企业对外直接投资统计

	流量			存量	
	金额(亿美元)	全球位次	同比(%)	金额(亿美元)	全球位次
2006	211.6	13	—	906.3	23
2007	265.1	17	25.3	1179.1	22
2008	559.1	12	110.9	1839.7	18
2009	565.3	5	1.1	2457.5	16
2010	688.1	5	21.7	3172.1	17
2011	746.5	6	8.5	4247.8	13
2012	878.0	3	17.6	5319.4	13
2013	1078.4	3	22.8	6604.8	11
2014	1231.2	3	14.2	8826.4	8

① 数据来源：《2018 年度中国对外直接投资统计公报》。

② 数据来源：《2019 年度中国对外直接投资统计公报》。

续表

	流量			存量	
	金额（亿美元）	全球位次	同比（%）	金额（亿美元）	全球位次
2015	1456.7	2	18.3	10978.6	8
2016	1961.5	2	34.7	13573.9	6
2017	1582.9	3	−19.3	18090.4	2
2018	1430.4	2	−9.6	19822.7	3
2019	1369.1	2	−4.3	21988.8	3

资料来源：《2019 年度中国对外直接投资统计公报》。

二、中国企业对外直接投资阶段分析

王晓红将中国企业对外直接投资划分为四个阶段。① 在其基础上，我们将中国企业对外直接投资划分为以下五个阶段：

（一）起步阶段（1979～1984 年）

这一时期，中国企业尚不具备对外投资条件，外资政策偏重于引进外资，不鼓励对外投资，海外投资很少。这一阶段的特点是：主要由贸易企业在境外设立机构，实体经济对外直接投资尚处于萌芽状态。1979～1984 年，我国企业在国外投资开办非贸易性企业 113 家，总投资额 2 亿多美元。对外投资主体主要是外贸企业，投资领域主要集中在餐饮、承包建筑工程等服务行业，投资主要分布在港澳地区和我国周边的发展中国家。

（二）培育阶段（1985～2001 年）

1987 年，国务院正式批准了企业国际化经营，加快了中国企业对外直接投资的步伐。这一时期，政府开始重视对外直接投资，相关政策和制度开始健全和完善。作为投资主体的企业开始加大对外投资力度，开始确立对外投资业务流程和机制。企业开始多元化经营，国有大型企业开始对外投资，开展跨国经营。这一阶段的特点是：对外投资由贸易向生产和服务领域拓展，对外直接投资主体呈现多元化，投资市场呈现多元化，投资方式以新建为主。2001 年，我国企业海外投资呈现加速增长趋势，对外直接投资额达68.85 亿美元，相当于 1985 年的 11 倍。这一阶段的海外投资取得了突破性进展，境外加工贸易和资源开发成效

① 王晓红.我国企业对外直接投资现状及对策研究[J].中国社会科学院研究生院学报，2017(3)：38-52.

显著。一批民营企业开始进行跨国经营的尝试，标志着我国对外直接投资主体开始多元化。

（三）成长阶段（2002～2008年）

2001年，“走出去”战略被写入《国民经济和社会发展第十个五年计划纲要》，中国正式加入世界贸易组织（WTO）。加入WTO为中国企业进入国际市场、参与国际竞争、与国际经济秩序接轨创造了有利的国际环境。2002年，中国制定了《对外直接投资统计制度》。在此之后，中国企业对外投资明显加快。这一时期的主要特点是：国家大力推进海外投资战略，对外直接投资规模迅速扩张。投资主体以央企为主；投资形式多样，行业分布广泛，投资单体规模较小。2008年，中国企业对外投资首次突破500亿美元，达到559.1亿美元，对外投资存量达到1839.7亿美元。

（四）壮大阶段（2009～2016年）

国际金融危机爆发以后，中国资本扩张之力得以彰显。2015年，中国对外投资首次超过外资流入，成为资本净输出国。2016年，中国对外投资流量1961.5亿美元，仅次于美国，世界排名第2位。这一时期的主要特点是：我国作为对外直接投资大国的地位已经确立，对外开放已经进入“引进来”和“走出去”并重、利用外资与对外投资均衡发展的新阶段。

（五）调整阶段（2017年至今）

自2017年开始，针对海外投资决策缺乏规范和非理性投资等问题，政府加强政策调控，对海外投资提出了更高要求，在关注外部风险的同时，开始关注投资效益和质量，加强了对企业对外直接投资的真实性和合规性审查。自2003年中国发布对外直接投资年度统计数据以来，2017年初次出现对外投资流量负增长。不难看出，中国企业对外直接投资更加趋于成熟和理性，对外直接投资增速放缓，结构优化。非理性投资得到初步遏制，企业不再单纯追求量的累加，而是更加追求质的提升。

三、中国企业对外直接投资的主要特征

根据2020年《世界投资报告》和《2019年度中国对外直接投资统计公报》分析，中国对外直接投资呈现出以下主要特征。

（一）利用外资与对外投资均衡发展

近年来，中国利用外资与对外投资均衡发展。2015年，我国对外直接投资流量为1456.7亿美元，连续13年实现快速增长，居世界第2位，并首次超过当年实际利用外资额（1262.7亿美元）关口，成为国际直接投资净输出国。但是，2019年度的对外

直接投资规模在连续三年负增长的情况下低于吸引外资规模了。①

(二)投资主体多元化

中国对外直接投资主体呈现多元化。截至2019年年底,中国超2.75万家境内投资者在全球188个国家(地区)设立对外直接投资企业4.4万家,投资主体主要有大型贸易专业公司或集团、生产型企业或集团、大型金融保险公司、功能服务公司以及中小型企业。

2019年,对外非金融类直接投资流量地区比较后发现,东部地区715.6亿美元,占地方投资流量的79.7%;西部地区78.1亿美元,占8.7%;中部地区91.1亿美元,占10.2%;东北三省12.6亿美元,占1.4%。广东、上海、山东、浙江、北京、江苏、天津、福建、河南、海南居地方对外直接投资流量前十位,合计723.8亿美元,占地方对外直接投资流量的80.7%,其他省区占比较小。2019年,中央企业和单位对外非金融类直接投资272.1亿美元,同比增长18%;地方企业897.4亿美元,同比下降8.7%,占全国非金融类流量的76.7%。②

2019年,在中国对外非金融类投资流量中,非公有经济控股的境内投资者对外投资588.7亿美元,同比下降22.2%,占50.3%;公有经济控股的对外投资580.9亿美元,同比增长27%,占49.7%。③ 从企业对外直接投资存量来看,国企长期一枝独大的局面基本结束。国企占比从2006年的81%逐步下降到2015年的50.4%,基本形成国企与民企“双轮驱动”④格局。当然,国企集聚了资源、政策、资金等方面的优势,仍在发挥主导作用。与此同时,非国企对外投资实力和国际化水平显著增强,到2015年非国企占比已达49.6%。2016年,我国有11家民企入选“世界500强”企业。近年来,民企在高技术、新能源、电力、军工等战略性产业的海外投资快速发展,大规模、先进技术型国际并购实力明显增强。例如,万向集团先后收购电动汽车电池制造商Enerl、A123系统公司、电动汽车制造商菲斯克公司,获得了核心技术。在2020年的“中国企业500强”中,国有企业265家,民营企业235家,均与上年“500强”持平,占比分别为53%、47%。

(三)投资区位广泛性与集中性统一

中国企业对外直接投资已经基本形成辐射全球的区域布局。截至2019年年底,中国超2.75万家境内投资者在全球188个国家(地区)设立对外直接投资企业4.4万家,覆盖全球80%以上国家(地区)。对“一带一路”沿线国家投资稳

① 数据来源:《2019年度中国对外直接投资统计公报》.

② 数据来源:《2019年度中国对外直接投资统计公报》.

③ 数据来源:《2019年度中国对外直接投资统计公报》.

④ 王晓红.我国企业对外直接投资现状及对策研究[J].中国社会科学院研究生院学报,2017(3):38-52.

步增长，设立境外企业超过 1 万家，2019 年当年实现直接投资 186.9 亿美元，同比增长 4.5%，占同期流量的 13.7%；年末存量 1794.7 亿美元，占存量总额的 8.2%。①

我国企业对外直接投资以亚洲为主，欧洲、北美洲和拉丁美洲也已成为重要的投资目的地。从对外直接投资流量来看，我国企业对外直接投资也是主要流向亚洲、欧洲、北美洲和拉丁美洲。可以说，既广泛分布，又适当集中，是一个很好的统一。

2019 年，流向欧洲的投资 105.2 亿美元，同比增长 59.6%，占当年对外直接投资流量的 7.7%。流向亚洲的投资 1108.4 亿美元，同比增长 5.1%，占当年对外直接投资流量的 80.9%。流向拉丁美洲的投资 63.9 亿美元，同比下降 56.3%，占当年对外直接投资流量的 4.7%，主要流向英属维尔京群岛(86.8 亿美元)。流向北美洲的投资 43.7 亿美元，同比下降 49.9%，占当年对外直接投资流量的 3.2%。其中，对美国投资 38.1 亿美元，同比下降 49.1%；对加拿大投资 4.7 亿美元，同比下降 69.7%。流向非洲的投资 27.1 亿美元，同比下降 49.9%，占当年对外直接投资流量的 2%。流向大洋洲的投资 20.8 亿美元，同比下降 6.3%，占当年对外直接投资流量的 1.5%。② 具体情况如表 5-2 和表 5-3 所示。

表 5-2　2019 年中国对外直接投资流量地区构成情况

	金额(亿美元)	同比(%)	比重(%)
亚洲	1108.4	5.1	80.9
拉丁美洲	63.9	−56.3	4.7
北美洲	43.7	−49.9	3.2
欧洲	105.2	59.6	7.7
非洲	27.1	−49.9	2.0
大洋洲	20.8	−6.3	1.5
合计	1369.1	−4.3	100.0

资料来源:《2019 年度中国对外直接投资统计公报》。

① 数据来源:《2019 年度中国对外直接投资统计公报》.

② 数据来源:《2019 年度中国对外直接投资统计公报》.

表 5-3　2019 年中国对外直接投资流量前十位的国家(地区)

	国家(地区)	流量(亿美元)	占总额比重(%)
1	中国香港	905.5	66.1
2	英属维尔京群岛	86.8	6.3
3	新加坡	48.3	3.5
4	荷兰	38.9	2.8
5	美国	38.1	2.8
6	印度尼西亚	22.2	1.6
7	澳大利亚	20.9	1.5
8	瑞典	19.2	1.4
9	越南	16.5	1.2
10	德国	14.6	1.1
合计		1211.0	88.3

资料来源:《2019 年度中国对外直接投资统计公报》。

(四)投资领域多元化

2019 年,中国企业对外直接投资涉及 18 个行业大类,70%投资流向租赁和商务服务业、制造业、金融业、批发和零售业四个行业。可以说,各业同时发展,第三产业占据主导地位。2019 年年末,中国企业对外直接投资存量的 80%集中在服务业,主要分布在租赁和商务服务、批发和零售、金融、信息传输/软件和信息技术服务、房地产、交通运输/仓储等领域。

中国制造业加速海外转移,带动了第二产业对外投资加速增长,占比超过 30%,反映出中国制造业对外投资具有很大潜力和增长空间。

农业"走出去"步伐加快,投资规模明显扩大。2006 年,中国第一产业对外直接投资流量仅为 1.85 亿美元,占比不到 1%。2015 年,第一产业对外直接投资流量超过 25.7 亿美元,占比 1.8%。2019 年,中国对外直接投资有 24.4 亿美元流向农林牧渔业,占 1.8%,说明中国农业对外投资已经起步,优势和潜力已经开始释放。①

(五)投资方式趋于合理

2019 年,中国企业对外并购稳步发展,共实施对外投资并购项目 467 项,比上年增加 34 项,涉及 68 个国家和地区,比上年增加 5 个,并购交易数量有所增

① 数据来源:《2019 年度中国对外直接投资统计公报》。

加，但实际交易总额只有342.8亿美元，同比下降53.8%。其中，直接投资172.2亿美元，占并购总额的50.2%，占当年中国企业对外直接投资总额的12.6%；境外融资170.6亿美元，占并购金额的49.8%。①

绿地投资仍然是中国企业对外直接投资的主要方式。中国企业绿地投资比重一直高于跨境并购，主要集中于亚洲、拉丁美洲和非洲等欠发达经济体。绿地投资需要投入大量劳动力和资源，因此大多选择成本较低的发展中国家，这些国家也倾向于通过新建企业促进就业，拉动经济增长。跨境并购已成为中国企业高水平参与国际分工、获取战略资源的重要方式。表5-4为2019年中国对外投资并购行业构成。

表5-4　2019年中国对外投资并购行业构成

	数量（项）	金额（亿美元）	金额占比（%）
制造业	179	142.7	41.6
信息传输/软件和信息技术服务业	49	72.5	21.2
电力/热力/燃气及水的生产和供应业	31	45.4	13.3
金融业	8	18.0	5.3
租赁和商务服务业	33	14.3	4.2
科学研究和技术服务业	47	12.4	3.6
农/林/牧/渔业	18	11.0	3.2
采矿业	17	10.0	2.9
批发和零售业	48	8.7	2.5
交通运输/仓储和邮政业	11	2.8	0.8
文化/体育和娱乐业	7	1.6	0.5
房地产业	2	1.5	0.4
住宿和餐饮业	1	0.8	0.2
教育	5	0.6	0.2
其他行业	11	0.5	0.1
总计	467	342.8	100.0

资料来源：《2019年度中国对外直接投资统计公报》。

① 数据来源：《2019年度中国对外直接投资统计公报》。

2019 年,中国企业对外投资并购分布在全球 68 个国家(地区)。从并购金额看,芬兰、德国、英属维尔京群岛、法国、巴西、中国香港、开曼群岛、英国、秘鲁和新加坡列前十位。

2019 年,中国企业对“一带一路”沿线国家实施并购项目 91 项,并购金额 29.4 亿美元,占并购总额的 8.6%。其中,新加坡、科威特、马来西亚吸引中国企业并购投资超 5 亿美元。[①]

中国企业对外直接投资起步较晚。但是,“中国对外直接投资,不仅在规模、结构、主体及其发展战略等方面显示出自己的特征,而且充分体现了资本流动的国际性与相互性”[②]。实施“走出去”战略以来,中国企业对外直接投资增势迅猛,企业海外并购势头强劲,似乎有“买下全世界”之冲动。

“为什么新兴市场国家在经济发展早期就出现了大规模对外投资?”这种疑问或许意味着大规模对外投资并非源于纯粹的经济实力。也有学者研究认为,制度等因素对对外直接投资具有促进作用。尤其需要注意的是,实施“走出去”战略以来,中国企业对外直接投资区域分布由均衡趋向不均衡,原因何在? 中国企业对外直接投资存在什么问题?

四、中国企业对外直接投资动因分析

根据学者关于对外直接投资的理论研究,可将企业对外直接投资的动因分为四类:一是资源寻求型,即企业为寻求和占有稳定的资源供应而进行对外直接投资。二是市场寻求型,即企业为开拓和保障国外市场而进行对外直接投资。三是效率寻求型,即企业为降低生产经营成本和提高生产效率而进行对外直接投资。四是战略资产寻求型,即企业为获取和利用国外先进的生产技术、生产工艺和管理经验等进行对外直接投资。中国企业对外直接投资的动因与经典理论大概一致,可以归纳为如下四类:

(一)寻求市场机会

总体上看,我国国内市场规模巨大,但是,由于国内竞争日益激烈,一些行业的增长速度明显减缓,生产能力过剩,盈利空间越来越小。这些行业往往技术较为成熟,成本压力较大,价格竞争激烈。这些行业中的企业经历了激烈的市场竞争,在低成本生产、市场定位、市场销售和服务等方面已经形成了独具特色的竞争优势。它们进入国际市场,并且在产品出口过程中发现了一些富有潜力的市场机会。为了更好地高效地开发东道国市场,这些企业不再局限于产品出口,而

① 数据来源:《2019 年度中国对外直接投资统计公报》.

② 卢汉林.国际投资学[M].北京:高等教育出版社,2012:295.

是实施了对外直接投资战略。在家电行业，一些优秀的企业，如海尔、海信、联想、创维等，已经有了较大规模的对外直接投资活动。

（二）跟踪先进技术

总体而言，中国企业的技术水平与发达国家的跨国公司相比存在着较大差距，除了海尔、华为等少数企业能够在本行业的局部领域达到世界先进水平之外，大部分企业还没有拥有本行业的核心技术。中国企业的技术创新领域主要是产品的工艺设计，或者是针对我国市场需求的产品功能性定位，在行业内难以率先推出创新产品，难有创新核心技术。因此，中国企业的技术水平决定了中国优势企业主要集中在低成本制造行业。当然，即使在低成本制造行业，也必须了解本行业的技术发展水平，把握技术发展趋势，这是十分重要的。所以，许多企业都以对外直接投资作为跟踪行业先进技术的有效途径，在发达国家设立研究与开发机构，拉近与先进企业的技术距离。

（三）获取短缺原料

资源禀赋直接影响经济发展。因为自然资源分布的不均衡，我国面临着许多重要原材料的短缺问题。而原材料进口不具有经济性。为了从国外获得优质原材料，一些企业开始走出国门，实施对外直接投资。例如，钢铁企业针对我国铁矿品位低、开采成本高、难以保证企业发展需要的状况，不断收购外国铁矿公司。

（四）绕开贸易壁垒

绕开贸易壁垒是某些企业对外直接投资的动机所在。随着我国在全球制造业中优势竞争地位的逐步确立，制成品出口在世界市场上的份额不断扩大。某些国家出于保护国内市场的考量，在关税、配额、环保、技术标准等方面设置贸易壁垒，限制我国产品的进入。在这种情况下，一些国内企业，尤其是对国际市场依赖程度高的出口型企业，不得不实施对外直接投资，以这种方式绕开贸易壁垒，达到保持或提高国际市场份额的目的，例如纺织业、摩托车企业和一些彩色电视机企业。

第二节　中国企业对外直接投资存在的问题

改革开放以来，中国企业对外直接投资不断增加，取得了巨大成效。但是，在较长时期的发展过程中，中国企业对外直接投资仍然存在一些问题。

一、区域分布异常集中

早有学者发现，中国对外直接投资存在区域分布不合理、投资产业结构失衡问题。曹洪军指出，中国对外直接投资存在“明显相对集中”和“不均衡现象”。[①] 赵囡囡和卢进勇也关注了中国对外直接投资“区域集中性”的特点。[②] 数据显示，2019 年，中国对外直接投资流量前三位的地区是中国香港、英属维尔京群岛、新加坡，占比分别达到 66.1%、6.3%、3.5%。截至 2019 年年末，中国对外直接投资存量前三位的地区是中国香港、开曼群岛、英属维尔京群岛，占比分别达到 58.0%、12.6%、6.5%，这三地合计占比达到 77.1%。在其他地区的存量很少，例如，在美国的存量最多，也只有 3.5%。[③]

数据表明，在实施“走出去”战略之前，中国对外直接投资区域分布是正态的，对投资环境较好的北美地区和近邻亚洲地区投资较多是符合经济理性的。可是，在快速增长的过程中，中国对外直接投资尽管在全球都有增长，但主要集中在了港澳、新加坡及开曼群岛、英属维尔京群岛等地区（见表 5-5）。

表 5-5　2019 年年末中国对外直接投资存量前十位的国家(地区)

	国家（地区）	存量（亿美元）	比重（%）
1	中国香港	12753.6	58.0
2	开曼群岛	2761.5	12.6
3	英属维尔京群岛	1418.8	6.5
4	美国	778.0	3.5
5	新加坡	526.4	2.4
6	澳大利亚	380.7	1.7
7	荷兰	238.5	1.1
8	英国	171.4	0.8
9	印度尼西亚	151.3	0.7
10	德国	142.3	0.7
合计		19322.5	88.0

资料来源：《2019 年度中国对外直接投资统计公报》。

联合国贸易和发展组织（UNCTAD）划分了两类特殊经济体：避税天堂经济体和离岸金融中心。[④] 统计资料显示，全球范围内共有包括开曼群岛、英属维尔

① 曹洪军.中国对外投资学[M].北京：经济科学出版社，2010：192.

② 赵囡囡，卢进勇.中国对外直接投资现状、问题及对策分析[J].对外经贸实务，2011(12)：8-12.

③ 数据来源：《2019 年度中国对外直接投资统计公报》.

④ 联合国贸易和发展组织.世界投资报告[M].北京：经济管理出版社，2012：8-10.

京群岛在内的30多个“避税天堂经济体”。2011年，全球对外直接投资流量中，“避税天堂经济体”所占的份额约为4%；中国对外直接投资流出量中，仅开曼群岛和英属维尔京群岛就占了12%，是全球平均水平的3倍。全球对外直接投资流量中，包括中国香港、卢森堡在内的离岸金融中心所占的份额约为10%；中国对外直接投资流出量中，离岸金融中心所占的份额约为60%，是全球平均水平的6倍。[①] 由此可见，这些地区与中国之间流动的主要是中国的资本，“不排除这当中包含了大量的返程投资”[②]。

可以认为，在“走出去”战略之前，中国对外直接投资是常态发展的，区域选择是理性的，尽管对港澳地区及亚洲邻国投资较多，却也符合“学习阶段”行为特征。但是，在实施“走出去”战略之后，中国对外直接投资区域选择呈现出极度的不均衡，对中国香港、中国澳门、新加坡以及开曼群岛、英属维尔京群岛等“国际避税地”的直接投资增长异常。

截至2011年年底，中国对香港地区、澳门地区、新加坡、卢森堡、开曼群岛、英属维尔京群岛的对外直接投资存量占中国对外直接投资总存量的78.4%，与东道国(地区)对外直接投资存量之比分别高达23.0%、14.9%、2.0%、6.3%、14.7%、10.1%，而在其他国家(地区)的这一比例是1%左右，在美国的这一比例只有0.1%。同期，在中国对外直接投资存量中，来自这六地的数量占到了75.6%。[③] 以“避税”“转移资本”或返程投资作“假外资”为目的的对外直接投资数量无法统计，但可以通过双边对外直接投资流向和流量予以估计(见表5-6)。

表5-6　中国与六地对外直接投资流向及流量比较(2011年)

	中国香港	中国澳门	新加坡	卢森堡	开曼群岛	英属维尔京
中国(内地)对其流出量与其流入量之比(%)	42.9	4.7	5.1	7.2	66.6	11.6
其对中国(内地)流出量与中国(内地)流入量之比(%)	60.8	0.6	4.9	0.4	1.9	8.1
其对中国(内地)流出量与其流出总量之比(%)	86.4	11.0	24.2	4.4	50.3	15.1

资料来源：根据2012年《中国统计年鉴》《世界投资报告》数据计算得到。

① 根据2012年《世界投资报告》数据计算得到.

② 许智云.中国对外直接投资的区域分布特点[J].福建商业高等专科学校学报，2012(4)：48-56.

③ 根据2012年《世界投资报告》数据计算得到.

二、行业分布过于集中

中国对外直接投资在第三产业的比重过大，绝大多数仍然从事贸易、商务服务等活动。投资的行业过于集中使得中国对外直接投资的总体格局仍有待提高。

2019 年年末，中国对外直接投资覆盖了国民经济所有行业类别，存量规模上千亿美元的行业有 6 个。

租赁和商务服务业以 7340.8 亿美元高居榜首，占中国对外直接投资存量的 33.4%。其包括以投资控股为主的对外投资活动，主要分布在中国香港、英属维尔京群岛、开曼群岛、新加坡、美国、澳大利亚、英国等国家或地区。

批发和零售业 2955.4 亿美元，位列第二，占 13.5%。

金融业 2545.3 亿美元，位列第三，占 11.6%。

信息传输/软件和信息技术服务业 2022.1 亿美元，占 9.2%。

制造业 2001.4 亿美元，占 9.1%，主要分布在汽车制造、计算机/通信及其他电子设备制造、化学原料及化学制品制造、专用设备制造、金属制品、非金属矿物制品、其他制造等领域。其中，装备制造业存量 1035.6 亿美元，占制造业投资存量的 51.7%。

采矿业 1754 亿美元，占 8%，主要分布在石油和天然气开采、有色金属矿采选、黑色金属矿采选、煤炭开采等领域。

以上六个行业存量合计 186189 亿美元，占中国对外直接投资存量的 84.8%。

其他行业所占比例很小，具体数据如下：

房地产业 776.1 亿美元，占 3.5%。

交通运输/仓储和邮政业 765.3 亿美元，占 3.5%。

科学研究和技术服务业 460.1 亿美元，占 2.1%。

建筑业 422.3 亿美元，占 1.9%。

电力/热力/燃气及水的生产和供应业 330.6 亿美元，占 1.5%。

农/林/牧/渔业 196.7 亿美元，占 0.9%。

居民服务/修理和其他服务业 136 亿美元，占 0.6%。

文化/体育和娱乐业 126.3 亿美元，占 0.6%。

住宿和餐饮业 49.2 亿美元，占 0.2%。

教育 42.9 亿美元，占 0.2%。

水利/环境和公共设施管理业 33 亿美元，占 0.1%。

卫生和社会工作 31.3 亿美元，占 0.1%。①

三、以传统方式为主，未掌握资本运作艺术

20 世纪 90 年代中期以来，全球对外直接投资的主导形式已经转向跨国并购，并购投资在全球对外直接投资中的比重达到了 60% 以上，1999 年为 83.2%。

全面实施“走出去”战略之前期，中国企业对外投资以合资、合作等传统方式为主。中国企业对外直接投资大多数属于新建项目，以收购、控股、参股等方式实现的对外直接投资约占 15%，主要在香港地区。随着不断的发展，中国对外直接投资在投资方式上有了较大改善。2010 年，中国企业以并购方式实现的对外直接投资为 297 亿美元，占流量总额的 43%，并购领域涉及采矿业、制造业、电力生产和供应、专业技术服务等行业。进入调整阶段以来，并购方式更为受限，2019 年只占流量总额的 25%。

目前，全球对外直接投资进入了一个新的发展阶段。跨国并购的主导产业已经转向第三产业，集中在银行、保险、电信、媒体等领域，而中国在这些领域的企业竞争能力较弱。跨国并购的主导类型已经变为“大并大”的强强并购，主导元素已经由资本输出转为“智本”输出，巨型跨国公司以理念、文化、品牌、管理等“智本”元素进行的对外直接投资越来越多，而中国企业的对外直接投资几乎全是货币资本的投入。从全球范围看，以全额资金方式实现的并购越来越少。跨国公司尽管拥有雄厚资金基础，却基于丰富的并购经验和运作技巧，更多使用“换股”“反向持股”等作为出资方式。比如，杠杆收购是一种重要的资本运作方式，只需要少量的自有资金就可以运作很大的项目，当然需要运作技巧。可是，中国企业还不掌握这些投资运作“艺术”，甚至以“不差钱”为豪，声称“不需要融资”，把大把的资金投出国外，承担了巨大的风险，是一种不经济的投资经营方式。

四、管理制度和服务保障体系尚不完善

改革开放以来，投资管理制度已经从限制转向了鼓励，但是仍然不能满足中国企业对外直接投资发展的需要，服务保障体系尚不完善，还不能很好地服务于中国企业对外投资扩张的需要，有待于创新改善。

第一，相关法律建设和保障措施滞后。目前，对外投资管理政策主要由各种规章制度或规范性文件构成，没有统一的海外投资立法。海外投资保险制度也

① 数据来源：《2019 年度中国对外直接投资统计公报》.

不完善，如汇率断崖式下跌给企业经营带来损失还没有被纳入承保范围。境外投资税收服务体系尚不健全。①

张琦认为，中国目前对外直接投资的业务主要靠较少的法律力量和政府内部政策所引导和监管，政策整体设计不足，相互之间缺乏有机关联，甚至存在冲突现象，系统性、稳定性和透明性较低，限制了海外投资的发展。②

第二，投资便利化差距很大。当前，国内的海外投资项目审批制已经改为备案制，但备案程序仍显复杂，事后管理比较薄弱。程序烦琐、耗时较长，往往延误商机。民企在海外投资和并购活动中，仍存在融资难、购汇难等身份性问题。由于政策性银行融资门槛过高，商业银行融资产品缺乏，海外并购项目中民企的融资渠道狭窄，不得不主要依靠自有资金。

第三，政府支持力度不够，缺少服务保障体系和平台。为企业投资活动提供国际化、专业化服务的金融、信息、法律、财务、技术等专业服务机构严重缺乏，企业对外投资必须依靠自身力量，进行“全能”操作，交易成本高，难度大。某一环节出现问题，项目就会搁浅。

五、面临风险日益突出

当前，逆全球化、单边主义、贸易保护主义持续抬头，国际政治、经济、外交形势变幻动荡，加之新冠肺炎疫情的不确定性冲击，都将导致我国企业对外直接投资面临更大的风险、困难和挑战。美国发起“301 条款”调查，以保护知识产权为名，一方面，对从中国进口的商品加征高额关税，包括医疗器械、生物医药、工业机器人、智能监控设备、新能源汽车与航空科技产品等，限制我国产品进口；另一方面，美政府向企业施加压力，禁止向中国出口高科技产品，抑制中国科技产品的国际竞争力。同时，美国政府限制中国企业的国际投资与并购活动，使用所谓“长臂管辖”原则，千方百计地给中国企业设置障碍，限制中国企业的国际活动，无论中国企业的投资活动是否会对美国产生影响，都会横加干涉。

近年来，中国对外投资规模扩大，对外贸易不断增加，遭受了各种形式的贸易摩擦。2018 年，美国针对中国的高新技术行业和金属制造业的产品提高税率，对中国销往美国的 500 亿美元产品实施 25%的税率。同时，对中国企业对美国企业的并购和投资横加限制，影响了中美贸易的正常秩序，造成了全球性国际贸易和投资发展的不稳定。世界贸易组织认为，贸易争端的升级和国际营商环境的恶化，会显著影响国际投资行为和世界市场的稳定。

---

① 王晓红.我国企业对外直接投资现状及对策研究[J].中国社会科学院研究生院学报，2017(3)：38-52.

② 张琦.中国企业对外直接投资的现状及策略[M].北京：经济管理出版社，2020：160.

余官胜等在《世界经济研究》2020 年第 9 期发表的《国际投资保护会导致中国企业对外直接投资受阻吗？典型事实与实证检验》一文中认为，国际投资保护兴起是当前经济逆全球化趋势下的典型特征，某些国家针对中国企业设置投资障碍，在一定程度上影响了中国企业对外直接投资的顺利开展。文中使用联合国贸发会 2014 ～2017 年发布的《投资政策监测报告》中的各国投资政策信息构建了国际投资保护二元指标，利用中国全球投资数据库中受阻项目构建中国企业对外直接投资受阻指标。实证检验发现，投资保护导致中国企业对外直接投资受阻增加，尤其是发达国家投资保护产生的阻碍效应更大，能源产业和国有企业对外直接投资更易于因国际投资保护而受阻。[①] 由于国内经济发展对能源等资源的需要，不少企业加大了对外资源投资的力度。但是，某些资源丰富的国家属于制度稳定性较差、制度风险较大的发展中国家，给中国企业对外直接投资带来了更大的制度性风险。

此外，全球经济的不稳定性以及金融局势震荡，使汇率风险成为我国企业对外直接投资的主要风险之一。

但是，中国企业必须迎难而上。2017 年，党的十九大发出了“培育具有全球竞争力的世界一流企业”的动员令。中国企业如何逐步成长为具有全球竞争力的世界一流企业，是中国企业发展面临的时代课题。

六、国际竞争力还比较弱

我们要致力于“培育具有全球竞争力的世界一流企业”，不仅是要规模大，而且还要竞争力强；不仅技术和产品等硬实力强，而且管理和文化等软实力也要强。做大了并不等于做强了。

2013～2019 年，中国企业对外直接投资累计流量达 10110.3 亿美元，占对外直接投资存量规模的 46％，增长确实迅猛，但是存在“增而不强”的问题。微观层面问题凸显，企业盲目投资，境外资产流失严重。并购增加，但是缺乏整合手段和能力。[②]

近年来发展起来的境外经贸合作区，为对外直接投资提供了新的平台，但是区内中小企业之间的协调面临问题，影响了园区可持续发展。为了保障境外资源开发而建立的战略合作联盟，缺乏有力的约束机制，难以在当地找到稳定可靠的合作伙伴。

分析《财富》2020 年“世界 500 强”排行榜的数据发现，上榜的一些中国企业

① 余官胜，王灿玺，杨玲莉.国际投资保护会导致中国企业对外直接投资受阻吗？典型事实与实证检验[J].世界经济研究，2020(9)：75-88，136-137.

② 洪联英.中国对外直接投资“增而不强”论[M].北京：中国社会科学出版社，2015：7-8.

确实存在大而不强的问题。比如，中国企业跨国程度低，研发水平低，盈利能力低，没有达到“世界 500 强”的平均水平。如果与美国企业相比，中国企业的差距则更明显。中国企业需要强化企业管理，创新技术，改进产品，提高企业的盈利能力。

目前，传统跨国公司已经逐步转型为全球型公司，构建了全球价值链。世界一流企业往往都主导甚至拥有一条全球价值链，而中国企业尚无这种能力。中国企业需要在融入全球价值链的过程中提升全球竞争力。

另外，中国企业需要增强合规竞争力。中美贸易战发生之后，特别是新冠肺炎疫情蔓延以来，国际环境发生了巨大变化，全球产业链不仅在重构布局，而且还在重构规则。国际组织和发达国家政府都加强了对企业合规的监管。中国企业面临着合规挑战，因而需要强化合规管理，建立合规管理体系，同时重构企业合规文化，提升合规竞争力。

第六章　中国对外直接投资企业国际竞争力分析

任何一种生活，无论是公共的还是私人的，事业的还是家庭的，所作所为只关系到个人的还是牵涉他人的，都不可能没有其道德责任；因为生活中一切有德之事均由履行这种责任而出，而一切无德之事皆因忽视这种责任所致。

——西塞罗：《论责任》

"走出去"战略是中国企业对外直接投资的政策动力。2000 年 3 月，在全国人大九届三次会议上，"走出去"战略被提升到国家战略层面；随后，"走出去"战略被写入了《国民经济和社会发展第十个五年计划纲要》。2003 年 10 月，十六届三中全会决定继续实施"走出去"战略。2007 年 10 月，党的十七大报告明确要求："坚持对外开放的基本国策，把'引进来'和'走出去'更好结合起来。""走出去"战略有力地推动了中国企业的对外投资，提升了中国企业的国际竞争力，推动了中国经济的快速发展。

2012 年，中国进入世界三大对外投资国的行列。2014 年，中国对外投资流量超过吸收外资数量，成为净资本输出国。2016 年，中国对外投资流量达到 1830 亿美元，首次成为全球第二大投资国。通过对外直接投资，中国更深度地融入全球经济中，也成为经济全球化的有力推动者。在此过程中，中国企业国际竞争力不断提升。

竞争力不仅是企业生存的根本，而且还是国家发展的核心。改革开放以来，中国企业总体上有了长足的发展。但是，中国企业的国际竞争力与发达国家的企业相比仍有差距。

第一节　中国对外直接投资企业国际竞争力状况

改革开放以来，中国企业实现跨越式发展，国际竞争力迅速提升，但与全球大型跨国公司相比仍有明显差距。可以说，我国尚未出现具备全球竞争实力、全球市场、全球驰名商标、全球采购系统的真正意义上的全球大型跨国公司。在 2015 年《财富》"世界 500 强"排行榜上，中国有 108 家，其中，中国石化、中国石油、中国工商银行、中国建设银行、中国农业银行等名列前茅。在 2020 年"世界 500 强"排行榜上，中国企业有 3 家处于前十位，分别是中国石化、国家电网、中国石油。但是，我们显然清楚，在依赖庞大的国内市场支撑经营规模、国际业务运营量较少的情况下，难以形成全球要素配置、全球市场运营体系，也难以创造全球驰名商标，难言全球竞争力。

一、中国对外直接投资企业的规模优势

1995 年，世界贸易组织正式开始运作，《财富》杂志第一次发布"世界 500 强"排行榜。此时，中国刚开始深化改革开放，只有 4 家中国企业进入这个排行榜。

2001 年，中国加入世界贸易组织，进入"世界 500 强"排行榜的中国企业有

12家,以后逐年增加。自2008年以来,中国企业在排行榜中的数量相继超过了德国、法国、英国、日本。2020年,中国大陆有124家企业出现在《财富》“世界500强”排行榜中,加上台湾地区企业,中国上榜企业达到133家。中国上榜企业的数量第一次超过了美国的121家,这是历史性的超越。[①]

“世界500强”排行榜上中国企业数量的增加,反映了改革开放以来,中国企业规模不断扩大,大企业数量不断增加。

2020年上榜的中国企业平均销售收入达到669亿美元,比2019年的665亿美元有所提升;平均利润达到35.6亿美元,比2019年有所提升;销售收益率(5.3%)和净资产收益率(9.8%)与2019年持平。

与“世界500强”中的其他企业比较,中国企业的经营状况达到了全球企业平均水平。2019年,“世界500强”企业平均销售收入666亿美元,中国上榜企业平均销售收入669亿美元;“世界500强”企业平均净资产364亿美元,中国上榜企业平均净资产364.4亿美元。

2020年在“世界500强”排名中,中国企业有3家处于前十位,分别是中国石化、国家电网、中国石油;有25家中国企业处于“世界500强”前100位,由此可见中国企业的规模优势。

二、中国对外直接投资企业的能力偏弱

加入世界贸易组织以来,中国企业实现了从“小”到“大”。但是,中国企业面临着从“大”到“强”的挑战。我们再看一组数据。

“世界500强”企业平均利润是41亿美元,而中国上榜企业的平均利润是35.6亿美元。中国企业的盈利能力不及“世界500强”的平均水平。

一般来说,销售收益率和净资产收益率两个指标最能体现企业经营状况。2019年,“世界500强”企业销售收益率平均为6.2%,美国企业是10.5%,中国大陆上榜企业的平均销售收益率是5.4%;“世界500强”企业的净资产收益率平均为11.3%,美国企业是17%,中国大陆上榜企业的净资产收益率平均为9.8%。由此可见,中国企业差距明显。[②]

还有一组数据可以对比。

“世界500强”排行榜上,美国上榜企业2019年平均雇用员工数是143243人,中国上榜企业平均雇用员工数是175706人。中国企业员工人数是美国企业的1.23倍。美国企业人均销售收入57万美元,中国企业人均销售收入38万美

---

① 数据来源:https://baike.baidu.com/item/2020年《财富》世界500强排行榜.

② 数据来源:https://baike.baidu.com/item/2020年《财富》世界500强排行榜.

元；美国企业人均利润4.9万美元，中国企业人均利润2万美元。中国企业盈利水平较低。①

2020年，“中国企业500强”研发投入持续增加，研发强度提升到1.61%，为历史最高水平。但是，与“世界500强”企业差距仍然很大。

国际上，通常采用对外直接投资绩效指数(*OND*)衡量一国的对外直接投资水平。这是联合国贸发会议提出的一个指数。

OND＝(一国对外投资流量/全球对外投资流量)/(该国国内生产总值/世界生产总值)

当*OND*等于1时，表示该国对外直接投资绩效达到世界平均水平；当*OND*大于1时，则该国绩效高于世界平均水平；当*OND*小于1时，则该国绩效低于世界平均水平。计算中国对外投资绩效指数可知，对外直接投资绩效虽然在逐年提升，但仍处于较低水平。2017年，中国的对外直接投资绩效指数只有0.54，与世界平均水平还有差距。

数据显示，2005～2012年，中国企业跨境并购失败率达11%，美国和英国跨国公司并购失败率分别为2%和1%，中国与发达国家相比差距悬殊。另外，2011年，中国境外企业亏损率为22.4%。②

三、中国对外直接投资企业的国际化程度偏低

评价跨国公司国际化水平，通常使用两个指标体系：一是海外经营指标体系，包括海外营业额指数(海外营业额占总营业额的比例)、海外采购与生产指数(海外采购与生产额占总采购与生产额的比例)、海外直接投资指数(海外投资额占总投资额的比例)、海外技术转让指数(海外技术贸易额占总技术贸易额的比例)等定量评价指标。二是管理职能国际化指标体系，包括战略与决策的协调力、当地市场的适应力、聘用外籍管理人员的状况、财务管理的控制力等定性评价指标。使用跨国化指数综合评价企业国际化程度，即跨国化指数越高，企业的国际化程度越高。这是反映企业国际化水平的一个综合指标。

跨国化指数＝(国外资产/总资产＋国外销售额/总销售额＋国外雇员数/总雇员数)/3×100%

简单地说，中国进入“世界500强”的企业的国际化指数很低。2012年，“中国100强”企业平均跨国指数为12.9%，“世界100强”企业平均跨国指数为62.3%，“发展中国家100强”企业平均跨国指数为39.0%。③

---

① 数据来源：https://baike.baidu.com/item/2020年《财富》世界500强排行榜.

② 刘宏，苏杰芹.中国对外直接投资现状及存在问题研究[J].国际经济合作，2014(7):37-41.

③ 数据来源：https://baike.baidu.com/item/2020年《财富》世界500强排行榜.

中国企业联合会在“中国企业 500 强”“中国制造业企业 500 强”“中国服务业企业 500 强”的范围内，依据企业自愿申报的数据，参照联合国贸易和发展组织的标准，对拥有海外资产、海外营业收入、海外员工的非金融企业，依据企业海外资产总额的多少进行排序，确定“中国跨国公司 100 大”。

2020 年，“中国跨国公司 100 大”的海外资产总额为 104526 亿元，海外营业收入为 73307 亿元，海外员工总数为 1310300 人，海外资产占比、海外营业收入占比、海外员工占比分别为 16.80%、21.27%、10.23%，比 2011 年分别提高了 2.07 个百分点、3.93 个百分点、5.56 个百分点。

2020 年，“中国跨国公司 100 大”的入围门槛为海外资产 120.22 亿元，比上年提高 21.64 亿元。[①]

2020 年，“中国跨国公司 100 大”的平均跨国指数为 16.10%，比上年提高 0.14 个百分点，比 2011 年提高 3.86 个百分点。

2019 年，“中国跨国公司 100 大”的平均跨国指数为 15.96%，比上年提高 0.06 个百分点；而同期“世界跨国公司 100 大”的跨国指数为 58.07%，2018 年的这一数值为 61.91%。

2019 年，腾讯控股海外资产为 5132.61 亿元，海外收入为 102.86 亿元，海外员工人数为 35169 人，跨国指数为 44.13%。

2019 年，华为投资海外资产为 3661.86 亿元，海外收入为 349.04 亿元，海外员工人数为 45000 人，跨国指数为 28.28%。

2019 年，联想集团海外资产为 1298.20 亿元，海外收入为 2248.53 亿元，海外员工人数为 16929 人，跨国指数为 60.15%。

2019 年，美的集团海外资产为 1170.87 亿元，海外收入为 1022.50 亿元，海外员工人数为 35000 人，跨国指数为 41.33%。

2019 年，海尔集团海外资产为 864.99 亿元，海外收入为 811.05 亿元，海外员工人数为 28069 人，跨国指数为 29.34%。[②]

2020 年，《财富》“世界 500 强”排行榜中的中国大陆企业数量排名第一，证明了改革开放以来中国企业取得了历史性进步。但是，中国企业虽然数量增加、规模扩大，但还需要增强盈利能力，提升全球竞争力。瑞士洛桑国际管理发展学院（IMD）最新公布的 2020 年《全球竞争力报告》显示，中国大陆全球竞争力排名第 20 位。世界经济论坛（Word Economic Forum，WEF）发布的 2019 年《全球竞争力报告》中，中国竞争力全球排名第 28 位，近几年一直处于这个水平。

① 数据来源：https://baike.baidu.com/item/2019 中国 100 大跨国公司榜单.

② 数据来源：https://baike.baidu.com/item/2019 中国 100 大跨国公司榜单.

21世纪是经济全球化的世纪，中国企业不仅面临着国内同业激烈的竞争，而且还面临着国际强大对手的竞争。许多巨型跨国公司在经营战略、资金运作、成本控制和经营效益等方面具有明显的竞争优势，中国企业要在激烈的竞争中居于优势地位，必须不断提升国际竞争力。

第二节　中国对外直接投资企业国际竞争力影响因素

一、中国对外直接投资企业国际竞争力的影响因素

中国企业国际竞争力的影响因素可以从宏观、中观和微观三个层次进行分析。

（一）宏观影响因素分析

宏观环境包括人口环境、经济环境、自然环境、科技环境、政策法律环境和社会文化环境等，这些因素是企业不可控制的。一切企业都处于一定的宏观环境之中，受其影响和制约，微观环境因素也在其控制之下。只有适应宏观环境的发展变化，才能保证企业对外直接投资决策的准确性和适应性，保障企业的生存和发展。

1.人口数量与国民素质

对外投资首先要考量市场。人是市场的主体。市场是由具有购买能力和购买动机的人构成的。在一定条件下，人口的数量、密集度、增长速度、地理分布、人口的年龄结构和性别比例、家庭规模及家庭生命周期、人口地理流动等，都会对市场结构和规模产生直接影响。人是经济活动的能动因素，国民受教育程度、文化素养、价值观念、劳动态度、生活质量以及对未来的预期等，都影响投资的成效，决定了企业发展可能达到的高度。因此，企业必须密切注意人口环境的变化。2019年《全球竞争力报告》显示，中国的优势显然包括其庞大的市场规模，在竞争力影响因素中该项排名第一，得分100分。

(1)人口总量及增长速度。一个国家和地区的人口总量是衡量市场潜力的重要因素。从全球看，世界人口的总量及增长速度是惊人的。据统计，世界人口1960年为30亿，1980年为41亿，1990年为51亿，2000年达到61亿，2020年已经超过75亿。中国人口目前已经超过14亿。世界人口爆炸性增长，是全球企业共同面临的一个主要的人口环境。它对企业的投资活动可能造成两方面的影响：一是人口数量的增长意味着市场需求量的增长，市场规模的不断扩大，为企业带来新的机会；另一方面，如果世界人口增长过快，特别是发展中国

家人口无节制地增长，超出了资源供应的能力，则人均资源占有水平降低，失业增加，收入减少，现实市场购买力降低，给企业投资带来消极影响。

(2)人口年龄结构及性别比例。随着社会经济的发展，医疗卫生条件、生活工作条件不断得到改善，平均寿命延长，人口趋向老龄化。按照世界卫生组织的统计标准，60 岁及以上人口占比达 10%或者 65 岁及以上人口占比达 7%就是老龄化国家。现在欧美、日本等一些发达国家已经是老龄化国家，老年人口占人口总数的 1/6 左右。2019 年，中国 65 岁及以上人口占比已达 12.6%，"未富先老"已成事实。人口年龄结构的变化必然对某些行业造成威胁，却为另一些行业提供了市场机会。由于不同年龄的人口的需求结构不同，老年人口比例的增加必然带来整个市场需求结构的变化。例如，老龄化可能会带来对养老院、医疗设备的大量投资需求。年轻夫妻有了更多的收入和闲暇时间，增加了旅游娱乐活动，给餐饮、旅馆、航空客运等行业增加了投资机会。

(3)人口地理分布及人口流动。人口的地理分布与消费者需求关系密切。居住在不同地区的人由于自然因素的差异，其消费需求的结构和规模也不尽相同，购买习惯与行为也存在差异。农村居民与城市居民的需求差异很大，农村市场需要经济、实惠、耐用的消费品，而城市市场需要时尚、高档的消费品。人口流动对投资的影响也是显而易见的。

从全球范围考察，人口流动有明显趋势。从发展中国家看，人口从农村流向城市，这是工业化和城市化过程中的必然趋势。2017 年，美国城市化率是 82%，英国城市化率是 83%，法国城市化率是 80%，德国城市化率是 77%，日本城市化率是 92%，中国城市化率是 58%。2020 年，中国城市化率已达 60%。如有适当政策，这一增长过程今后仍将加快。另外，我国大城市绝对流动人口不断增加。城市化及流动人口的增加，不仅使消费结构和消费水平发生重大变化，而且还影响商业网点的布局和服务方式的变化，各种新的商业业态应运而生，企业必须适应这一趋势。从发达国家看，随着交通条件的改善，加上城市环境污染日趋严重，人口从城市流向郊区也是必然趋势。人们工作在城市，生活在郊区，对传统商业模式构成威胁，形成郊区购物中心。由于人们所处的地理位置影响着他们的需求，所以企业应密切注意人口迁徙所带来的投资机会。

2.经济特征与经济实力

经济环境直接影响投资的成效。市场是由有购买力的人口构成的，而社会购买力是受宏观经济环境制约的，是经济环境的反映，受制于消费者的实际收入、价格、储蓄和信贷、消费支出模式等因素。购买力因素是影响企业营销的最主要因素，企业应密切注意购买力变动所带来的机会或威胁。对外投资要考虑国家资源状况及国家经济实力、经济结构特征、经济潜力等。经济状况对于企业的影响是直接的，一个国家经济增长率高，国民生产总值和国民收入水平高，国民消费水平就高，企业发展机会就多，潜力就大，其国际竞争力就会得到强化。2019 年《全球竞争力报告》显示，中国的基础设施得到了显著发展，在竞争力影响因素中该项排名第 36 位，得分 77.9 分。

(1)消费者收入变化。消费者收入是影响购买力的首要因素，而消费者收入是由整个国民经济状况决定的。国民经济增长，积累和消费都会增长，消费水平提升，消费模式改变，消费升级，企业就可以有更大的市场，由此带来投资机会。

(2)消费者储蓄和信贷情况。不同的文化造就了不同的经济心理。东亚地区储蓄率高，而西方民众却习惯于借贷消费。市场规模受储蓄和信贷习惯的影响。居民个人收入在一定时期内不可能全部用完，总有一部分以各种形式储蓄起来，这是一种未来的潜在的购买力，也是现实的投资来源。

(3)经济发展模式。经济发展模式是指在一定时期内国民经济发展战略及其生产力要素增长机制、运行原则的类型，包括经济发展的目标、方式、发展重心、步骤等要素。具体有粗放型经济发展模式和集约型经济发展模式，内向型经济发展模式和外向型经济发展模式。经济发展模式决定了投资的方向、规模和战略选择。对此，必须予以高度重视。

3.自然环境与资源状况

自然环境是指影响社会生产和企业经营的自然因素，包括企业所处地理位置、自然资源、生态环境等。20 世纪 90 年代以后，自然资源的短缺、生态环境的恶化，严重影响了人类的生存与发展，世界各国开始重视对生态环境的保护，加强了环境保护方面的立法和执法。

资源状况包括一个国家的自然资源、人力资源、资金资源、技术资源以及国内的基础设施状况等。一国的资源状况决定了生产要素的禀赋，是企业竞争优势的基础，对企业的国际竞争力有着重大影响。

自然资源可分为三类：一是有限的不可再生资源，如矿产、石油等；二是有限的可再生资源，如森林；三是无限的资源，如阳光、空气等。目前来看，各种有限资源无节制地利用已造成能源的严重短缺，可替代的有限资源的开发将为企业投资带来新的机遇。另外，水资源遭污染，大气中有害物质增加，耕地被侵占，严重影响了人类的生存环境。因此，环保型产品的开发和利用，也将为企业带来新的机遇。当然，资源短缺意味着以这些资源为原料的企业将面临经营成本大幅度上升的问题，能源成本的变化对许多企业构成威胁。对企业投资来说，节约能源，降低消耗，保护环境，是必须遵循的经营思想。

地球环境的恶化引起了一些国家和国际组织的高度重视，许多国家和国际组织加强了环境保护工作。1972 年，联合国第一次人类环境会议在瑞典召开，发表了《斯德哥尔摩人类环境宣言》，向全世界发出了“人类只有一个地球”的呼吁。1987 年签署的《蒙特利尔议定书》，对保护臭氧层作了若干规定。可是，政府干预往往与经济增长和企业经营产生矛盾，致使环境保护工作的难度很大。

1992 年 6 月，联合国环境与发展大会在巴西召开，183 个国家的代表团和联合国及其下属机构等 70 个国际组织的代表出席了会议，通过了《关于环境与发展的里约热内卢宣言》《21 世纪议程》《关于森林问题的原则声明》等文件。

2002 年 9 月，联合国可持续发展世界首脑会议在南非举行，会议宗旨是继续贯彻 1992 年通过的《关于环境与发展的里约热内卢宣言》原则，全面实施《21 世纪议程》，实现全球可持续发展。会议通过了《可持续发展世界首脑会议实施计划》《约翰内斯堡可持续发展承诺》两个文件。

2012 年 6 月，联合国可持续发展大会在巴西里约热内卢举行。193 个国家的代表通过了题为《我们憧憬的未来》的成果文件。

1978 年，德国率先实施“蓝色天使”计划，颁发“蓝色天使”产品标签。美国和加拿大在 1988 年也开始实行环境标志制度。日本在 1989 年实行了“生态标志”计划。德国自 1991 年 1 月起实行严格的环境保护法规，要求公司设置“生态经理”。在各国的共同努力下，绿色浪潮不断蔓延，绿色原料、绿色市场、绿色服务等相继兴起。

1992 年，中国政府发布了《中国环境与发展十大对策》。2003 年 1 月，中国政府发布了《中国 21 世纪初可持续发展行动纲要》，明确了实施可持续发展战略的目标、基本原则、重点领域及保障措施。2003 年 10 月，中国共产党十六届三中全会提出“科学发展观”。

2006 年 3 月，全国人大通过了《中华人民共和国国民经济和社会发展第十一个五年规划纲要》，提出建设“资源节约型、环境友好型社会”，明确实现节能减排的约束性指标。2007 年 10 月，中国共产党十七大报告提出，转变发展方式，加强能源资源节约和生态环境保护，增强可持续发展能力，建设生态文明。2012 年11 月，中国共产党十八大报告提出，把全面协调可持续作为深入贯彻落实科学发展观的基本要求，全面落实经济建设、政治建设、文化建设、社会建设、生态文明建设五位一体总体布局。

习近平总书记强调：“良好生态环境是最公平的公共产品，是最普惠的民生福祉。”①2016 年 10 月，中国政府发布了《中国落实 2030 年可持续发展议程国别方案》，为落实可持续发展议程提供行动指南。

2017 年 10 月，中国共产党十九大报告指出：“我国经济已由高速增长阶段转

① 中共中央宣传部.习近平总书记系列重要讲话读本[M].北京：学习出版社，人民出版社，2014：123.

向高质量发展阶段,正处在转变发展方式、优化经济结构、转换增长动力的攻关期,建设现代化经济体系是跨越关口的迫切要求和我国发展的战略目标。”

4.科技发展水平

科学技术是第一生产力。技术的进步对投资及其后续经营的影响更直接、更显著。技术进步使产品更新换代的速度加快,新产品的不断涌现催生新的产业部门,从而使消费结构发生变化。第二次世界大战后新的技术革命的兴起,造就了许多新的行业、新的市场,同时也淘汰了许多陈旧的产品、落后的行业。例如,晶体管淘汰了电子管,复印机排挤了复写纸,电视机吸引了电影观众等,正所谓“科学技术是一种‘创造性的破坏力’”。正因为技术对行业发展与企业经营的特殊影响,要求企业必须密切注意技术环境的变化趋势,随时准备应变。

(1)技术变革步伐加快。据统计,20 世纪 20 年代以前,一种商品从试销到成熟平均需要 34 年的时间;30～50 年代,这个时间缩短为 8 年。今天,许多很普遍的技术性产品,如电子复印机、袖珍计算器等,仅有 30 多年的历史。电脑技术的飞速发展和广泛应用,给人类生产和生活带来巨大的变化。远程教育、网上购物、电子商务等使消费模式发生了重大改变,给企业的投资及后续经营带来实质性的影响。2019 年《全球竞争力报告》显示,中国的信息通信技术(ICT)普及率显著提高,在竞争力影响因素中该项排名第 18 位,得分 78.5 分。

(2)创新机会无限。由于新技术革命的飞速发展,投资机会不断出现,凡是人们有所需求,就有新的构思涌现,而且在技术上很快就能够成为现实。目前,科学家们正在力争实现的构思有:海水淡化、电动机车、家务机器人、癌症和艾滋病的防治药物、实用太阳能等,这些构思不仅是技术性的,而且还是商业性的,其中蕴含着巨大的投资机会。当然,技术研发需要很大的投入,产品开发的风险也很大,所以,企业需要谨慎决策。某些企业倾向于产品的小规模技术改造,某些企业倾向于仿制竞争对手的产品,某些企业通过购买专利等途径取得新技术,都是可以选择的策略。不过,美国的一项研究表明,研发投入的多少,与企业的盈利能力关系极大,所以,有实力的企业还是非常重视新技术的研究与开发。2019 年《全球竞争力报告》显示,中国一直在迅速提高创新能力,在竞争力影响因素中该项排名第 24 位,得分 64.8 分。

(3)相关标准增多。第二次世界大战以后,由于新技术的迅速发展,各种各样的新产品大量涌现,产生了一些不良后果,导致许多国家对新产品的检查和管理日趋加强,安全与卫生标准越来越高。所以,企业在对外投资新技术新产品时,一定要密切关注相关标准的限制。除了来自政府的管制外,社会上还有一些组织或个人反对科学技术的随意商业化,主张新科技应进行评估之后才能商业化。他们甚至认为,大规模的科技创新会对自然界、人类生活环境以至整个人类社会造成威胁，因而主张回归自然，比如，以天然食品代替合成食品、以自行车代替汽车等。这些动向也是值得注意的。

5.政策法律及政府作用

政策法律环境主要是指与国际投资有关的各种法令、法规、政策以及有关的政府管理机构和社会团体的活动。这些因素常常制约、影响着企业的经营行为，尤其是影响着企业长期投资行为。市场经济是法治经济，企业的一切投资及经营行为必然要受到政策与法律环境的制约。政府的作用主要体现在：政府对经济发展的影响力，货币与财政政策的实施，扶持科学技术的政策及其效果，政府的办事效率、透明度及政府信用等方面。第二次世界大战以后，西方国家政府对经济的干预日益加强，经济立法越来越多，国家的政策法律环境对企业投资活动的影响程度越来越大。这些经济立法有许多是符合经济发展的客观要求的，值得我们借鉴。

管制企业投资的立法体系更加完善。西方国家强调以法治国，对企业经营活动的管理和控制主要是通过法律手段实现的。通过立法，保证企业间的公平竞争，保护消费者权益，维护全社会的整体利益。美国 1890 年就颁布了禁止垄断行为的《谢尔曼反托拉斯法》；1936 年颁布了《鲁宾逊—帕特曼法》，禁止“价格歧视”，以保护中小企业；1950 年颁布了《反吞并法》；等等。这些法律都是为了维护自由竞争原则的。还有保护消费者权益的许多法律。我国实行改革开放政策以来，也加强了经济立法，颁布了许多经济法规，以管控企业投资活动。企业必须严肃对待法律环境，在法律允许的范围内开展投资活动。企业应该清楚地意识到，政府机构的执法越来越严，对企业投资决策的影响越来越大。

公众利益团体的力量愈来愈强。在西方国家，公众利益团体常被称为“压力集团”，对立法和执法有很大的影响力。所以，对企业投资来说，不但要通晓法律，而且还应该关注公众利益团体的动向，主要是消费者权益保护和环境保护方面的团体。20 世纪 60 年代以来，西方国家的消费者保护运动已成为一支强大的社会力量。现在，世界各国有许多消费者组织，甚至还成立了国际性的组织。“绿色和平组织”“自然之友”等环境保护组织也是重要的国际组织，必须认真对待。

2016 年《世界投资报告》显示，截至 2015 年年底，全球国际投资协定总数 3300 多个。由于投资协定特别是大型区域一体化协定涉及更多国家，因而其经济和政治影响力不断增强。同时，区域协定往往规定，签约方的双边条约继续有效，从而使得投资规则体系更加复杂。目前，全球近 150 个经济体正围绕至少 57 个新的国际投资协定进行谈判。

从各国的外资政策看，投资保护主义开始盛行。2015 年，85％新出台的政策措施旨在扩大开放、促进投资。在限制性措施和规定方面，不断增加的新的举措主要反映了对战略行业和敏感行业中外国所有权的戒心。越来越多的国家加强了对外资的国家安全审查，一些国家将国家安全审查的范围扩大到了重要的基础设施、战略性新兴产业以及被认为涉及国家利益和国家安全的各种情况。此外，一些国家要求企业披露的商业信息范围不断扩大。为防止国家安全审查成为投资保护主义的手段，联合国贸发组织也加强了对全球投资保护主义趋势的监督和定期报告机制。

2019 年年初，中国颁布了新的《外商投资法》，建立了外资准入前国民待遇加负面清单模式，宣布了一系列投资便利化以及市场开放的措施，这些都有利于进一步吸引外资，也会对对外投资产生影响。

6.社会文化及国际化程度

所谓“文化”，主要是指一个国家或民族的传统文化，如社会道德规范、价值观念、风俗习惯等。一个民族的文化具有高度的持续性，是世世代代沿袭下来并继续发展的。人们生活在不同的社会文化背景下，在不知不觉中形成了各自不同的观念和信仰，并影响其行为规范，包括投资行为、消费行为。企业在确定投资项目、构思产品、设计商标、确定价格、选择促销方式时，都要充分考虑当地的传统文化，尊重当地文化，并力求与当地文化融合，满足目标市场消费者的需求。

在同一社会文化范围内还存在着亚文化。不同的民族群体、宗教群体、地理区域群体、特殊阶层群体等即构成不同的亚文化群，美国的犹太人群体、中国的少数民族群体即是此种亚文化群。他们有着不同的历史，表现出不同的价值观，引导着不同的经济行为。另外，社会舆论或社会时尚的变化也引起投资观念及经济行为的变化。这些都是与企业的投资活动直接相关的。

国际化程度是指一国参与国际贸易和国际投资、融入全球经济一体化的程度，包括在贸易和投资活动中的表现、对世界经济的参与程度、对外国企业的开放程度、进入外国市场的情况等。

总之，宏观环境因素对企业投资来说是不可控制的，而又是必须适应的。企业尽管不能改变环境，但可以自我调整，适应环境，因势利导，趋利避害，以求得生存和发展。

(二)中观影响因素分析

1.相关产业的发展情况

对处于某一行业中的企业来说，那些与之关联或共享某些活动或产品互补的企业也影响其竞争力。如果相关企业或辅助企业构成的相关产业发达，具有很强的国际竞争力，对特定企业的国际竞争力就会产生有利的影响。

2.国内市场的竞争情况

国内市场竞争越是激烈，越促进企业拓展国外市场，寻求国外市场生存空间。激烈的国内市场竞争有利于造就本国企业国际竞争优势。

3.企业所处的行业环境

企业所处的行业环境主要包括行业生命周期阶段、行业结构等。企业所处的行业对企业影响最直接，是构成企业竞争力的平台。

（三）微观环境因素分析

微观环境因素包括企业本身、供应者、投资中介、潜在顾客、竞争者和公众等。

1.企业本身

企业对自身实力要有一个清晰判断，如设施设备、收益情况、营销力量、产品状况、企业战略协作关系等。企业技术创新能力关涉未来发展潜力。企业文化、企业形象、信用状况是企业发展的动力源泉。企业管理能力、成本控制、人力资源、应变能力、融资能力、企业家风格及企业家精神是企业持久发展的保障。对企业存在的根本问题要有一个清醒的认识。

2.供应者

供应者是指向企业提供生产经营所需的各种资源的企业和个人，包括供应原材料、能源、设备、劳动、资金、技术等的企业和个人，还包括提供运输能力、信息、咨询、保险服务等的企业和个人。在买方市场条件下，各种生产要素的取得相对容易，致使许多企业可能忽视了对供应者的研究。值得注意的是，供应者的服务对象是相互竞争的企业，而其供应能力又总是有限的，这就有可能出现短缺。供应者还拥有信息优势，也是企业需要的。因此，需要加强对供应者的研究，探讨建立稳定的合作关系的可能性，这对企业投资是有利的。

3.投资中介

投资中介是指在投资过程中，帮助企业实现信息保障的机构，包括咨询服务机构（咨询公司、市场调研公司等）、金融机构（银行、信托公司、保险公司）等。这些都是投资过程中不可缺少的中间环节，大多数企业的投资活动需要它们的协助与合作才能进行。

4.潜在顾客

顾客即目标市场，是未来企业服务的对象，企业需要认真地、全面深入地预测和了解它的潜在顾客。顾客是企业的上帝。企业应善待顾客，为顾客提供令人满意的服务，满足顾客长远的根本利益要求。这样，与顾客建立起彼此信任的关系，以诚信赢得顾客，才能最终赢得企业的未来。

5.竞争者

竞争是市场经济的本质特征。市场投资就是市场竞争，有市场竞争，就必然存在着竞争者。考察竞争者环境就是指对竞争对手进行调查研究。要确定竞争类型，要了解竞争者的竞争能力，要预测竞争者的发展动向。通过分析竞争者的技术特点，预测其技术发展的动向，分析其产品开发及产品组合情况，判断竞争者的竞争目标和策略重点，以便掌握竞争主动权。

6.公众

公众是指对企业的营销活动有着现实的或潜在的影响的诸多社会团体和个人。显然，企业的投资活动可能影响到公众的利益，公众自然会关注、影响、监督企业的投资活动过程。一个企业的公众主要包括以下五类：一是媒介公众，即报纸、杂志、广播、电视等有广泛影响的大众传播媒体，这些公众组织对企业的形象和声誉具有重要的影响。二是政府公众，即对企业的投资活动有着监督、管理和制约作用的政府机构，这些公众组织对企业的影响也是很大的。三是群众团体，即消费者保护组织、环境保护组织及其他群众组织。四是社区公众，即企业投资所在地区附近公众，他们更加关心企业的投资活动对周围环境等因素的影响，企业应尽量避免与其发生利益冲突。五是一般公众，即一般社会大众，他们也有关于企业投资的认识。

考察公众环境，就是要处理好与社会公众的关系，为企业营造一个良好的投资发展环境。可是，企业不可能与所有人建立关系，所以，要对公众进行分类，区别对待，把握和利用那些承担社会责任的、对一般公众具有影响力的“公众领袖”，与其建立融洽的公共关系。这样，借助于“公众领袖”的示范和影响，可以赢得广大公众对企业投资的信任和支持。

按照系统论的观点，任何一种客观存在，甚至任何一种主观意识，都是影响企业国际竞争力的因素，或直接影响，或间接影响，或显性影响，或隐性影响，或现实影响，或潜在影响，其影响力或可预期，或不可预期。所以，对待这一问题，需要辩证地认识，理性地实践。

企业国际竞争力受到宏观、中观和微观三个层面的环境因素共同影响，各个层面的因素有着紧密的相互联系。也就是说，企业国际竞争力不仅取决于自身，而且还受制于环境，取决于企业是否适应环境，与环境是否协调一致，正所谓“物竞天择，适者生存”。因此，强化企业国际竞争力需要环境分析，综合考虑全球环境、东道国环境、企业自身状况，然后合理决策。

二、中国对外直接投资企业 SWOT 分析

投资环境对企业来说是一些无法控制的因素，是客观存在的，可是这些因素对企业的投资活动产生巨大的影响，甚至关系到企业的生死存亡。当然，这些环境因素是可认知的。在认知的基础上，我们可以对其施加影响，积极适应。所

以，企业必须认真分析投资环境因素。投资环境分析对企业对外投资活动及国际化经营有着重要的意义。

企业投资决策必须以环境分析为基础，指导企业的经营活动以适应环境要求。企业的生存和发展是以适应外部环境为前提条件的。只有通过对环境的分析，了解环境，把握环境的变化，作出准确的预测，才能制定切合实际的科学的投资决策。

投资环境对任何企业来说都具有强制性，企业必须服从环境，适应环境。但是，企业不能一味消极被动地适应环境，应该发挥能动性和创造性，积极主动地适应环境。考察投资环境，分析其变化的趋势，根本目的在于帮助企业寻求投资机会，避免环境威胁。

投资环境对企业的经济活动有两个方面的影响：一方面，它为企业创造新的投资机会，即未被满足的市场需求，这为企业提供了进一步发展的空间；另一方面，可能为企业带来环境威胁和风险，造成投资的障碍和压力。如果不及时采取应变措施，适当调整内部条件，则可能导致失败。

在现实经济生活中，机会和威胁共生并存。考察投资环境的目的就在于，帮助企业识别环境变化给企业带来的机会和威胁，适时地抓住机会，避免风险，迎接环境的挑战，取得投资经营的成功。市场营销环境的变化，有些是缓慢的、可预测的，有些是急剧的、难以预料的。不同的行业所处的环境变化也不尽相同，按其变化的速度可分为三大类：一类是稳定的环境，影响因素较少，因素本身变化小，市场较稳定；二类是变化缓慢的环境，影响因素不多，主要因素较稳定，多数企业可以适应这种变化；三类是急剧变化的环境，往往使许多企业措手不及，遭受投资的重大损失，甚至形成沉没成本。

在环境分析中，通常使用一种叫作“SWOT”的分析法，分析环境为企业带来的投资机会与造成的威胁。“S”(Strengths)指企业内部的能力或优势，“W”(Weaknesses)指企业的弱点或劣势，“O”(Opportunities)表示来自企业外部的有利于企业投资发展的机会，“T”(Threats)表示企业所面临的、来自外部的威胁。

在运用SWOT分析法研究市场投资环境时，要注意寻找这四方面的主要因素。没必要对所有的环境威胁都关注，也不是所有的机会都可以利用。通常，机会的利用也都包含着风险。

对投资环境的分析和评估必须依赖于调研工作，通过调研了解投资环境，把握经济需求，并进一步预测需求的发展趋势，判断对企业投资发展的有利因素和不利因素。就是说，不仅要善于发掘市场机会，而且还要注意环境威胁，辩证地对待机会与威胁，并适应之。

SWOT 分析法能够客观而准确地分析企业的投资环境。通过 SWOT 分析,可以发现对本企业有利的、可以利用的因素,或者对自己不利的、应该避开的因素。发现自身存在的问题,确定解决方法,明确发展方向,帮助企业把资源聚集到自己的最大优势和最多机会上。根据这个分析,选择确定投资战略(见表6-1)。

表 6-1　SWOT 战略选择

	外部机会(O)	外部威胁(T)
内部优势(S)	优势＋机会＝SO 战略	优势＋威胁＝ST 战略
内部劣势(W)	劣势＋机会＝WO 战略	劣势＋威胁＝WT 战略

SO 战略:积极进取战略。充分利用企业的优势,抓住相应的有利投资机会,成功的希望很大。

ST 战略:积极防御战略。以企业的优势积极应对可能出现的风险,在这种情况下,如果其他企业无力承受风险,本企业可能因此而发展壮大。

WO 战略:谨慎进取战略。尽管投资机会出现,但本企业不具有竞争优势,所以要谨慎行事,准备充分,如果策略得当,也有可能成功。

WT 战略:谨慎防御战略。当企业面对风险却又无力应对时,更要慎之又慎,严肃对待风险,力求化险为夷。

(一)中国对外直接投资企业拥有的优势

1.大国战略优势

我国是第一人口大国、第二经济大国,拥有丰富的自然资源、人力资源、金融资源、市场资源。丰富的自然资源,为企业提供了可靠的供给、较低的采购成本,这是一大优势。丰富的人力资源,保证了低成本劳动力供应,决定了劳动密集型企业产品具有较强的国际竞争力。并且,与许多发展中国家相比,我国劳动力素质较高。金融市场方面,中国居民受传统文化影响,储蓄率高,银行存款额大,企业融资成本低。我国有巨额外汇储备。2021 年 1 月末,外汇余额 32107 亿美元,为中国企业跨国投资提供了充足的资金。另外,我国资本市场渐趋成熟。我国人口众多,市场庞大,这是中国企业得天独厚的优势。

我国产业门类齐全,有利于企业全面发展。我国接壤国家多,海岸线长,有利于企业对外贸易。国家政治稳定,政府调控合理,营商环境良好,企业跨国经营享受政策支持,对企业来说都是比较优势。

中国多数跨国公司相对于世界巨型公司来说还是“中小企业”,其国际经营基于独特的竞争优势。例如,利用劳动力成本低的优势开拓发达国家的(纺织、服装、玩具等)市场。利用小规模生产技术开拓发展中国家的“小容量”市场。利用“文化距离”“心理距离”等优势开拓地缘接近的周边“趋同性”市场。利用华商网络优势开拓国际市场。

进入新世纪,中国经济蓬勃发展,即使处于全球疫情的背景下,中国经济依然保持增长。外汇储备保障了中国企业海外投资的资本实力。国家战略支持企业开展积极审慎的海外投资活动。伴随“一带一路”的倡议、国际产能合作的推动,企业开展海外投资是大国战略的必然举措。

2019 年,中国企业对“一带一路”沿线国家直接投资 150.4 亿美元,占同期总额的 13.6%,主要投向哈萨克斯坦、印尼、新加坡、马来西亚、越南、柬埔寨、泰国、巴基斯坦、阿联酋等国家。中国企业与“一带一路”沿线国家新签订对外承包工程项目合同额 1548.9 亿美元,占同期总额的 59.5%。

2.要素禀赋优势

我国拥有丰富的自然资源,人口众多,劳动力资源丰富。产业门类齐全,各产业之间发展比较平衡。国内市场大,庞大的国内购买力为中国企业提供了稳定可靠的市场。受消费文化的影响,居民存款期望大,银行存款余额多,支撑了企业融资能力。

3.经验积累优势

中国企业积累了许多成功经验,针对不同国家或地区形成了不同的投资方式和模式。例如,对非洲国家的投资与东道国的工业化道路同轨,既是充分利用非洲劳动力资源优势,也是中国作为世界工厂经验的移植。

4.政府调控优势

中国政府宏观调控政策日趋成熟,宏观调控能力不断增强,海外投资监管日趋完善。2017 年以来,政府更加重视对海外投资的监管,国家商务部、国家发展和改革委员会、国有资产监督管理委员会、外汇管理局陆续出台各项政策法规,严格监督中国企业对外投资行为。企业对外投资更加谨慎理性。

(二)中国对外直接投资企业存在的劣势

我国自然资源总量大,但是人口多,人均占有量少,消耗率高,影响了可持续性。我国社会整体呈“二元”结构,地区经济不平衡,产业经济不均衡,影响了综合国力,抑制了企业竞争力。市场机制尚待完善,现代企业制度建设滞后,抑制了企业经营管理水平的提高。企业创新缺乏动力,研发经费投入不足,同发达国家相比,科技竞争差距明显,知识产权困扰企业发展。

1.文化融合能力弱

开展经济活动的过程中,文化融合不容忽视。中国企业由于缺乏文化融合理论指导及实践经验,文化融合管理往往被忽略。实践证明,文化融合与管理对海外投资的成功具有重大影响。缺乏文化融合管理,项目往往失败。[①]

2.风险管理能力差

风险管理能力不足,是许多企业海外投资失败的原因。风险是多方面的,要有风险意识。只有风险意识是不够的,还需要一套完善高效的风险分析、预警及应对机制。

3.投资行为有待规范

海外投资必然是一项长期战略。如果企业没有清晰的长期战略目标,缺乏投资风险评估,盲目乐观,过度自信,极易导致冲动型投资,陷入“羊群效应”等非理性陷阱,就会给企业带来难以预测的损失。非理性的有失规范的投资行为也容易引发东道国的误解。

(三)中国对外直接投资企业面临的机会

1.海外自然资源开发潜力巨大

中国企业对外直接投资动机占很大比例的是资源寻找:国内自然资源缺口增大,需要通过对外投资获得资源保障。非洲及拉美地区自然资源丰富,开发有限,为中国企业保留了许多海外投资的机会。

2.中国产业结构升级调整

全球产业价值链的形成必然促使产业转移。中国在承接发达国家低附加值产业转移的同时,也逐渐具备能力向资本密集、技术密集、信息密集、管理密集的价值环节发展,海外并购可为中国产业结构升级找到捷径。[②]

同时,中国企业对外直接投资可以化解产能过剩,为国内产业结构升级调整提供支持。吕萍和刘小猛实证研究了中国工业企业利用对外直接投资化解产能过剩的内在机制。基于中国工业企业的财务数据,运用随机前沿生产函数法测算产能利用率,将其作为被解释变量,通过面板数据回归方法实证分析了对外直接投资对产能过剩的化解作用。研究发现,实施对外直接投资的企业,其产能利用率比对外投资前有所提升,过剩产能得到化解。[③]

3.国家政策推动科技创新

寻求技术进步也是中国企业对外投资的动机之一。在科技创新政策指引下,中国企业可以通过对外投资与海外企业合作,获得最新技术,促进企业技术升级。

---

① 宋联可.中央企业海外并购中的文化融合[J].企业文明,2009(3):21-24.

② 宋联可.中央企业海外并购中的文化融合[J].企业文明,2009(3):21-24.

③ 吕萍,刘小猛.对外直接投资如何化解产能过剩?——基于中国工业企业的实证研究[J].兰州大学学报(社会科学版),2020(4):60-68.

(四)中国对外直接投资企业面临的威胁

1.国际投资环境的不确定性

2018年以来,世界经济呈现复苏景象。但是,受中美贸易摩擦影响,全球经济又有不确定性,贸易保护主义抬头,对外投资面临新的挑战。发达国家经济增长乏力,新兴经济体系脆弱,逆全球化倾向明显,再加上全球范围内难以有效控制的新冠肺炎疫情,给中国企业对外投资造成不利影响。

2.新兴市场国家基础设施落后

新兴市场国家基础设施落后,"一带一路"区域某些国家政治风险较高,法律不健全,劳资纠纷多,地区冲突风险大,都给中国企业对外直接投资带来威胁。而中国对外直接投资企业的风险防控体系还不完备。风险发生后的应对能力也不强,主要体现为风险管控经验不足、专业人力资源缺乏。

第三节　中国对外直接投资企业国际竞争力实证分析

改革开放以来,中国企业国际化经营取得了举世瞩目的成就,国际竞争力得到强化。但是,企业文化并非显性要素,"软实力"的竞争是不容易被描述出来的。准确把握一个企业的文化,需要置身于其中才能深切感受。

一、威高集团企业文化战略①

威高集团有限公司位于山东省威海市,始建于1988年,从2.5万元资金生产一次性使用输液器开始创业,成长为我国医疗器械行业领军企业,走过了30多年的发展历程。目前,威高集团下辖医用制品、血液净化、骨科、医疗装备、药业、心内耗材、医疗商业七个产业集团,拥有输注耗材及设备、输血器材、心内耗材、留置针及各种异型针、血液净化设备及耗材、骨科材料、手术设备及附件、创伤护理、手术机器人、微创器械及设备、ICU产品及附件、大容量注射液及其他药品、肾科产品、生物诊断试剂、手术缝合线、牙种植体、感控设备及耗材、PVC及非PVC原料等1000多个品种、15万多个规格,医疗器械在全球15大细分市场中进入了11个领域,成为全球品种齐全、安全可靠、值得信赖的医疗系统整体解决方案制造商。2020年,威高集团列"中国企业500强"第375位、"中国制造业企业500强"第176位、"中国民营企业500强"第165位、"中国民营制造业企业500强"第92位。

① 本部分数据来源:威高集团网站.

威高集团拥有鲜明的企业文化。企业使命是“偕同白衣使者，开创健康未来”。企业精神是“自强不息、创新发展，精益求精、追求卓越”。核心价值观是“良心、诚心、忠心”。企业愿景是“中国最强，国际一流，最受人尊敬的医疗器械和医药创新型企业”。

随着全球经济融合及信息技术发展，企业间的竞争不再局限于国内，跨国经营成为企业发展壮大的必然选择，在此背景下，威高集团实施了国际化战略。2005 年以来，集团先后与美敦力、新加坡柏盛、日本日机装、日本泰尔茂等成立合资公司，进入国际市场，强化了企业核心竞争力。2012 年 10 月，威高集团入围山东省对外投资合作重点企业。2015 年 10 月，威高集体非洲公司在肯尼亚内罗毕市正式揭牌。2017 年 9 月，威高集团完成对美国爱琅公司的收购，收购总价 8.5 亿美元。威高集团对外直接投资规模不大，注重效应，属于理性投资。以“WEGO”作为形象标识，有效传达了威高文化的核心价值观：与全球医护工作者携手同行，与健康同行，与爱同行。我们认为，威高集团对外直接投资彰显了文化价值。

回顾威高集团的历史，判断支撑其成长的动力源泉，可以说，威高集团的成功是企业文化的成功。责任、创新、合作是威高文化的三元素。

（一）责任

担当社会责任是企业文化的核心。这种责任担当来源于宽广的胸怀。“胸怀祖国，放眼世界”，这是一种境界。2011 年以来的信息足以说明威高的责任担当。2011 年 4 月，威高集团获得“山东省首批履行社会责任达标企业”称号。2012 年 4 月，威高集团获得 2011～2012 年度“全国十佳社会责任品牌奖”。

纳税是最基本的责任。这些年来，威高一直维护着优秀的纳税者形象，进入了山东省纳税百强榜单，获得了“威海市纳税明星企业”荣誉称号，在自身发展壮大的同时，为区域经济社会发展作出了积极贡献。

威高集团大力支持社会公益和慈善事业，开展了威高光明行动、威高爱心工程、威高生命接力工程等活动，累计捐助 6 亿多元。2014 年 5 月，在第五次全国自强模范暨助残先进集体和个人表彰大会上，威高集团获得了“全国助残先进集体”荣誉称号，获得了“山东省公益助残特别贡献奖”。2016 年 7 月，威海市见义勇为基金会授予见义勇为事业“突出贡献奖”。2017 年 8 月，中国红十字基金会丝路博爱基金管委会成立，威高集团捐赠了价值 134.4 万元的血液透析机 8 台，用于援助孟加拉国血液透析中心。2017 年 9 月，在威海市“慈心一日捐”活动中捐款 650 万元，在威海慈善总会冠名基金——威高慈善基金。

2015 年，威高集团荣列“2015 中国企业信用 500 强”第 171 名、“中国制造业企业信用 100 强”第 89 名、“中国民营企业信用 100 强”第 66 名。威高集团被评为11315全国企业征信系统的"立信示范单位"，彰显了威高品牌的风范，提高了品牌知名度与美誉度。

2015年10月29日，由威高集团建设的威海孔庙正式落成，祭孔大典在位于威海环翠楼西侧的威高民族文化邨举行。2017年9月，第十批山东省社会科学普及教育基地名单公示，威高民俗文化邨榜上有名。作为一家民营企业，威高关注并投资于传统文化，难能可贵。

2016年5月8日，威高集团在28周年大庆时，成立了山东省大型民营企业首支威高民兵团。这是家国情怀，这是民族责任。

2017年7月6日，山东省首次发布"厚道鲁商"品牌形象榜，威高集团荣登榜单。

责任贵在实践。威高集团重视人才培养，更担当了为行业及社会培养人才的责任。正如王楠所言："威高集团有限公司的发展壮大离不开强有力的人才支撑。"[①]2013年10月，国家卫健委人才交流服务中心和威高集团在威高管理学院共同举办了血液管理人才研讨班，来自全国各地血液中心和血站的50多名管理人员参加了第一期培训。11月，举办了中国卫生人才培养项目第一期医院管理与能力建设培训班。2016年，威高博士后科研工作站由威海海外学人高科技创新园博士后工作站分站荣升为威高集团博士后科研工作站总站。2017年8月22日，威高集团在威高民俗文化邨举行了威海第二届最美学子"成长成人成才成就"嘉奖行动，向威海教育局捐赠了500万元助学金。2019年10月，威高集团向西安交通大学捐资1000万元教育基金。

（二）创新

2011年8月，威高的膜式氧合器在第二十届全国发明展览会上荣获金奖。2013年1月，威高集团荣获2012年度"山东省自主创新模范企业"称号。2013年1月，科学技术部、国务院国资委和中华全国总工会公布了开展第五批创新型试点企业名单，威高集团子公司山东威高集团医用高分子制品股份有限公司跻身其中。

2013年1月18日，国家科学技术奖励大会在北京隆重举行。威高集团的"输注与介入类医用耗材制备新技术及其大规模应用"项目获得国家技术发明二等奖，其系列研究成果共申请专利26项。4月，威高集团被国家工业和信息化部认定为"国家技术创新示范企业"。

2016年12月，威高集团"妙手S微创手术辅助机器人"获得国家优秀工业设计金奖，并且是九件作品中唯一一个概念奖。这是经国务院批准的我国工业

① 王楠.构筑人才引进载体　推动企业自主创新[J].山东人力资源和社会保障，2016(6)：36-39.

设计领域的最高“国家奖”。

2017年5月，中国人民大学举行了《中国企业创新能力百千万排行榜(2017)》发布会，正式发布了“中国创新企业1000强”榜单，威高入榜。7月，山东省经信委、财政厅联合印发《山东百年品牌企业培育工程实施方案》，以品牌历史、知名度和主导产品市场竞争力、创新能力、诚信经营为标准，将182家企业列为山东百年品牌企业重点培育对象，威高入列其中。11月，工业和信息化部公示了2017年度国家级工业设计中心名单，威高集团入列其中。同月，国内149家自主知识产权优势企业成为首批全国“龙腾”行动重点企业，威高入选，成为重点培塑企业。

2018年2月，国家标准化管理委员会批准威高筹建行业首家国家医疗器械技术标准创新基地。4月，威高集团荣获山东省专利奖证书。威高集团荣获“关键核心技术知识产权品牌单位”称号。

威高集团系国家“863”产业化基地、国家火炬计划重点高新技术企业、全国自主创新示范单位、国家技术创新示范企业；荣获国家科学技术进步奖和国家技术发明奖4项；产业覆盖医用制品、血液净化等9个领域；高科技含量和高附加值产品达80%以上；拥有专利1100多项；100多种产品打破国外垄断。目前，威高集团建有国家级企业技术中心、植入器械国家工程实验室、院士工作站、博士后工作站、山东省高性能医疗器械研究中心、山东省医疗器械技术创新中心、省级工程技术研究中心、泰山学者实验室等创新平台。

(三)合作

合作，是人类的天性；合作，是成功的基石。在企业经营领域，学者更喜欢使用“战略联盟”的概念，是指与其他企业、组织或个人通过各种协议或契约在市场开发、产品研发、供应链等业务领域达成合作，从而达到资源共享、风险共担、利益共赢。

2011年5月，威高集团获得“山东省产学研合作创新突出贡献企业”称号。11月，威高集团与浙江大学在杭州签署了人工肝项目合作协议。

2012年10月，威高集团入围山东省对外投资合作重点企业。

2013年1月，威高集团与文登市(现为文登区)中心医院签订战略合作协议。

2015年10月，威高集团非洲公司在肯尼亚内罗毕市正式揭牌。

2017年6月，威高集团与成都邛崃市签订投资协议，建设威高集团医疗装备产业园。9月，威高完成对美国爱琅公司的收购，收购总价8.5亿美元。11月，威高集团获评为“中国产学研合作创新示范企业”“中国产学研合作十佳好案例”。

2019年3月，威高集团与天津阳权医疗器械有限公司在威海举行了合资成立威海威高阳权生物有限公司的签约仪式。4月,威高集团与山东药品食品职业学院举行了威高学院成立揭牌仪式。5月,威高集团与中国科技大学在合肥签署了战略合作协议。6月,威高集团与北京汉氏联合生物技术股份有限公司签署战略合作协议。7月,威高集团与上海理工大学签署合作框架协议。8月,威高集团与北京中医药大学签署战略合作备忘录,建立战略合作关系。威高集团与山东第一医科大学第一附属医院(山东省千佛山医院)签署战略合作协议。10月,威高集团与昆明市五华区人民政府签署战略合作协议。

2005年以来,威高集团先后与美敦力公司、新加坡柏盛、日本日机装、日本泰尔茂等成立合资公司,联合建立新的法人实体,提升了公司在新产品开发、生产制造和质量提升等方面的能力,强化了核心竞争力。威高的成长是文化的发展。相信威高的未来更美好,威高文化让人类社会更文明。

二、海尔集团企业文化战略①

海尔集团,1984年创立于青岛,坚持"人的价值第一"的发展主线,不断完善以用户需求为中心的创新体系,驱动企业持续健康发展。目前,海尔已在全球设立10大研发中心、25个工业园、122个制造中心、108个营销中心、14万个销售网点,用户遍布全球100多个国家和地区。欧睿国际发布的2016年全球大型家用电器品牌零售量数据显示,海尔大型家用电器2016年品牌零售量第八次蝉联全球第一。

2012年3月,海尔"以自主经营体为基础的人单合一管理模式"在全国451项管理项目中脱颖而出,获得国家级企业管理创新成果奖一等奖第一名。

2012年11月,海尔集团荣获"中国管理模式杰出奖"之"战略远见奖"。12月,海尔集团总裁张瑞敏获得瑞士洛桑国际管理发展学院商学院奖——"IMD管理思想领袖奖"。

2019年7月,海尔集团位列《财富》"世界500强"榜单第448位。

2020年,海尔集团跨国指数达到了32.48%。

(一)海尔集团的品牌文化

品牌是跨国企业在世界舞台上竞争的有力武器,是衡量一个国家核心竞争力的重要标志。可以说,"海尔"品牌的成功是海尔集团成功的标志。

诞生于1984年的"海尔",在传统工业时代,凭借"质量和服务"成为中国家电知名品牌。实施全球化战略以来,"海尔"已经发展成为全球知名家电品牌。在互联网时代,海尔集团从传统家电企业转变为互联网企业,以"人单合一"为基

① 本部分数据来源:海尔集团网站.

础,通过“平台、小微”等组织结构变革,实现了与上下游关系向利益共享共同体的转变。在物联网时代,“海尔”演化为物联网生态品牌,构建了与用户共创共赢的链群生态。

2018 年,海尔在“世界品牌 500 强”中排名第 42 位,连续 15 年蝉联家电行业榜首。

2019 年 12 月,在“人民网”主办的“人民企业社会责任高峰论坛暨第十四届人民企业社会责任奖”颁奖典礼上,海尔集团荣膺“第十四届人民企业社会责任奖”年度企业奖。

2020 年 6 月,海尔在上年基础上再次以全球唯一物联网生态品牌进入“全球最具价值品牌 100 强”排行榜,同时获得全球第一个“物联网生态品牌”奖,彰显了海尔在全球品牌进化方面的领导力。

品牌是成功的结果,而企业文化才是成功的根本。海尔集团企业文化的本质是创新。

创新,是在海尔集团发展历程中产生和逐步成熟的特色文化体系。海尔集团以观念创新为先导,以技术创新为基础,以战略创新为引领,以组织创新为保障,实现市场创新的目标。

按照约瑟夫·熊彼特的理论,创新就是把生产要素和生产条件的新组合引入生产体系,即“建立一种新的生产函数”。“我们把新组合的实现称为‘企业’,把职能是实现新组合的人们称为‘企业家’。”可以说,创新的主体只能是企业家,企业家的创新活动是经济兴起和发展的主要原因。

(二)海尔集团的制度文化

海尔集团坚持“人的价值第一”的发展主线,在满足用户价值实现的同时,也注重员工个人的价值追求,将海尔的发展与员工个人的价值追求完美地结合在一起,让每一位员工在海尔发展的过程中实现个人的价值与追求。

“人的成熟在于思想的成熟。”一个企业的成熟在于企业文化价值观的成熟。成功的企业家往往是一位经营哲学家。正如艾丰为《张瑞敏如是说》所作之序:“不用哲学看不清海尔。”何为哲学?哲学在关系之中。通过理解下面的几个关系,可以更准确地理解海尔的哲学。

比如,在海尔的文化中,“以用户为是,以自己为非”。永远以用户为是,满足用户需求,创造用户需求;永远以自己为非,不断否定自我,才能提升自我。员工的实现以用户的实现为基础,两者是统一的。

再如,“创业和创新”被称为海尔的“两创”精神,这是海尔在永远变化的市场上保持竞争优势的核心能力源泉。适应改变而改变,是适者生存的观念。如果是被动地适应,或许只能步人后尘。“不因世界改变而改变,顺应时代发展而发展。"变化的才是永久的。善于先行一步，才能保持领先优势。海尔鼓励员工自主经营，勇于创新，让每一位员工具有企业家精神，在"人单合一"模式中，人人都是 CEO。

"人不是工具，而是目的。""人的价值第一"，这是海尔企业管理制度的追求。海尔提出的"大规模定制"不同于以前的"定制"概念，它让用户全程参与创新，并享受全生命周期的价值。这种大规模定制的背后，是海尔探索的"人单合一"管理模式。"人单合一"模式让客户变为终身用户，员工变为"创客小微"，员工的价值取向与用户需求相一致，用户与员工、品牌的关系是长期合作、共创共赢的"伙伴"关系。通过海尔搭建的社群生态圈，用户可以随时提出个性化需求，全流程参与到大规模定制过程中来。

从一定意义上讲，制度创新是企业文化的一个有力引擎。可以说，制度创新是海尔文化的动力源。

标准化就是制度化。从生产标准、产品标准，到运行标准、模式标准，海尔在探索，海尔在创新，海尔在攀登。

2017 年 12 月 6 日，国际标准组织之一、总部位于纽约的电气电子工程师协会(IEEE)对来自德、美、中等多国企业的标准提案进行了竞争性测评，最终决定由海尔牵头制定关于大规模定制工业模式的国际标准。这是 IEEE 创办半个世纪以来，唯一以模式为框架制定的国际标准。这是中国企业首次牵头制定 IEEE 国际标准，这是一个突破，意味着全球舞台上的中国制造元素除了中国产品、中国品牌，新加了一个"中国模式"。

(三)海尔集团的开放文化

随着中国加入 WTO，很多企业选择了"走出去"战略。早在 1998 年，海尔就开始了走出国门，出口创牌。海尔逐渐在海外建立起了设计、制造、营销"三位一体"的本土化模式。

1999 年 4 月，海尔在美国南卡罗来纳州建立了海尔工业园，2000 年正式投产，通过高质量和个性化设计逐渐打开市场。这意味着第一个"三位一体本土化"的海外海尔的成立，即设计中心在洛杉矶、营销中心在纽约、生产中心在南卡罗来纳州。

2001 年 6 月，海尔集团并购了意大利迈尼盖蒂冰箱工厂，加之海尔在法国里昂和荷兰阿姆斯特丹的设计中心、在意大利米兰的营销中心，海尔在欧洲真正实现了"三位一体"的本土化经营。

2002 年 3 月，海尔购买了纽约中城格林尼治银行大厦作为北美业务总部。显然，这是一个标志，代表着海尔对美国市场的承诺。

2002 年 5 月，第一台海尔洗衣机在巴基斯坦海尔工业园"走下"生产线。

随着互联网的发展，自 2005 年开始，海尔实施了全球化品牌战略，整合全球的研发、制造、营销资源，开创全球化品牌，逐步进入网络化战略发展阶段：网络化的市场、网络化的企业、网络化的管理。

在海尔看来，网络化企业发展战略的实施路径主要体现在三个方面：企业无边界、管理无领导、供应链无尺度，即大规模定制，按需设计，按需制造，按需配送。这就是开放。海尔集团的企业文化最根本的品质是开放。开放，成就了海尔。

三、潍柴集团企业文化战略[①]

潍柴控股集团有限公司坐落于山东省潍坊市，创建于 1946 年，是一家有着悠久历史的以生产柴油动力机械为主业的企业，又被称为“潍柴动力”。目前，潍柴已经发展成为国际化跨国集团，在全球拥有员工 9 万多人，子公司遍及欧洲、北美洲、亚洲等地区，产品远销 110 多个国家和地区。2019 年度营业收入超过 2600 亿元，名列“中国企业 500 强”第 83 位、“中国制造业企业 500 强”第 23 位、“中国机械工业百强企业”第 2 位。

凝视潍柴，我们发现，潍柴集团企业文化的核心优势源于其特别的品质——专注。

潍柴是一家国际化跨国集团，以“绿色动力、国际潍柴”为使命，以客户满意为宗旨，形成了独具特色的企业文化。潍柴的主营业务是动力机械，在全球拥有动力系统、汽车业务、工程机械、智能物流、农业装备、海洋交通装备等业务，业务领域非常单一。实践证明，在单一业务领域可以成就成功的企业。正如谭旭光所言：“面对激烈的市场竞争和房地产、金融行业的‘高回报’诱惑，潍柴始终坚守初心、保持定力，心无旁骛攻主业，从未在非主业上动过一分心思，没在房地产上投过一分钱，最终实现了‘把发动机卖得比房地产还挣钱’。”[②]目前，潍柴集团 96%的业务集中在潍柴动力、潍柴重机、亚星客车、凯傲集团等公司，实现了高度专业化。

谭旭光表示：“潍柴每一次重组都有一个共同的特点，就是与主业相关联，都沿着动力的主轴进行延伸。”[③]潍柴所实施的所有海外并购，都是基于“补短板、调结构、强主业”的战略原则，聚焦“企业急需、核心技术、产业高端、国家瓶颈”，整合全球战略资源，拓展和增强主业的竞争力，以坚实的步伐，一步一步地完成了全球化的布局规划。现在，潍柴近 40%的收入来自海外，初步完成了全

① 本部分数据来源：潍柴集团网站.

② 谭旭光.心无旁骛攻主业[J].山东国资，2019(6)：12-13.

③ 商车.谭旭光：“走出去”逐梦世界[J].商用汽车新闻，2019(18)：8.

球战略业务布局。

潍柴是一家技术企业，其文化特征让我们感受到了技术专家的品质。潍柴重视科技创新，拥有内燃机可靠性国家重点实验室、国家商用汽车及工程机械新能源动力系统产业创新战略联盟等国家级研发平台，设有院士工作站、博士后工作站等研究基地，建有国家智能制造示范基地。在潍坊、上海、西安、重庆等地建立研发中心，在全球多地设立前沿技术创新中心，搭建了全球协同研发平台，确保企业技术水平始终处于世界前沿。

为世界、为人类提供动力，这是人类解放的基础性事业。潍柴在海外投资兴产，不仅出于经济理性，而且还注重文化效益，充分与当地国家政策和社会效益结合。

在非洲，在塞内加尔的广大乡村，潍柴发动机成为最受瞩目的“功臣”；通过配装独立发电机组，解决打井困难，有力地支持了当地供水系统建设，为改善居民日常生活作出了巨大贡献。

文化是不同的，不同的企业造就了不同的文化。正是基于文化的不同，才有了个性的企业。

第七章　中国对外直接投资企业国际竞争力培育

文化的传播总是体现一种趋势，可以超国界传播。一旦一种文化成为其他国家和国际社会的基本价值或主流文化时，发源这种文化的社会自然就获得了更大的“软权力”。

——王沪宁：《作为国家实力的文化：软权力》

20世纪80年代,未来学家托夫勒就曾预言:“我们正进入一个文化比任何时候更重要的时期。”①

进入新世纪,人类已经步入文化时代。中华文明大国拥有传统文化资源优势,转化为文化竞争优势是必然的。中国共产党十九大报告指出,要深入挖掘中华优秀传统文化蕴含的思想观念、人文精神、道德规范,结合时代要求继承创新,让中华文化展现出永久魅力和时代风采。

第一节　增强国家文化软实力

2007年,中国共产党第十七次全国代表大会提出,激发全民族文化创造活力,提高国家文化软实力。十七届六中全会明确提出了“增强国家文化软实力,弘扬中华文化,努力建设社会主义文化强国”的战略任务。对文化软实力的研究必须坚持马克思主义的文化观,在中国文化语境中进行。

一、“文化软实力”解读

中国历代思想家从来就是把“文治”作为一种优先使用的、胜于“武治”的治国之道的。“和为贵”,行“王道”弃“霸道”,“以德服人”,“得道者多助,失道者寡助。寡助之至,亲戚畔之;多助之至,天下顺之”,“以柔克刚,刚柔相济”,“不战而屈人之兵”,“以力服人者,非心服也,力不赡也;以德服人者,中心悦而诚服也”,“仁人无敌于天下”,这些似乎都是“软实力”的表达,而本质上,这些表达的是“德文化”。“软实力”几乎就是“德文化”的同义词,所以说:“‘软实力’并非是外来的东西。”②

“春秋战国时期,各国纷争,中国在后来的发展中之所以能够大一统,就在于文化软实力的作用。因为中国人内心有着对于和谐思想的崇尚和深刻理解。”③

约瑟夫·奈在《美国定能领导世界吗》一书中使用了“软实力”(soft power)一词,或为“软权力”“软力量”。从构词学讲,这是用“soft”和“power”合成了一个新词组“soft power”。何为“软实力”?按照奈的解释,“软实力”是相对于国家“硬实力”而言的文化、生活方式、意识形态、国民凝聚力等,是意图通过吸引力、感召力、同化力影响别人相信和同意某些行为准则、价值观念和制度安排等,从

① 阿尔温·托夫勒.预测与前提——托夫勒未来对话录[M].粟旺,胜德,徐复,译.北京:国际文化出版公司,1984:116.

② 胡键.中国文化软实力评估及增进方略研究[M].天津:天津人民出版社,2020:总序,2.

③ 张友谊.文化软实力[M].济南:济南出版社,2013:13.

而获得理想结果的能力。显然，主张“软实力”是有“意图”的。

约瑟夫·奈在《软力量：世界政坛成功之道》一书中又认为，软实力主要来自文化、政治价值观和对外政策。一个国家的实力是由文化、政治价值观、对外政策等组成的“软实力”和由经济实力、军事实力等组成的“硬实力”两部分共同组成的。美国通过商业贸易、投资让美国文化在全世界得以传播，俘获了很多人的“芳心”，这是美国文化“软实力”的重要表现。确实，奈所追求的是“以吸引而非威逼利诱实现目标的能力”。显然，在奈的逻辑中，这种“软力量”的作用与“威逼利诱”的作用是等同的，这就是文化帝国主义的工具价值。加拿大《国民邮报》总编马修·弗雷泽在《软实力：美国电影、流行乐、电视和快餐的全球统治》一书中认为，美国在称霸的进程中，不仅仰仗着自己的硬实力即强大的经济、军事实力耀武扬威，而且还一直依赖着自己的软实力即流行文化进行潜移默化的渗透，从而达到向全球推广美国生活方式和价值观的目的。“假如说硬实力建立在事实的基础上，那么，软实力就是建立在价值观的基础上的。”美国的流行文化在美国的外交政策中充当了一种“工具性角色”。①

其实，汉斯·摩根索早就直言不讳：“军事帝国主义谋求军事征服，经济帝国主义谋求对其他民族进行经济剥削，文化帝国主义谋求以另一种文化取代一种文化。”“文化帝国主义的东西，是最巧妙，并且如果它能单独取得成功，也是最成功的帝国主义政策。它的目的，不是征服国土，也不是控制经济生活，而是征服和控制人心。”②所以，对西方“软实力”概念必须进行分析性批判。

进入新世纪，传统霸权已难以为继。在学术界，已经形成一股重要的力量来批评美国传统霸权政策，并影响着美国政府的决策。学者认为，在参与对世界治理的过程中，不能简单地追求传统霸权，要顺应国际关系组织化、制度化、民主化的潮流，以非强制性的形式发挥作用。所以，奈呼吁美国政府，重视发挥“软实力”的作用，即基于这一逻辑。

其实，文化作为国家实力的观点早就为人们所注意。王沪宁在《作为国家实力的文化：软权力》一文中指出，“文化”是一种力量，是权力的一部分，也是“实力”或“国力”的一部分。“文化的传播总是体现一种趋势，可以超国界传播。一旦一种文化成为其他国家和国际社会的基本价值或主流文化时，发源这种文化的社会自然就获得了更大的‘软权力’。”“软权力的力量来自扩散性。只有当一种文化广泛传播时，软权力才会产生强大的力量。”③

---

① 马修·弗雷泽.软实力：美国电影、流行乐、电视和快餐的全球统治[M].刘满贵，等译.北京：新华出版社，2006：2.

② 汉斯·摩根索.国际纵横策论[M].卢明华，等译.上海：上海译文出版社，1995：87，90.

③ 王沪宁.作为国家实力的文化：软权力[J].复旦学报(社会科学版)，1993(3)：91-96，75.

孙亮认为,“软实力”概念被“中国化”之后,“文化软实力”与中国的“和谐共处”理念的含义比较接近。文化软实力由发展模式软实力、核心价值观软实力、国家形象软实力、文化生态软实力、外交软实力和传播软实力六大要素构成。①

胡键认为,文化软实力是以文化资源为基础的一种软实力。这种软实力不是强制施加的影响,而是受动者主动接受或者说是主动分享而产生的一种影响力、吸引力。文化软实力应该是一种完全意义上的柔性力量,而不是像奈那样,倡导软实力是为了用现实主义的方式强行推行美国的价值观。②

熊正德和郭荣凤认为,国家文化软实力由文化价值吸引力、文化知识生产力、文化体制引导力以及文化产业竞争力构成。文化是民族生存与发展的重要源泉,国家文化软实力的强弱必然从根源上影响一国综合国力的提升。③

张国祚认为:“文化软实力在行为层面体现为一种能力,这种能力在一个国家或民族内部体现为国家或民族的凝聚力和创造力,在外部体现为渗透力、说服力和吸引力。”④

叶自成根据《道德经》的思想,在《说柔·用柔·柔实力》一文中提出了“柔实力”的概念。⑤ 应当说,这是中国学者的原创,只是尚未引起学界关注。

可以说,中国语境中的“文化软实力”只是从词源上与约瑟夫·奈的“soft power”一词相一致,其意义并非等同。在奈那里,“软实力”就是一个国家的文化、政治观念和外交政策的吸引力、感召力、同化力,注重的是外向性,强调的是外化力,追求的是霸权的具有“同化”作用的“工具价值”,所以,他的“文化”“政治观念”和“外交政策”都是一些衍生概念,只具有衍生意义。其实,文化是一个历史性概念。任何文化都是有历史的,任何文化都是有根的,历史就是文化的根。要了解一种文化,就要从了解它的历史开始。一个没有历史的国家,是没有文化根本的。中国语境中的“文化软实力”注重强调“文化”的根本,这个“文化”是一个原生概念,具有根本性、内生性,显示的是凝聚力。毕竟,各个国家的、民族的、区域的、群体的不同的文化都是“自己的”。在中国语境中,“文化软实力”这一概念被赋予了新的时代意义。所谓“根本意义”,就是文化所具有的凝聚力,这是内向的;所谓“新的时代意义”,是指中国人民要在国际文化交流中担当国际责任,维护国际文化正义。“穷则独善其身,达则兼济天下”,依然是中国传统文化品质的反映。中国人民在完善自我的同时,不忘“天下之忧”,兼顾他国利益和人类整

① 孙亮.“文化软实力”指标体系的建构原则与构成要素[J].理论月刊,2009(5):145-147.

② 胡键.文化软实力研究:中国的视角[J].社会科学,2011(5):4-13.

③ 熊正德,郭荣凤.国家文化软实力评价及提升路径研究[J].中国工业经济,2011(9):16-26.

④ 张国祚.中国文化软实力研究报告[M].北京:社会科学文献出版社,2011:23.

⑤ 叶自成.说柔·用柔·柔实力[J].社会科学,2017(3):118-129.

体利益，这就是中华民族高尚的文化价值理念。

从一定意义上讲，中国语境中的“文化软实力”是对西方“软实力”概念的政治实用主义和工具价值的一种扬弃，消解了西方软实力概念中根深蒂固的权力理论根源和文化帝国主义价值意识，摒弃了谋求霸权和文化替代的动机，发展为以尊重和满足人民的文化需要、促进文化交流与繁荣、增强文化的凝聚力和容纳力、承担国际责任、促进全球正义为目标，体现了与西方软实力概念的区别。文化软实力不仅是一种具有“煽动性”的商业文化的流行，而且还体现为具有深刻内涵的民族传统文化与时代精神在国际上的影响力，这是不需要商业操作的。

2014 年 9 月 24 日，习近平在纪念孔子诞辰 2565 周年国际学术研讨会暨国际儒学联合会第五届会员大会开幕会上讲话指出：“不忘历史才能开辟未来，善于继承才能善于创新。优秀传统文化是一个国家、一个民族传承和发展的根本，如果丢掉了，就割断了精神命脉。我们要善于把弘扬优秀传统文化和发展现实文化有机统一起来，紧密结合起来，在继承中发展，在发展中继承。”①

新世纪，软实力的作用越来越大，有形的硬实力和无形的软实力的结合构成了 21 世纪国家的整体力量。文化作为软实力的一个重要资源，也是综合国力竞争的重要因素。文化软实力是一个国家的历史文化、民族智慧和国民品质的集中体现，知识体系、价值观念、哲学思想、发展战略、对外交往、教育资源、创新变革，都是构成文化软实力的基本元素。文化软实力作为一种不同于政治力量、军事力量、经济力量、科技力量的“隐形”力量，是将构成综合国力的所有因素有机地融合在一起并充分地发挥作用的关键力量，是国家力量的源泉，是社会进步的动力。

二、中国文化软实力分析

2014 年 10 月 13 日，习近平在中共中央政治局第十八次集体学习时指出：中华优秀传统文化是我们最深厚的文化软实力，也是中国特色社会主义植根的文化沃土。每个国家和民族的历史传统、文化积淀、基本国情不同，其发展道路必然有着自己的特色。

软实力是“软”的，衡量国家软实力的标准是什么？一个国家软实力的强弱，取决于民族历史、文化底蕴、国民文化教育水平等多方面因素。中国作为一个有着悠久历史的文明古国，具有先天的文化优势。以儒家价值观为核心的中华文明源远流长，这是世界历史上唯一的、以同一种文字记载的不间断的文明，这是

① 习近平.纪念孔子诞辰 2565 周年国际学术研讨会暨国际儒学联合会第五届会员大会开幕会上的讲话[M].北京：人民出版社，2014:11.

中国文化软实力的基础。经历了近代百年挑战，中华文明的生命力更加强大。当代中国改革开放的巨大成就，国际地位的不断提升，国际重心的东方转移，表明中华文明依然是一种伟大的文明。

当然，中国还属于发展中国家，国力还不够强大；国民受教育水平及综合素质还不够高，更加迫切于文化建设。西方文化及媒体对中国文化的偏见，也影响中国文化"软力量"的发挥。中国在加速经济建设的同时，必须加强文化建设，增强文化软实力。

未来中国经济会走向何方？中国的国际竞争力能否持续增强？我们认为，中国经济可以继续保持增长，中国的国际竞争力能够持续保持增强。中国的文化优势将会长期存在。

2013 年 12 月 30 日，习近平在中共中央政治局第十二次集体学习时指出："提高国家文化软实力，要努力展示中华文化独特魅力。在 5000 多年文明发展进程中，中华民族创造了博大精深的灿烂文化，要使中华民族最基本的文化基因与当代文化相适应、与现代社会相协调，以人们喜闻乐见、具有广泛参与性的方式推广开来，把跨越时空、超越国度、富有永恒魅力、具有当代价值的文化精神弘扬起来，把继承传统优秀文化又弘扬时代精神、立足本国又面向世界的当代中国文化创新成果传播出去。"①

增强我国的文化软实力，可以促进我国经济发展，有利于提振民族精神，具有凝心聚力的作用，这是我们关注文化软实力的根本利益所在。中国人民并不期望"文化霸权"，也坚决反对文化帝国主义。但是，我们必须维护国家文化安全，抵御文化入侵，提高国家文化地位，为国家安全提供文化支撑；我们必须提升综合国力，促进文明进步，加强文化传播和国际交流，为世界人民提供接近、认知、欣赏中国文化的机会和条件；我们必须保持文化自知、自信、自主，自立于世界文化之林，与其他民族文化彼此尊重，和平共处，积极交流，和谐发展，各美其美，美人之美，美美与共，天下大同，为构建人类命运共同体提供中国智慧和中国力量。

第二节　完善宏观经济政策

政府应为企业对外直接投资创造更有利的条件。全球经济一体化环境下，中国企业必将面临日趋激烈的国际市场竞争，企业要在竞争中立于不败之地，政

---

① 林习珍，罗运环.家风　政风　民风——荆楚文化与公民伦理道德礼仪规范[M].北京：人民出版社，2016：98.

府必须切实发挥职能作用，为企业对外直接投资创造有利条件。

一、进一步改善政策环境，加强对企业对外直接投资的政策指导

中国企业跨国投资起步较晚，实力较弱，在国际市场上还无法与发达国家的跨国公司展开正面的竞争，政府必须加强对企业对外直接投资的政策指导，优化政策环境。可以由政府设立一个专门机构，将财政、外贸、银行等有关机构职能组合在一起，统一协调管理对外投资的组织和实施。按照统筹规划、合理布局、优势互补、讲求效益的方针选定海外投资的重点行业和支持项目，支持具有竞争优势的企业和项目，避免盲目投资和重复建设。

为应对国际投资保护的不利影响，中国政府及对外直接投资企业应当具有战略远见，预判形势，强化环境适应意识，适当调整对外直接投资结构和海外布局，从增量向优质转型，尽量规避各国投资限制，实现对外直接投资的可持续发展。

宏观上讲，中国经济虽已够大，但还不够强。政府要从国家战略高度重视培育跨国公司，营造良好制度环境，构建对外投资保障体系，加强对外金融活动监管。尤其需要构建和完善反规避制度，寻求可行途径有效监控对外直接投资活动，减少返程投资，防止资产藏匿性的资金外流。

二、加快对外直接投资立法

目前，中国对外投资管理制度还不完善，无法确定投资主体的行为、权利和义务，难以有效规范海外投资秩序。具体的对外直接投资管理仍然由十多个部门负责，政出多门，职能交错，多头管理，难以适应法治管理要求。对外投资涉及资产转移、外汇管理等许多敏感问题，根据投资行为主体权、责、利相一致的原则及时完善对外投资法律法规乃当务之急。加快海外投资立法进度，建立与国际法、国际惯例相适应的海外投资法、资本输出国海外投资保障制度等法律法规，使对外直接投资企业的海外投资行为建立在有法可依、有章可循的基础上。

三、完善对外投资服务体系，为对外直接投资营造良好条件

中国跨国公司起步较晚，许多企业实力较弱，与发达国家甚至发展中国家的跨国公司在全球开展竞争有一定难度。政府的宏观政策要为对外直接投资营造良好条件，加强对企业对外直接投资的总体规划和政策指导，可以设立由有关职能部门组成的对外投资指导委员会，提供必要的政策信息咨询服务。完善企业海外投资管理体制，简化程序，统一审批，提高企业对外投资效率和效益。

目前，对外投资服务体系存在薄弱环节。一方面，信息服务平台匮乏，公共

服务水平较低；另一方面，金融服务体系不完善，无法满足境外投资的资金需求。金融工具创新滞后，金融产品不丰富，融资效率低，境外分支机构少，跟不上对外投资的发展要求。另外，对外投资保险滞后，投资风险无法有效规避。对外投资流向与投资保护协定不衔接，代位求偿权的实现难度很大。需要建立综合信息服务平台，才能为企业对外投资提供完善有效的信息服务。

改革创新对外投资管理制度，促进投资便利化。完善对外投资监管体系，有效规范企业海外投资行为。不断完善对外投资支持、服务体系和风险防范体系，保障企业投资安全，为对外投资企业创造政策红利，是政府不容忽视的重点工作。

第三节　加强企业文化建设

理查德·罗蒂指出，人类有两个基本的渴望：一个是追求客观性的渴望，一个是追求团结的渴望。“人类团结乃是大家努力达到的目标，而且达到这个目标的方式，不是透过研究探讨，而是透过想象力，把陌生人想象为和我们处境类似、休戚与共的人。”[①]构建人类命运共同体，体现了中国人民追求团结的愿望，这种愿望源于中华传统文化。我们要以高度的文化自觉、文化自信、文化自主、文化自强，实现中华民族的伟大复兴。

一、提升文化自觉，建构文化自信

“‘文化自觉’是文化的自我觉醒、自我反省、自我创建。”[②]文化是组织中的成员共享并相互协调的意义系统。正是这个意义系统，把一个一个的人聚集在一起构成了一个共同体。每一个共同体都有自己的、具有个性化品质的文化。中国是一个有着深厚的文化积淀的国家，文化优势不可忽视。

党的十九大报告指出：“没有高度的文化自信，没有文化的繁荣兴盛，就没有中华民族伟大复兴。”中华文明凝结着无数中国人的智慧和创造性成果，充满着“旧邦新命”和革故鼎新的价值特质，也维系着中华民族的价值认同和精神认同，是中国人精神自信和文化自信的源头活水，支撑着中国人在艰难时上下求索的开掘和进取拼搏。[③]

---

① 理查德·罗蒂.偶然、反讽与团结[M].徐文瑞，译.北京：商务印书馆，2003：7.

② 佘远富，莫凡.儒家学说的国际传播：回顾及启示[J].学海，2020(6)：66.

③ 王泽应.中华文明伟大复兴的伦理蕴含和道德气度[J].湖北大学学报(哲学社会科学版)，2018(1)：1-9.

冯友兰在《中国哲学史新编》中指出:“在世界上,中国是文明古国之一。其他古国,现在大部分都衰微了,中国还继续存在,不但继续存在,而且还进入了社会主义社会。中国是古而又新的国家。《诗经》上有句诗说:‘周虽旧邦,其命维新。’旧邦新命,是现代中国的特点。我要把这个特点发扬起来。”①我们要把这个特点发扬起来。

在社会生活中,制度层面和信仰层面的力量共同作用形成了制度、规则和行为规范,每一个个人通过这些“文化”的东西,造就了共同生活于其中的社会文化环境。同时,这样的文化世界也造就着每一个个人。每一个个人、每一个群体、每一个企业,都必须尊重现有的、存在于我们社会生活中的文化。当代中国,需要首先提升文化自觉,建立文化自信,推进文化自知,努力实现中国文化的自我复兴。

二、合理开发利用中华传统文化之优秀资源

优秀传统文化是中华民族的精神命脉,是最深厚的文化软实力。习近平在中共中央党校建校 80 周年庆祝大会暨 2013 年春季学期开学典礼上指出:“中国传统文化博大精深,学习和掌握其中的各种思想精华,对树立正确的世界观、人生观、价值观很有益处。”②

中华传统文化储备了优秀的文化资源。正是这些优秀文化资源的存在,使得我们坚信我国具备成为世界领袖型的“仁慈大国”的先天禀赋。“任何一个大国的崛起,不仅伴随着经济的持续发展和强盛,而且伴随文化的创造性发展和兴盛。民族文化不仅是民族的魂魄,而且还是民族的集体人格特征,是激励和引领民族自强和不断创造的价值源泉。”③“大国崛起,要有经济准备、政治准备、军事准备,也要有文化准备。”“只有创造了领先世界的文化,中国才能走在世界前列。”④

在全球化的背景之下,儒学人文主义中具有普适价值的“仁”“恕”观念与全球伦理中的“金规则”可以相互借鉴、互为补充。⑤ 其实,西方的“culture”最终走向了个人修身的过程,可以同强调“修、齐、治、平”的儒家文化展开对话。因此,

---

① 冯友兰.中国哲学史新编[M].北京:人民出版社,1998:自序,1.

② 习近平.在中央党校建校 80 周年庆祝大会暨 2013 年春季学期开学典礼上的讲话[M].北京:人民出版社,2013:9.

③ 王泽应.中华文明伟大复兴的伦理蕴含和道德气度[J].湖北大学学报(哲学社会科学版),2018(1):1-9.

④ 李洪峰.大国崛起的文化准备[M].北京:文化艺术出版社,2011:2.

⑤ 杜维明.面对全球化的儒家人文主义[J].国际儒学研究,2004(00):324-333.

西方传统中的“文化人”，就多少贴近于儒家传统中的“君子”了。[①]

章念生曾与美国东西方中心主席查尔斯·莫里森交流，论及大国崛起进程中应以何种心态进行国际交往，这位熟谙美国亚太事务的资深学者回答说：平和心态。无论一个国家还是一个民族，在崛起进程中，心态越平和，越能展示自信，赢得尊重。同时，也越有利于彼此之间的和谐相处。而这种“平和”，更体现在“做好自己”上。[②]“文质彬彬，然后君子。”

（一）君子文化

儒学作为中华文化的主流，倡导君子文化。君子文化是中华民族的精神标识，是中国人民的理想人格，是民族伦理的基本要素和民族精神的集中体现。习近平指出：“中华传统美德是中华文化精髓，蕴含着丰富的思想道德资源。不忘本来才能开辟未来，善于继承才能更好创新。”[③]君子形象所代表的仁爱、正义、礼仪、诚信、宽恕、恭敬、廉耻等传统美德，滋养着生生不息的中华民族。君子形象可以成为现代社会生活中立身处世的道德标杆。中国对外直接投资企业首要立足道德高地，“己所不欲，勿施于人”，“先天下之忧而忧，后天下之乐而乐”。

颜炳罡认为，儒学乃经世济民之学，儒商乃“有道德、有文化、有品位、有修养，有经营才干之商人之谓也”[④]。

君子文化与和谐员工队伍建设可以成为企业文化建设的主题。为员工搭建展现才华的平台，鼓励员工做“君子文化”的践行者，兴君子文化，倡君子之风，行君子之道。狭义理解文化，就是个人的文化素质修养，可以理解为植根于一个人内心的修养，表现为一个人的文明程度。通过企业文化建设，让员工文明、礼貌、客观、公正，通情达理，襟怀坦荡。让“君子文化”扎根于员工的心中，深植于企业文化基因中。

诚信，自古以来备受人们的推崇。诚信具有丰富的内涵和重要价值。在孔子的教育体系中，“信”是四大科目（文、行、忠、信）之一，“信”亦是为人的“五德”（恭、宽、信、敏、惠）之一。子思在《中庸》中，对“诚”作了深入的伦理阐释，将其提升为“天人之道”，“诚者，天之道也，诚之者，人之道也”。《孟子》将“天人合一”统一于至诚之境，云：“诚身有道，不明乎善，不诚其身矣。”中华文化不仅视诚信为立人之本，而且还视诚信为立业之本、立国之本。

石玉东坚信，诚信机制是强企之策。企业要以文化建设为核心，以可信、守信为准则，把诚信作为立身之本、塑形之道、强企之策，树立诚信意识，建立诚信

① 陆扬，王毅.文化研究导论[M].上海：复旦大学出版社，2006：4.

② 章念生.大国崛起当平和[N].人民日报，2015-12-31(5).

③ 《领导干部要讲政德》编写组.领导干部要讲政德[M].北京：人民出版社，2018：88.

④ 颜炳罡.儒学乃经世济民之学[J].山西青年，2013(13)：14-15.

机制，培育诚信职工，以诚信规范经营行为，提升内部管理，培育员工队伍，促进企业发展。①

(二)和谐文化

“文化一经出现，就处于分化之中。”②

不同的文化，只有和谐地相处，才会有和平安宁。和谐文化是和谐社会的基础，也是实现社会和谐的内生力量。无论是经济社会的协调发展、人与自然的和谐相处，还是人与人的团结和睦、国与国的和平共处，乃至人自身的心理和谐，都离不开和谐文化的支撑。没有和谐文化，就没有社会和谐的思想基础，也不可能有和谐社会的实践追求，更不可能形成人类命运共同体。

中华文明崇尚“天下为公”和“世界大同”，5000年的历史文明发展出一种为社稷、为苍生、为天下的群体主义或集体主义精神，“苟利社稷，生死以之”，“先天下之忧而忧，后天下之乐而乐”，“己所不欲，勿施于人”，都是和谐文化的主旋律。③

中国传统文化是一种凝聚文化，凝聚力产生于和谐，中华文化的基本精神是和谐。个人与他人之间、个人与群体之间、个人与社会之间、个人与自然之间追求和谐统一，形成一种和谐文化关系。这种文化容易造就团队精神，崇尚集体主义，注重合作。这种文化特征适合矫正当代社会的过度竞争。在对外投资活动中，要注意跨文化交流，在东道国塑造和谐形象，与合作方和谐相处。在合作过程中，提升双向的文化认知，让对方接受我们的和谐文化精神。田晖认为，有效的冲突协调机制有赖于“文化认知感的培养”和“双向沟通”，这样才能建立信任，有效合作。④

利玛窦在《利玛窦中国札记》中有言：“在这样一个几乎具有无数人口和无限幅员的国家，而各种物产又极为丰富，虽然他们有装备精良的陆军和海军，很容易征服邻近的国家，但他们的皇上和人民却从未想过要发动侵略战争。他们很满足于自己已有的东西，没有征服的野心。”⑤

中国自古被誉为“君子之国”、礼仪之邦。如此文明国度，怎会不能赢得世人相敬和接纳呢？在对外投资过程中，要表现我们的优雅和善良、诚实和庄重，以“君子之风”赢得东道国的尊敬。

---

① 石玉东.诚信彩虹：优质服务的“名片”[J].中国电力企业管理，2005(2)：64-65.

② 莱斯利·怀特.文化科学——人和文明的研究[M].曹锦清，等译.杭州：浙江人民出版社，1988：80.

③ 王泽应.中华文明伟大复兴的伦理蕴含和道德气度[J].湖北大学学报(哲学社会科学版)，2018(1)：1-9.

④ 田晖.中外合资企业跨文化冲突与绩效关系研究[M].北京：经济科学出版社，2012：210-211.

⑤ 利玛窦，金尼阁.利玛窦中国札记[M].何高济，等译.北京：商务印书馆，2017：中译者序言，11.

(三)生态文化

5000多年的文明延续,使中华民族对客观世界有了比较深刻的认识,在天文、历法、自然物候、节气时令和医药等方面积累了丰富的知识和经验,人类活动能够更好地适应自然。虽然古代不能形成完整的生态文明理论体系,但对人与自然的关系已有深刻的认识,这成为现代生态文明思想的萌芽,是宝贵的文化遗产。

中华文化讲究自然之道,注重"天人合一",倡导"顺应""时中","与天地合其德,与日月合其明,与四时合其序,与鬼神合其吉凶。先天而天弗违,后天而奉天时",要求个人或群体调整自身行为适应他人或环境,合乎时宜,随时变通。

庄子提出"顺天",认为自然界存在着不以人的意志为转移的客观规律,人类要顺应客观规律。"人法地,地法天,天法道,道法自然。"要求人类崇尚自然,尊重自然规律。

管仲有云:"市者,天地之财具也,而万人之所和而利也。""得天之道,其事若自然;失天之道,虽立不安。"管仲经济思想是植根于天人协同之天人合一文化中的。

儒家强调"克己复礼",要克制自己的欲望,约束自己的行动,使自己的言行符合于周礼。尤其是中国古代资源可持续利用思想,对当代仍然具有警示作用。孔子主张"钓而不纲,弋不射宿"。管仲提出,"春政不禁则百长不生,夏政不禁则五谷不成",倡导合理地、可持续地利用资源。荀子有云:"草木荣华滋硕之时,则斧斤不入山林,不夭其生,不绝其长也。"[①]《淮南子》有云:"是故人君者,上因天时,下尽地财……不涸泽而渔,不焚林而猎。"[②]

佘正荣认为,中华文化具有生态伦理传统,拥有生态智慧,体现了对生命共同体的道德关怀。[③] 中国古代的生态思想广为流传,在当代已经引起西方社会的高度认同,我们要在全球范围内大力弘扬这种生态文化。中国企业在对外投资过程中,必须尊重自然,保护生态,要比西方世界做得更好,展现生态保护者的形象。

经济增长本身并不意味着人民幸福指数必然增长。中国经济高速增长的40多年,也积累了各种社会问题,其中包括环境问题。这是未来中国发展面临的巨大挑战。

1989年5月,第十五届联合国理事会通过了《关于可持续发展的声明》,明确指出:可持续发展是指满足当前需要而又不削弱子孙后代满足其需要之能力

---

① 赵麦茹.先秦诸子经济思想的生态学阐释[M].北京:社会科学文献出版社,2010:71.

② 刘文典.淮南子集解[M].北京:中华书局,1989:308-309.

③ 佘正荣.中国生态伦理传统的诠释与重建[M].北京:人民出版社,2002:导言.

的发展。可持续的发展还意味着维护、合理使用并且提高自然资源基础，这种基础支撑着生态抗压力及经济的增长。环境污染是在经济发展过程中产生的，也只有在经济发展中得到解决。

马艳菲认为，可持续发展议程是包含最广泛政治意愿的全球发展共识，也是未来较长时间内各国可持续发展的纲领性文件。可持续发展理念在对外投资合作领域有广泛的运用，同对外投资高质量发展具有高度的共通性。当前，我国已经成为对外投资合作大国，要切实践行可持续发展理念，推动对外投资合作高质量发展，实现由对外投资合作大国向对外投资合作强国的转变。[①]

英国自然资源经济学家朱迪·丽丝认为，生态学与经济学越来越紧密地纠缠，正在结成一个无法逃脱的网。“改革者面对的是所有那些从现有制度中谋取利益的人”，“由于强大的利益集团的存在，环境学家能否成功地扭转单纯对经济增长的追求是令人怀疑的”。生态社会能否成为一种期待？[②]

加利福尼亚大学社会经济学教授詹姆斯·奥康纳认为，马克思对资本主义生产方式、生产关系、经济体制、市场运作的洞察与批判，揭示了资本与自然之间的冲突，正是当前世界性生态危机的症结所在。奥康纳说：“生态学马克思主义的历史观致力于探寻一种能将文化和自然的主题与传统马克思主义的劳动或物质生产的范畴融合在一起的方法论模式。”因此，“我们需要‘社会主义’，至少是因为应该使生产的社会关系变得清晰起来，终结市场的统治和商品拜物教，并结束一些人对另一些人的剥削；我们需要‘生态学’，至少是因为使得社会生产力变得清晰起来，并终止对地球的毁坏和解构”。[③]

我们拥有“富含生态因子”的中华传统文化，我们拥有优越的社会主义制度，维护环境正义责无旁贷。未来必须坚持以绿色发展为核心理念，加强生态文明建设，人人有责。当然，不是要求人们消极对待自然，也不是面对自然无所作为，更不是要停止经济社会发展，而是强调在发展生产、改善生活的过程中积极创新，主动节约能源资源，尽最大可能保护好人类赖以生存的生态环境，做到发展和保护相统一，实现绿色发展。绿色发展追求人与自然的和谐发展、经济与社会的和谐发展，坚持“绿水青山就是金山银山”。坚持绿色发展，必须加快转变经济发展方式，打破旧的思维定式和条条框框，彰显自然价值与自然生产力的理念，推动绿色循环低碳发展，努力使生态系统和经济系统有机融合、和谐统一。

“企业作为公民社会的一员，不仅要通过文化建设激发内部创造性，而且还要关注外部利益相关者，承担与自然、社会和谐共处等社会责任。”“以企业文化

① 马艳菲.对外投资合作何以实现高质量可持续[J].人民论坛，2020(19)：104-105.

② 鲁枢元.生态社会能否成为一种期待[N].社会科学报，2015-01-15(5).

③ 鲁枢元.生态社会能否成为一种期待[N].社会科学报，2015-01-15(5).

与社会责任建设，促进环境管理常态化。”①

联合国贸易和发展组织号召世界各国积极投资于可持续发展目标，可持续发展基金的数量、种类和规模均快速增长。联合国贸易和发展组织估计，目前用于可持续发展投资的资金已达 1.2 万亿至 1.3 万亿美元。这些资金大多被投资于发达国家的可再生能源项目。在未来 10 年内，预计资本市场将大幅增加以可持续发展为主题的产品供应。

中国对外直接投资企业必须坚守生态理念，强化环境保护意识，在对外投资项目选择上，优先选择可持续发展项目，致力于将良好的环境实践纳入业务运营，以确保对投资产生积极影响。同时，加强国际合作，协调政策措施，切实维护生态环境。

（四）济民文化

回顾中国历史会发现，百家争鸣所“争”的思想各不相同，但思想的核心却相同，那就是变动乱为和谐、以民生为根本的救世济民思想。“天下之务莫大于恤民。”

民本思想是中华文化的重要组成部分。重视民生，保护民权，倡导民主。中华语境中的“经济”之意为“经世济民”：经营这个世界之目的在于救济民生。济民文化的本质追求在于提升民众的福利水平。修身，齐家，治国，平天下，中国企业及中国企业家要有这种精神境界，对外投资不仅仅为自身经济利益而动，不仅仅追求自利，而且要利天下，要济民，济天下。要正确地处理经济利益与社会责任的关系，在均衡经济利益基础上，更多担当国际社会责任。

德国哲学人类学家米契尔・兰德曼断言：“人是文化的存在。”文化可以建立国人的信仰，滋润因为缺乏信仰而日渐荒芜的心灵，丰富平淡的生活。文化是人生活动的规则。尊重文化的多元化，尊重不同国家、不同群体、社会各阶层的文化，就是尊重他们的游戏规则。这种游戏规则既符合对方的利益，也符合自己的利益。通过文化融合，可以降低经济活动的成本，也可以规避社会动荡的风险。

“理性”和“自由”是经济学、哲学和社会科学中的基本概念。从现代经济学的讨论来看，主流的观点依然是将理性视为一种经济理性。这些理论奉“经济理性”为圭臬，认为文化从属于经济，是为经济服务的。

的确，在当代经济学中，理性的自利观一直占据着主流地位。通常，人们把这一观点追溯至亚当・斯密的著作，并断定这位现代经济学之父把每个人都视为无休止地、心无旁骛地追求个人利益的行动者。其实，从思想史的角度看，这

---

① 李海舰，田跃新，李文杰.中国企业管理创新研究——“十二五”回顾和“十三五”展望[J].经济与管理，2015(11)：67-72.

一判断或许是不准确的，因为亚当·斯密在探讨人类一般行为动机时，已经修正了对某些行动领域中所持的自利观念。亚当·斯密在《道德情操论》中的论述不仅彰显了其道德关怀，而且还深刻地影响了其他许多启蒙思想家。

当代，中华文化的义利观更加值得弘扬。迈克尔·桑德尔认为，市场经济应该只是一个工具，而不是目的。市场变成一种生活方式，市场价值成为人们思想的主导观，这是非常悲哀的。我们需要思考的是如何从市场经济中受益，而不是让市场经济来主导一切。社会生活一旦为金钱所统治，其实将会破坏社会生活质量的提升，破坏社会平等、公正与社会和谐。GDP 确实很重要，但它不是人类生活中最重要的事，最重要的是人性的发展、人类的道德发展，成为一个"完整的人"。"人类的生活质量更加取决于内心的质量，取决于道德。"[①]

发展人类学注重研究文化与经济的关系。已有学者指出，从单纯经济立场，以经济和科技为出发点所设计的发展规划不仅在观念上的偏见是难以避免的，而且它所带来的后果也是"彻底毁灭性"的。当代，我们应当遵循以人为本的原则，首先认识到文化不只是随发展而来的附带现象，投资项目必然与当地社会紧密联系，那就必须符合当地的文化习俗。单纯的经济价值观不足以保证经济发展。经济发展十分重要，决不可仅仅托付于经济价值观。一国人民接受什么样的价值观或不接受什么样的价值观，这属于文化领域的事情。所以说，经济发展确实是一个文化过程。这不禁让我们联想到"代达罗斯与伊卡洛斯"——科学与未来的关系，难道经济与文化的关系也会陷入此窘境？

著名作家张炜曾说："文学最终是给苦难者的。"我们应当时刻提醒自己，文化是给苦难者的，文化是对苦难者的精神救济。济民不仅是物质上的，而且还是精神文化上的。

第四节　强化对外直接投资的文化功能

当代，是一个紧张的时代、摩擦的时代、冲突的时代。人类向何处去？是文明冲突，还是文明共存？人类似乎正在觉醒，更加重视良知意识研究，为行为的"应当性"寻求依据。文化的本质是人的尊严、人的个体的价值。人类社会是一个责任社会。人类面临文化的选择，态度、价值观和信念的选择。

必须修正人们对经济与文化的关系的认识。经济只具有工具价值，文化（或文明）才是人类的终极目标，不能本末倒置。我们期望人类文明的发展出现拐

① 谢晨星，董芳芳.哈佛教授：人类生活质量取决于道德发展[N].深圳商报，2013-12-10(3).

点，由“竞争”促进人类进步转向“和谐”促进人类持续进步。相信吧，人类的主流价值观会随着时间而变化，在不久的将来，我们也许就会为道德关怀和社会理由所动。经济生活是与人类的物质需求密切相关的，也是与人类的精神需求密切相关的，所以，经济生活是道德伦理一直关切的一片领域。“在经济建设之中必须体现我们的终极信仰，让我们的核心价值观贯穿其中，用它来引导经济生活真正为民发展、成果与民共享。”①

一、确立经世济民的文化理念

“根本的问题并不在于一种宗教禁止何种规则，而在于究竟尊重并且培育哪种品德。”“要确认道德原则高于经济欲望，经济欲望在人的计划中确有位置，而且是很重要的位置，但是，同其他自然欲望一样，如果经济欲望得到过分满足和过分照顾，就会毁灭灵魂，给社会带来混乱。”“现存的经济秩序以及无数重建这种秩序的计划，都因为它们忽视不言自明的真理而失败，因为即便最普通的人也有灵魂，物质财富的增长并不能弥补伤害他们的自尊、妨碍他们自由的制度安排。对经济组织合理的评价必须考虑以下事实：如果工业不想因为受伤害的人性不断爆发的反抗使自己瘫痪，它就必须满足并非纯经济的标准。”②

投资是文化的一种表现形式，而文化的内涵与品质又决定了投资的认知度、接受度和美誉度。实践证明，一个企业拥有文化资源优势就可以转化为投资和经营优势。坚定文化自信，突出文化特色，提升文化内涵，不断创造文化产品，就可以实现文化价值，促进文化融合，推动区域经济发展和社会进步。

就投资主体来说，中国对外直接投资以国有经济为主，彰显中国“仁慈大国”文化范式更为便利有效。“发达国家的很多国际跨国公司为了树立良好的公众形象，从而间接实现盈利目的，已经进入了开展环境外交的阶段。”③中国企业不可等闲视之，需要有超前意识，不仅展示经济力量，而且要展示道德力量。讲究环境伦理，尊重人权，提升中国话语权。

文化反映了精神形态。文化之功能在于提高人们的思想道德意识，树立正确的社会生活理念，使不同国度、不同民族都能够融于世界体系。

二、重视企业文化创新

创新(innovation)就是把生产要素和生产条件的新组合引入生产体系，即建

---

① 周诗茵.贫穷：光荣还是耻辱[N].学习时报，2015-01-19(9).

② 亨利・托尼.宗教与资本主义的兴起[M]，赵月瑟，夏镇平，译.上海：上海译文出版社，2013：160，202-203.

③ 董晓同.美国跨国公司的环境外交——英特尔的实践[C]//薄燕.环境问题与国际关系——复旦国际关系评论：第7辑.上海：上海人民出版社，2007：161-183.

立一种新的生产函数,其目的是获取潜在的利润。

按照约瑟夫·熊彼特的经济发展理论,企业的功能在于"新组合"的实现,企业家的职能就是实现新组合,能够实现新组合的人就是企业家。企业家活动的动力源于对垄断利润或超额利润的追逐,其目的或结果是实现"新组合"或创新。可以说,创新的主体只能是企业家,企业家的创新活动是经济兴起和发展的主要原因。

文化激发创造力,孕育创新环境,影响经济增长。商业模式运转需要良好的企业文化氛围。企业文化管理能够激发企业员工潜力,促使员工价值与企业价值的融合。企业"走出去",必须在中西文化融合中深化企业管理创新。

企业经营管理一定要致力于文化建设,要不断吸纳各民族的优秀文化元素,实现文化与管理的相互融合,增强管理的"软实力"。其实,管理就是文化,反映了文化的一个侧面。中国传统管理思想具有其自身特质。比如,在管理思维上追求"中庸之道",讲究适度原则,不走极端;在竞合关系上注重人际关系的和谐合作,追求人与自然的和谐统一。中国企业文化管理创新必然要根植于民族文化,兼容并蓄,从管理基因上开展创新,从传统的边缘上推陈出新。

企业文化是企业核心竞争力的基石,企业文化创新是培育企业创新机制的关键。在创新环境保护观念方面,科技创新可以达成保护环境与提升竞争力的双重目标,打破传统观念将环境保护与企业成长相对立的意识。实践证明,企业通过技术、工艺、材料及经营模式的创新,在减少污染的同时可以降低生产经营成本,提高产品质量,提升市场竞争力。荷兰发展花卉产业的过程就是一个例证。许多重污染行业都可以通过创新,降低污染,提升竞争优势。在"走出去"进程中,中国企业必然面临保护环境与提升竞争力的双重要求,面对全球产业结构调整,污染产业对外直接投资难度极大,产品出口也面临绿色壁垒;通过科技创新减少污染、改善产品品质、提升竞争力的战略,应当成为必然选择。

企业道德建设有助于改善风险管理,增强股东信心,提升社会形象。"道德成本"是可以成为"道德回报"的。在同等条件下,个体或组织还是愿意与那些公正、诚信、可靠的企业进行交易,这些企业可以更有效地激发员工潜力,与上下游企业建立信任关系,保持客户信心。事实证明,那些承担道德责任、履行道德义务的企业业绩更好,道德创新的企业可以收获更多的经济利益。①

一些企业通过文化创新驱动管理体系重构,实现管理系统化、系统流程化、流程数据化、数据资产化。通过管理体系构建,充分激活每一位员工的才智,建立企业员工"内圣外王"的企业治管机制。比如,海尔集团的"企业即人"和"以能

① 汤长安.企业文化创新在构建核心竞争力中的作用[J].湖南社会科学,2006(3):120-122.

为本"的管理理念，在管理实践中实现儒家的"中庸之道"和道家的"无为而治"，让企业从能人管理、制度管理走向文化管理。[①]

文化管理是企业战略管控、组织结构调整和经营机制变革的重要支撑。文化管理凝聚公司内部共识，实现员工与企业在文化认同、自我认知上的统一。

三、强化对外直接投资文化功能

人类社会的发展是"物质生产力"和"精神生产力"两个方面共同作用的结果。在人类发展过程中，物质生产是文化生产存在和发展的基础或前提条件，文化生产是物质生产发展的目标或"高端状态"。[②] 文化生产产生社会效益是一个特殊的过程。文化生产是建立在知识转移基础上的，是具有高度创造性和探索性的智力活动。知识的生产力已经为企业生产力和竞争力的提高提供了必要的资源。因此，在知识经济社会里，价值的增长不是通过更多的劳动而是通过文化知识实现的。

文化生产是物质属性和意识形态属性的统一。在文化生产过程中，生产者将自身思想意识、情感愿望渗透于生产及产品之中，并"转义"为具体的实物形态，所以，文化生产不只局限于人的内在的心理活动层面，而且贯穿于经济活动的全过程，体现于生产、交换、分配、消费等社会再生产过程的每一个环节。同时，文化生产力又具有意识形态属性。文化生产可以转化为巨大精神力量。因此，文化生产同时具有物质属性和意识形态属性，既具有巨大的经济能量，又具有影响民族文化心理和整合社会经济关系的力量。"文化产品除了具有一般的实物产品的属性以外，还具有传递思想、表达情感、提高认识等内在的附属价值。"[③]

对外直接投资不仅是经济活动，而且还是文化活动，具有影响东道国民族文化心理的作用，具有跨文化沟通的作用，具有融合不同文化的作用。

历史上，殖民地国家在被迫接受殖民统治的期间，为外来经济制度和经济意识所涵化，不由自主地融入了文化变迁历程。西班牙所属美洲殖民地的经济改革，尤其是"注册商船制度"，采矿业、大庄园和种植业的劳动制度的改革——从"委托监护制"到"劳力征调制"，再到"自由工资劳动制"和"债务劳役制"，制度的改变在经济发展中发挥了重要作用，制度文化本身也实现了传播。[④]

---

① 李海舰，田跃新，李文杰.中国企业管理创新研究——"十二五"回顾和"十三五"展望[J].经济与管理，2015(11)：67-72.

② 王思敬.论文化生产力的内涵、属性与发展途径[J].商业时代，2012(7)：17-18.

③ 王思敬.论文化生产力的内涵、属性与发展途径[J].商业时代，2012(7)：17-18.

④ 董经胜，高岱.拉丁美洲的殖民化与全球化[M].南昌：江西人民出版社，2010：20-40.

19世纪，大批中国人作为华工来到拉丁美洲，后来，一些人转向从事中小规模的工商业活动，促进了拉美经济的发展。在此过程中，这些华人也为传播中华文明作出了重要的贡献。①

当代，发达国家的跨国公司对外经济活动的开展也伴随着文化输出。广告文化，品牌消费，生活方式改变，这些都是企业投资和经营行为带来的文化输出，这种文化输出有效地影响了输入地的文化变迁。乔治·里泽将这种进入某地的企业对当地地方文化的“殖民化”描述为“社会的麦当劳化”(McDonaldization of Society)。② 对此，我们在引进外资和对外投资的过程中要给予高度关注。投资是一项经济活动，同时也必然是一种文化活动，从结果而论，是难以达到“单纯商业行为”标准的，必须承认也必须关注其文化效应。中国企业对非洲的投资，促进了中国文化在非洲的传播，这是显而易见的。中信在安哥拉的社区建设，带去了社区文化、家园文化，这是一种精神文化引导。对于东道国来说，收获的不仅是经济建设，而且还是文化建设。③

2016年5月17日，习近平在哲学社会科学工作座谈会上指出：“要加强对中华优秀传统文化的挖掘和阐发，使中华民族最基本的文化基因与当代文化相适应、与现代社会相协调，把跨越时空、超越国界、富有永恒魅力、具有当代价值的文化精神弘扬起来。要推动中华文明创造性转化、创新性发展，激活其生命力，让中华文明同各国人民创造的多彩文明一道，为人类提供正确精神指引。要围绕我国和世界发展面临的重大问题，着力提出能够体现中国立场、中国智慧、中国价值的理念、主张、方案。”④

第五节　加强对外直接投资战略管理

一、重视自身文化形象，加强跨文化管理

企业在对外直接投资过程中，要重视自身文化形象。“美国、日本、韩国等国家通过世行和亚行等机构，长期在非发达地区从事国际援助，形象经营卓有成效。”⑤“中国在国际援助配合对外投资方面，积累的经验以及所做的工作较少，

① 董经胜，林被甸.冲突与融合——拉丁美洲文明之路[M].北京：人民出版社，2011：84-123.

② 赵志裕，康莹仪.文化社会心理学[M].刘爽，译.北京：中国人民大学出版社，2011：309-310.

③ 王梅.中国投资海外：质疑、事实和分析[M].北京：中信出版社，2014：129-130.

④ 习近平.在哲学社会科学工作座谈会上的讲话[M].北京：人民出版社，2016：21.

⑤ 盛思鑫，曹文炼.亚洲基础设施投资银行的地缘政治经济分析[J].全球化，2015(1)：49-60，110，132.

中国企业在东道国的形象经营方面需要改进的地方也较多。"①

投资，本质上是一种文化活动。文化影响着投资方式，影响着投资区域选择。我们要让国外民众接受我们的投资，首先要让他们接受我们的文化。这就需要我们建立文化自信，繁荣发展中华文化，大力传播中华文化，让国外民众理解中华文化，从价值观念上接受甚至崇拜中华文化。

"跨文化管理要求国际化经营的企业管理者改变传统的单一文化管理观念，把管理重心转向多元文化的把握和文化差异的认识上，克服多元文化差异带来的困难。在此基础上，充分发挥多元文化和文化差异所具有的潜能和优势，使企业具有更强的适应能力和应变能力，从而提升企业的国际竞争力。"②

进入新世纪，中华传统文化正呈现出强大的生命力，中华文化在全球范围内得到广泛传播，国外民众对中华传统文化表现出极大的热情和浓厚的兴趣。文化活动不是直接的经济行为，更容易为他国政府、民众所接受和配合。既然是文化活动，就应当节制经济欲求，持一种文化交流的姿态，以弘扬中华文化造福全人类为理念，追求"至善"。

二、成立企业文化机构，加强经济文化研究

中国企业对外直接投资遭遇阻力，虽然有客观原因，但是更要反思主体原因。对外投资企业需要转变观念，修正动机，调整策略。

企业可以成立文化机构，配备专业人员，专门负责文化交流、沟通、传播。在启动投资活动之前，文化先行。担当社会责任，追求社会效应。对外直接投资可以超越"经济理性"，成为富有公共精神的行为。

美国学者彼得·圣吉在《第五项修炼》中指出："为了应对激烈变化的竞争环境，企业组织应力求精简、扁平化、个性化、终身学习、不断自我再造，创建学习型企业。"学习，并不是企业和员工一个阶段的学习，而是贯穿于员工一生的任务。学习不仅是人类的天性，而且还是生命趣味盎然的泉源。"未来真正出色的企业，将是能够设法使各阶层人员全心投入，并有能力不断学习的组织。"③

在现代化过程中，经济与文化是不可分离的，是"合则齐美，离则两伤"的关系。文化是人们长期交往中无意识形成的、具有持久生命力的习俗、道德伦理、意识形态等非正式制度。对企业来说，这些非正式制度对于企业管理具有举足轻重的作用，企业文化研究是企业战略的首要内容。

---

① 盛思鑫，曹文炼.中国对外直接投资情况的再评估[J].宏观经济研究，2015(4)：29-37，131.

② 温晓娟，马春光.企业国际竞争力相关概念辨析与影响因素探讨[J].经济问题探索，2010(7)：83-87.

③ 彼得·圣吉.第五项修炼——学习型组织的艺术与实务[M].郭进隆，译.上海：上海三联书店，1998：4.

中国对外直接投资企业要强化跨文化管理意识，增强跨文化领导能力，善于将不同的文化融合成一个多维实用的文化结构。经济全球化时代领导能力的优先顺序应该是：一是全球化的战略思维，二是企业功能和市场应变能力，三是地理学方面的能力，四是对企业运行的操控能力。[①]

三、开展企业公共关系

每一个个人都是生存于关系中的，每一个企业都是成长于关系中的。公共关系影响着企业生存发展的质量。尤其是跨国企业必须处理好各个方面的国际关系。公共关系既是一门管理科学，又是一门行为艺术。中国对外直接投资企业应当强化公共关系理念，开展公共关系活动，改善公共关系状态，为国际投资营造良好的公共关系环境。“天时不如地利，地利不如人和。”人和环境就是公共关系追求的目标。

人类所处的世界是一个关系世界，每个人生活在复杂的社会关系网络之中。组织作为社会的有机体如同人类个体一样，要和周围的环境以及不同的群体即公众发生联系。公共关系描述的就是社会组织机构与其公众之间的关系。组织的生存依赖于公众的支持，因此，公共关系的目的与公众的态度相关，就是要改变、维护或者促进公众的某种态度和行为。公共关系的手段是信息传播与沟通。

一个企业，它的组织形象就是由产品形象、员工形象、机构形象、管理形象、企业文化形象综合反映出来的。塑造组织形象，可以说是公共关系的核心职能，有人据此将公共关系部称为组织的“形象设计师”。一个组织在公众心目中树立了良好形象，就意味着具有很好的社会声誉，可以取得公众的信任和支持，这也就是我们通常所说的“无形资产”。

四、担当精神生产主体责任

马克思早就指出，精神生产是社会生产的一个重要组成部分。那么，如何确定精神生产的主体？如何创新和传播精神产品？精神生产资源何在？

企业作为经济主体，同时又是文化主体，是经济建设与文化建设的统一体，是物质生产与精神生产的统一体，不应单纯追求经济利益，更要追求文化价值。中国企业应当利用对外直接投资的途径，提升国际竞争力，传播中华优秀传统文化，“化”他人，“化”人类，实现经济与文化双轮驱动，相辅相成，达成人类“止于至善”。

当代，再不能单纯从经济学意义上理解投资行为，而要把它理解为一种文化

---

① 艾德·科恩.跨文化领导[M].毛学军，译.上海：东方出版社，2009：10-11.

现象、一个文化过程。企业竞争力不仅是经济竞争力,而且还是文化竞争力。投资同时具有经济属性和文化属性,具有文化意义,承载着文化功能,可以作为建构自我和世界的文化工具。

“现代资本主义是绝对反宗教的,它没有内部联合,没有多少公共精神,通常(虽说并非总是)仅仅是一群有产者和逐利者的聚合体。”[①]当代中国企业决不能像资本主义企业一样。

精神生产资源由何而来？中国传统文化是企业精神生产的资源。主张“天人合一”的中国传统文化“富含生态因子”、伦理因子、和谐因子,是当代社会所需要的“元文化”。中国企业应当善于利用中国传统文化资源进行当代文化创新传播,“化”他人,“化”人类,“广善天下”,“止于至善”,这是中国企业的神圣使命。

五、尊重东道国经济生活秩序

全球化背景下,中国企业不但要“走出去”,而且还要“进得去”,要尊重国际惯例,尤其要尊重东道国文化,注重合作,与当地民众和谐相处。特别是对于那些弱小经济体的较大项目,要有远期构想,分步渐进,以免引起东道国民众的疑虑甚至恐慌。当前情况下,中国的巨大数额并购容易引发不安。并且,一些企业急功近利,经常在一个区域集中投资一两年后就转战另一个地区[②],投资规模相对于当地经济总量而言较大,进入或撤出都给当地经济生活带来波动。

企业文化是企业的意识形态。创新企业文化,就要转变意识形态。李海舰提出,跨国企业要从民族化的企业文化转向国际化的企业文化。以前,国内市场和国际市场分割,民族情结高涨,打民族牌能够帮助企业赢得国内市场。现在,国内市场和国际市场融为一体,全球情结骤升,打国际牌是企业赢得全球市场份额的利器。[③]

六、规范交易行为

企业作为投资主体一定要遵循投资规律,尊重投资程序,掌控投资细节,规范交易行为。对外投资并不是单纯为了“买”,更不是为了买“便宜货”,要符合长远战略目标,要长期调研分析,观察和选择投资对象,准确判断,谨慎决策,以合理的方式维护必要的利益。从全球范围看,以全额资金方式实施并购是很少的,跨国公司尽管拥有雄厚资金实力,却基于丰富的并购经验和运作技巧,更多使用

---

① 亨利·托尼.宗教与资本主义的兴起[M].赵月瑟,夏镇平,译.上海:上海译文出版社,2013:204.

② SCISSORS D M.China's outward investment healthy,puzzling[J]. American Enterprise Institute Research,2015(6):15-21.

③ 李海舰.企业文化十大转型[J].中国电力企业管理,2005(2):63-64.

“换股”“反向持股”等方式，只需要少量的自有资金就可以运作很大的项目。可是，中国企业还不具备这些投资运作技巧，甚至以“不差钱”为豪，把巨额资金投出国外，承担了巨大的风险。作为理性经济人，企业一定要经得起诱惑，避免“民族性”或“炫耀性”冲动，抛弃投机心理，崇尚经济行为的正当性。

要确保“走出去”有理、有力、有利，就必须准确考量中国对外直接投资现状。剔除“返程投资”比例部分，再排除“藏匿资产”因素，真实的对外直接投资数量是多少？盛思鑫和曹文炼认为，考虑到较高比例的返程投资问题以及香港和内地的经济一体化趋向，如果在官方统计数字中将香港地区排除在外，那么中国对外直接投资的规模将至少缩减一半。[①] 退一步讲，我们不计较数量多少，可是也必须反思对外直接投资理念。先有崇高的原则，才能指望良好的实践。

美国对外直接投资的一组数据可供比较（见表7-1）。美国对外直接投资的发生地主要是发达国家，与“避税天堂”几乎无关。而中国对外直接投资的发生地主要是“避税天堂”，与发达经济体关联较少。这一反差反映了中国与发达国家的差距。

表7-1　截至2012年美国对外直接投资存量前十位国家

对外直接投资流入来源国				对外直接投资流出东道国			
	国家	存量（百万美元）	占比（%）	位次	国家	存量（百万美元）	占比（%）
1	英国	486833	18.4	1	荷兰	645098	14.5
2	日本	308253	11.6	2	英国	597813	13.4
3	荷兰	274904	10.4	3	卢森堡	383603	8.6
4	加拿大	225331	8.5	4	加拿大	351460	7.9
5	法国	209121	7.9	5	爱尔兰	203779	4.6
6	瑞士	203954	7.7	6	新加坡	138603	3.1
7	卢森堡	202338	7.6	7	日本	133967	3.0
8	德国	199006	7.5	8	澳大利亚	132825	3.0
9	比利时	88697	3.3	9	瑞士	130315	2.9
10	西班牙	47352	1.8	10	德国	121184	2.7

资料来源：2014年《世界投资报告》。

① 盛思鑫，曹文炼．中国对外直接投资情况的再评估[J]．宏观经济研究，2015(4)：29-37.

七、集群出海

目前，中国跨国公司仍以中小企业为主，个体无优势，如何营造竞争力？学者提出"集群出海"的概念：将中小企业集中成一体化集团企业，形成"群体效应"，提升一体化企业的国际竞争力。

20 年前，曾有学者建议，实施"与国外跨国公司捆绑在一起发展"的战略。现在，我们初步具备了"走出去"的能力，也有了足够多的企业，可以"以我为主，共同经营"。

历史证明，中小企业集群出海是可行的。在意大利，由于区域环境、资源禀赋和历史文化等原因，形成了众多的中小企业集群。在日本，东京都地区的中小企业集群已成为全日本机械、家电行业的"共同根基"，其中大田金属制品企业集群享誉全球。近年来，我国中小企业集群不断涌现，如温州的食品业集群、义乌的小商品集群、晋江鞋类制造业集群、石狮服装制造业集群等。

但是，虽然出现了大批的中小企业集群，也进行了对外直接投资，却没有发挥应有的"集群效应"，对提升其国际竞争力效果并不明显。对此，许多学者进行了针对性研究，主张加强中小企业集群联盟建设，完善服务体系。

八、调整对外投资战略选择

中国企业对外直接投资应以自身竞争力为基础，尽力而为，量力而行。对东道国投资环境及所投项目进行客观的科学的可行性研究，借助咨询机构，进行综合评估。

根据东道国区域特征，比较判断其区域优势和区域劣势，趋优避劣，趋利避害。一般来说，发达国家区域优势在于基础设施好、劳动力素质优、技术先进、管理水平高、市场容量大、法律制度完善、竞争自由、经济一体化等；劣势在于劳动力成本高、外资优惠政策少。发展中国家区域优势主要体现在自然资源丰富、劳动力廉价、市场潜力大、优惠政策多，劣势在于基础设施较弱、人口素质较低、制度不完善等。

经济发达国家对外输出经历了三个阶段。第一阶段为商品输出，第二阶段为资本输出，以上皆可称为"有形资本输出"；第三阶段则为无形资本输出。20 世纪 90 年代中期以后，除了纯粹资金投入外，各种非资金投入的对外直接投资方式越来越多。巨型跨国公司实力雄厚，无须投入资金，可用理念、文化、机制、品牌、管理、生产工艺、设计手段、配方、诀窍、商誉、商机进行对外直接投资；以无形资产进行对外直接投资，已是跨国公司投资方式的重大转向。反观中国企业跨国投资方式，几乎全为有形资本投入。因此，提升无形资产在企业国际化战略中的地位已经成为当务之急。①

要促使经济与文化融合发展，让文化资本成为企业资本，采取以思想观念为核心的经营战略，建立企业“思想库”。中国企业要重视农业领域对外直接投资。我国是一个人口大国，粮食问题突出，随着国内农业生产成本的不断提高，需要统筹利用国内、国外两种资源、两个市场。但是目前，我国农业仍以直接进口贸易为主，没有从战略上建立农业投资、贸易等互为一体的全球农产品供应链。②农业对外投资规模很小，2016 年，中国对外农业投资流量只有 32.9 亿美元，2017 年为 25.1 亿美元。必须制定农业“走出去”的统一规划，强化“大农业”海外投资理念，建立全球连锁的价值链，培育农业跨国企业，将“天人合一”等文化元素融入对外直接投资，提升企业国际竞争力。

九、在均衡经济利益的基础上，更多担当国际社会责任

无论对哪一个国家(或地区)进行投资，道德建设都是必需的。中国企业对外直接投资首要立足道德高地，担当道德责任。责任是性格和行为的统一。我们对自己的行为负有责任，因为行为就是在行动中被客观化了的我们自己。

文明如果是自发地发展，而不是自觉地发展，则留给自己的是荒漠。我们必须自觉地维护生态环境，担当更多社会责任。恩格斯指出：“我们不要过分陶醉于我们人类对自然界的胜利；对于每一次这样的胜利，自然界都对我们进行报复。”③

18 世纪工业革命以来，工业化及城市化给人们带来了巨大的物质享受，但是资源环境问题越来越严重，已经威胁到人类自身的生存与发展。各国有识之士开始探索工业文明之后新的生态文明形式，以求可持续发展道路，这是对工业革命的反省，对“人类中心主义”“唯发展主义”的批判，对“物质至上”“科技至上”“为增长而增长”的批判。一些生态经济学家提出了生态文明思想，生态伦理学、生态政治学、生态马克思主义思想，“稳态经济”理论层出不穷。

生态马克思主义思想认为，马克思对资本主义制度的洞察和批判，全面揭示了资本与自然之间不可调解的矛盾和冲突，这才是生态危机的症结所在；追求剩余价值和资本积累，基于“控制自然”的科学技术，异化的消费观念，是生态危机的根源。要解决生态危机，必须建立“易于生存的社会”、生态社会主义。因为只有社会主义能够使生产的社会关系更加清晰，终结市场的统治，打破商品拜物教，结束一些人对另一些人的剥削。我们需要生态学，因为生态学能够使社会生

① 李海舰.中国的企业国际化战略[J].新视野，2002(2)：31-34.

② 郑慧.中国农业对外投资的战略思考[J].经济研究参考，2017(39)：56-63.

③ 马克思恩格斯文集：第 9 卷[M].北京：人民出版社，2009：4.

产力更为清晰，从而终止对地球环境的破坏和解构。在生态社会主义的构想中，人类社会的公平、正义与自然界的健全、稳定是一致的。①

“经济生活在任何时代都不是真空地带，不可能与道德伦理割裂，而是会受其牵引和影响。”②“根本的问题并不在于禁止何种规则，而在于究竟尊重并且培育哪种品德。先有崇高的原则，才能指望良好的实践。”③随着中国经济实力的强大，中国企业“走出去”不能仅仅为经济利益而动，要为担当国际社会责任而舍弃一些经济利益。中国要做“仁慈大国”，经世济民，广善天下，中国企业要在这种境界中确认自己的角色和担当。保护环境，尊重人权，防范腐败，正当竞争。中国企业的对外直接投资在欠发达国家多属于资源获取型，企业在投资过程中对环境、劳工及社会风险问题如果不能给予足够重视，很容易遭遇东道国民众的抵制。2004～2012 年，赞比亚矿工针对中国企业的罢工和骚乱事件，造成了不好的国际影响。我们应避免此类事件的再次发生。

根据东道国产业特征，比较判断其产业优势和产业劣势，通过自身投资行为，或许有助于东道国产业结构的调整和完善。

根据投资方式的不同特征，比较判断有效可行的投资方式。是绿地投资还是并购？是战略联盟还是独资？是水平一体化还是垂直一体化？都需要谨慎地选择。

贸易性企业、生产性企业、研发性企业各有不同追求，关注的环境因素必然不同。大型或中小型企业规模实力不同，区域战略不同。国有企业或民营企业性质不同，投资动机不同，区域战略也不同。我们认为，中国企业对外直接投资可以有两类不同的投资追求：一类是经“营”性投资，一类是经“济”性投资。

经营性投资是指以利润最大化为直接目的的投资，传统的、通常的投资活动都属于此类。

经济性投资是指以均衡利润为基础、以“经世济民”为终极追求的投资。亏损就不能维持企业的运营，所以保持正常利润是基础，即保证各种投入要素得到补偿，得到均衡经济利益的条件下，以为当地居民带来福利为追求。这是企业“善天下”的具体体现。

通过回馈社会，企业经营环境更加友好。企业把管理创新与担当社会责任相融合，效法传统文化中的“道法自然”，实现“天人合一”。改变过去“零和博弈”的竞争思维，实现员工、企业、社会等利益相关者从单赢向共赢转变。

---

① 鲁枢元.生态社会能否成为一种期待[N].社会科学报，2015-01-15(5).

② 周诗茵.贫穷：光荣还是耻辱[N].学习时报，2015-01-19(9).

③ 亨利·托尼.宗教与资本主义的兴起[M].赵月瑟，夏镇平，译.上海：上海译文出版社，2013：203.

十、仁慈大国，广善天下

随着中国实力的增强，中国能够为世界提供更多优秀的国际公共产品。中国应当也正在重新树立仁慈大国形象。

“中国贡献给世界的，除了经济，应当还有文化与思想。”[①]冷战结束后，美国作为唯一的超级大国拥有世界上首屈一指的实力，在经济、技术、军事、文化、外交、意识形态等领域独占鳌头。美国自诩为是“仁慈的霸主”，极力鼓吹美国原则、实践与制度的普遍适用性。但是，美国的影响力正在日渐下降。亨廷顿认为，冷战后文化因素走入国际政治，权力走到哪里，文化跟到哪里。在未来的年代里，权力与文化的相互影响对各国之间的联盟和对抗模式的定型起着决定作用。从文化上看，合作更多的是那些文化背景相同的国家，而那些文化背景截然不同的国家则对抗的可能性更大。

中华文化是以开放性姿态融合各地域和各民族文化而丰富起来的。同样，中华文化可以涵化各地域、各民族文化。

文化是一种“化”人的力量。投资是一个文化的过程。企业具有经济主体和文化主体的双重身份，担当物质生产和精神生产的双重责任，不仅要致力于提升经济竞争力，而且还要提升文化竞争力。作为中国传统文化的承载主体，中国企业创新传播中国优秀文化义不容辞、责无旁贷。我们呼吁，每一个企业个体，每一个生命个体，应转变价值观念，追寻人类伦理，经世济民，广善天下。

王泽应认为，中华文明的伟大复兴，是一个拥有5000年文明传统的伟大国家精神、民族意志和伦理品质的全面复兴，而其所彰显的伦理蕴含、道德气度必将呈现出历久而弥新、“致广大而尽精微，极高明而道中庸”以及健全自我而又协和万邦的文明特质。中华文明的伟大复兴不是如同福山所言的历史的终结或文明的终结，而是中华文明与其他文明并辉以及人类诸文明真正进入一个和而不同、共同发展的新时代。中华文明的发展本质上是在“等闲识得东风面，万紫千红总是春”的境况和气韵中不断实现自己的创造性发展和形态更新的。[②]

马修·阿诺德在《文化与无政府状态》一书中说：文化可以表述为并非起源于好奇心，而是源于对完美的热爱；文化即对完美的追寻。它的动力并非只是追求纯知识的科学热情，而且也是行善的道德热情和社会热情。这种“完美”是“和谐的完美”，“普遍的完美”。阿诺德认为，“人类精神的理想在于不断地扩充自身、扩张能力、增长智慧、使自己变得更美好。要实现这一理想，文化是不可或缺

---

① 刘伟见.中华文化　助益世界[J].人民日报，2015-11-05(19).

② 王泽应.中华文明伟大复兴的伦理蕴含和道德气度[J].湖北大学学报(哲学社会科学版)，2018(1)：1-9.

的帮手,这就是文化的真正价值”。①

中国企业对外直接投资在追求理性价值的同时,必须有同情之心,要慈悲为怀、仁爱至上。仁爱的价值比理性的价值更能发挥核心作用。人类需要心灵的呵护,全世界每一个民族都需要心灵的呵护,中国对外直接投资企业当以更深远的方式理解道德,在冲动和反思的张力之间均衡“经济利益”与“文化效应”,使对外直接投资活动超越“经济理性”,成为富有公共精神的行为。

① 马修·阿诺德.文化与无政府状态[M].韩敏中,译.北京:生活·读书·新知三联书店,2008:8-11.

主要参考文献

一、论文

1.安然.解析跨文化传播学术语“濡化”与“涵化”[J].国际新闻界,2013(9):54-60.

2.宝贡敏.关于国际直接投资理论的思考——以发展中国家企业向发达国家直接投资动因为中心的分析[J].国际贸易问题,1996(12):4-8.

3.才国伟,刘继楠.文化:经济增长的源泉[J].中山大学学报(社会科学版),2016(5):201-212.

4.陈冬华,胡晓莉,梁上坤,等.宗教传统与公司治理[J].经济研究,2013(9):71-84.

5.陈宪,韩太祥.文化要素与经济增长[J].经济理论与经济管理,2008(9):12-18.

6.程聪,王立丰,钟慧慧,等.业务关联、技术匹配与企业国际竞争力:跨国并购的视角[J].科研管理,2018(10):90-99.

7.杜维明.面对全球化的儒家人文主义[J].国际儒学研究,2004(00):324-333.

8.杜维明.文明对话与儒学创新[J].大连理工大学学报(社会科学版),2003(2):21-24.

9.范晓屏.企业竞争力多相测度指标体系的构造[J].中国工业经济,1997(5):57-61.

10.冯天瑜.“经济”辨析:上[J].湖北经济学院学报,2005(6):5-12.

11.冯亚萍.文化与经济增长的关系浅析[J].当代经济科学,2006(3):122-123.

12.高芙蓉.中小企业文化力与核心竞争力管窥[J].中州大学学报,2007(1):37-39.

13.高连克.论科尔曼的理性选择理论[J].集美大学学报(哲学社会科学版),2005(3):18-23.

14.高玉婷.中央企业国际竞争力的多维度评价——与世界500强企业进行对比分析[J].中国流通经济,2016(9):116-126.

15.古志辉.全球化情境中的儒家伦理与代理成本[J].管理世界,2015(3):113-123.

16.何志毅.中国企业国际化途径选择——海尔与TCL海外投资战略的比较[J].世界经济研究,2002(6):4-8.

17.胡键.文化软实力研究:中国的视角[J].社会科学,2011(5):4-13.

18.贾春峰.加强市场经济发展中"文化力"的研究[J].党校科研信息,1993(19):5-8.

19.贾春峰.市场经济与"文化力"研究[J].理论与改革,1994(1):12-15.

20.姜树广,孙涛.信念与经济增长——基于全球价值观调查的跨国证据[J].世界经济文汇,2016(4):36-53.

21.金碚.产业国际竞争力研究[J].经济研究,1996(11):39-45.

22.金碚.企业竞争力测评的理论与方法[J].中国工业经济,2003(3):5-13.

23.金碚.中国工业国际竞争态势分析[J].中国工业经济,1998(5):5-7.

24.景中强.论马克思精神生产理论的经济学来源——对资产阶级古典经济学家精神生产理论的历史分析[J].理论与改革,2003(2):35-38.

25.李海舰,刘建廷.中国企业跨国经营分析[J].中国社会科学院研究生院学报,2001(4):35-41.

26.李海舰.企业文化十大转型[J].中国电力企业管理,2005(2):63-64.

27.李海舰.文化与经济的融合发展[J].企业经济,2011(10):5-6.

28.李海舰.中国的企业国际化战略[J].企业改革之声,2002(2):31-34.

29.李海舰,王松.文化与经济的融合发展研究[J],中国工业经济,2010(9):5-14.

30.李海舰,周霄雪.产品十化:重构企业竞争新优势[J],经济管理,2017(10):33-43.

31.李海舰,田跃新,李文杰.中国企业管理创新研究——"十二五"回顾和"十三五"展望[J].经济与管理,2015(11):67-72.

32.李江帆.文化力、文化生产力与精神生产力[J].中国经济问题,2007(5):3-10.

33.李京文,郭金龙,王宏伟.国际竞争力综合影响因素分析[J].中国软科学,2001(11):5-9.

34.李鹏程."资本"的文化哲学反思[J].深圳大学学报(人文社会科学版),2007(5):12-14.

35.李鹏程.论中华文化的一体多样性及其现实意义[J].浙江学刊,2003(5):47-50.

36.李陶红.人类学的"文化"之思——基于文化定义的分析[J].民族论坛,2015(9):24-28.

37.李醒民.论文化的固有特征和研究进路[J].社会科学论坛,2005(7):5-20.

38.梁鹤年."经世济民"经济对自由经济的超越[J].前线,2018(1):37-39.

39.廖为宏.试论企业文化力[J].华东经济管理,2001(S2):75-78.

40.林静,杨建华.涵化与交融——泉州传统民居红砖墙装饰特色与适应性探索[J].华中建筑,2014(12):156-161.

41.林漫,孙健.从价值链角度看企业国际化战略的运用——海尔与海信国际化战略的比较[J].经济理论与经济管理,2001(8):43-45.

42.刘德定.当代中国文化软实力研究现状及问题分析[J].中外企业家,2012(2):113-116.

43.刘宏,苏杰芹.中国对外直接投资现状及存在问题研究[J].国际经济合作,2014(7):37-41.

44.刘志彪.重构国家价值链:转变中国制造业发展方式的思考[J].世界经济与政治论坛,2011(4):78-83.

45.卢进勇,闫实强.中国企业海外投资模式比较分析[J].国际经济合作,2005(3):24-29.

46.罗枢,白仲林.文化的经济增长效应与机制研究[J].江西社会科学,2020(3):60-71.

47.吕萍,刘小猛.对外直接投资如何化解产能过剩?——基于中国工业企业的实证研究[J].兰州大学学报(社会科学版),2020(4):60-68.

48.吕长竑,夏伟蓉.文化:心灵的程序——中西文化概念之归类和词源学追溯[J].青海民族学院学报,2009(3):137-141.

49.马亚明,张岩贵.策略竞争与发展中国家的对外直接投资[J].南开经济研究,2000(4):29-32.

50.马艳菲.对外投资合作何以实现高质量可持续[J].人民论坛,2020(19):104-105.

51.毛蕴诗.对外直接投资过程论——对外直接投资的四维分析模型及其应

用[J].中山大学学报(社会科学版),1994(2):1-9.

52.聂名华.试论中国发展境外直接投资的理论依据[J].财贸经济,2001(1):55-59.

53.欧阳谦.文化的辩证法——关于“文化主义的马克思主义”的几点思考[J].马克思主义与现实,2008(4):47-55.

54.潘成云.解读产业价值链——兼析我国新兴产业价值链基本特征[J].当代财经,2001(9):7-11.

55.裴秋蕊,卢进勇.中国对外直接投资动机趋势变化研究——基于单边引力模型及面板数据的实证分析[J].经济问题探索,2019(7):111-121.

56.綦建红,李丽,杨丽.中国OFDI的区位选择:基于文化距离的门槛效应与检验[J].国际贸易问题,2012(12):137-147.

57.商车.谭旭光:“走出去”逐梦世界[J].商用汽车新闻,2019(18):8.

58.盛思鑫,曹文炼.关于投资美国基础设施的调研[J].全球化,2014(10):87-91.

59.盛思鑫,曹文炼.亚洲基础设施投资银行的地缘政治经济分析[J].全球化,2015(1):49-60,110,132.

60.盛思鑫,曹文炼.中国对外直接投资情况的再评估[J].宏观经济研究,2015(4):29-37.

61.施炎平.从经济寻根走向文化寻根——谈当代中国经济学的创建[J].社科信息文荟,1995(22):32.

62.石玉东.诚信彩虹:优质服务的“名片”[J].中国电力企业管理,2005(2):64-65.

63.宋联可.中央企业海外并购中的文化融合[J].企业文明,2009(3):21-24.

64.孙亮.“文化软实力”指标体系的建构原则与构成要素[J].理论月刊,2009(5):145-147.

65.孙晓林,仲伟俊,满大庆.企业竞争力概念剖析[J].东南大学学报(哲学社会科学版),2002(6):55-58.

66.孙元.企业文化:企业的核心竞争力[J].大经贸,2006(11):88-89.

67.谭旭光.心无旁骛攻主业[J].山东国资,2019(6):12-13.

68.汤长安.企业文化创新在构建核心竞争力中的作用[J].湖南社会科学,2006(3):120-122.

69.王核成.中国企业国际竞争力的培育[J].经济理论与经济管理,2001(4):42-46.

70.王核成.中国企业国际竞争力的评价指标体系研究[J].科研管理,2001

(4):73-79.

71.王沪宁.作为国家实力的文化:软权力[J].复旦学报(社会科学版),1993(3):91-96,75.

72.王楠.构筑人才引进载体 推动企业自主创新[J].山东人力资源和社会保障,2016(6):36-39.

73.王宁.经济增长模式转型:一个文化机制的分析[J].兰州大学学报(社会科学版),2020(1):1-9.

74.王帅.中日两国对外直接投资的比较研究[J].福建商业高等专科学校学报,2014(4):36-41.

75.王思敬.论文化生产力的内涵、属性与发展途径[J].商业时代,2012(7):17-18.

76.王晓红.我国企业对外直接投资现状及对策研究[J].中国社会科学院研究生院学报,2017(3):38-52.

77.王泽应.中华文明伟大复兴的伦理蕴含和道德气度[J].湖北大学学报(哲学社会科学版),2018(1):1-9.

78.温晓娟,马春光.企业国际竞争力相关概念辨析与影响因素探讨[J].经济问题探索,2010(7):83-87.

79.吴彬,黄韬.二阶段理论:外商直接投资新的分析模型[J].经济研究,1997(7):25-31.

80.冼国明,杨锐.技术积累、竞争策略与发展中国家对外直接投资[J].经济研究,1998(11):57-64.

81.萧俊明.文化的误读——泰勒文化概念和文化科学的重新解读[J].国外社会科学,2012(3):33-46.

82.谢孟军.文化"走出去"的投资效应研究[J].国际贸易问题,2017(1):39-49.

83.邢方.企业文化是提升中小企业核心竞争力的动力源[J].企业活力,2006(2):72-73.

84.熊正德,郭荣凤.国家文化软实力评价及提升路径研究[J].中国工业经济,2011(9):16-26.

85.徐崇利.中国的国家定位与应对 WTO 的基本战略——国际关系理论与国际法学科交叉之分析[J].现代法学,2006(6):3-13.

86.徐细雄,李万利.儒家传统与企业创新:文化的力量[J].金融研究,2019(9):112-130.

87.许和连,李丽华.文化差异对中国对外直接投资区位选择的影响分析[J].

统计决策,2011(17):154-156.

88.许智云.中国对外直接投资的区域分布特点[J].福建商业高等专科学校学报,2012(4):48-56.

89.颜炳罡.儒学乃经世济民之学[J].山西青年,2013(13):14-15.

90.叶皓.经济搭台,文化唱戏——兼论文化与经济的关系[J].南京社会科学,2010(9):1-5.

91.叶坦."中国经济学"寻根[J].中国社会科学,1998(4):59-71.

92.叶自成.说柔·用柔·柔实力[J].社会科学,2017(3):118-129.

93.易显河.国家主权平等与"领袖型国家"的正当性[J].西安交通大学学报(社会科学版),2007(5):54-71.

94.余官胜,王灿玺、杨玲莉.国际投资保护会导致中国企业对外直接投资受阻吗?典型事实与实证检验[J].世界经济研究,2020(9):75-88,136-137.

95.俞国方.企业竞争力与核心竞争力价值辨析[J].价值工程,2001(1):43-45.

96.张斌,杨亚,何艳.全球化视角下的中国对外直接投资战略研究[J].财政研究,2014(6):54-57.

97.彭丽红.中国企业国际竞争力水平及分析[J].管理世界,1999(1):87-92.

98.张慧.我国对外直接投资的发展现状及特点分析[J].经济问题探索,2014(6):112-119.

99.张吉鹏,衣长军.东道国技术禀赋与中国企业对外直接投资区位选择——文化距离的调节作用[J].工业技术经济,2014(4):90-97.

100.张建华,刘仁军.保罗·罗默对新增长理论的贡献[J].经济学动态,2004(2):77-81.

101.张荣昌,方丽华.文化力·知识经济·企业战略[J].宁波大学学报,1999(1):21-24.

102.张晓文,于武,胡运权.企业竞争力的定量评价方法[J].管理评论,2003(1):32-37,63.

103.张秀艳,张嵩.创业、知识过滤与毁灭性创新[J].吉林大学社会科学学报,2014(4):66-74.

104.赵麦茹.论商鞅经济思想中的生态因子及其对当代的启迪[J].唐都学刊,2008(4):69-73.

105.赵囡囡,卢进勇.中国对外直接投资现状、问题及对策分析[J].对外经贸实务,2011(12):8-12.

106.赵毅衡.人是追求意义的存在[J].中国比较文学,2018(3):1-2.

107.郑慧.中国农业对外投资的战略思考[J].经济研究参考,2017(39):56-63.

108.周其森.关于“文化”的定义:桌子是什么?[J].文化学刊,2017(8):21-26.

109.周松平,朱亦兵.企业文化力论纲[J].湖北社会科学,1999(4):17-18.

110.邹农基.民营企业文化力塑造[J].江苏科技大学学报,2007(1):22-26.

二、著作

1.薄燕.环境问题与国际关系——复旦国际关系评论[M],上海:上海人民出版社,2007.

2.曹洪军.中国对外投资学[M].北京:经济科学出版社,2010.

3.车文博.心理咨询大百科全书[M].杭州:浙江科学技术出版社,2001.

4.陈登原.中国文化史[M].北京:商务印书馆,2014.

5.陈向明,朱晓阳,赵旭东.社会科学研究:方法评论[M],重庆:重庆大学出版社,2006.

6.仇保兴.小企业集群研究[M].上海:复旦大学出版社,1999.

7.戴焰军.中国共产党人的文化传承[M].南昌:江西人民出版社,2019.

8.狄昂照,等.国际竞争力[M].北京:改革出版社,1992.

9.董经胜,高岱.拉丁美洲的殖民化与全球化[M].南昌:江西人民出版社,2010.

10.董经胜,林被甸.冲突与融合——拉丁美洲文明之路[M].北京:人民出版社,2011.

11.杜维明.儒家伦理与东亚企业精神[M].北京:中华书局,2003.

12.方维规.思想与方法:全球化时代中西对话的可能[M].北京:北京大学出版社,2014.

13.房玄龄,等.晋书:第6册[M].北京:中华书局,1977.

14.房玄龄,等.晋书:第5册[M].北京:中华书局,1977.

15.冯友兰.中国哲学史新编[M].北京:人民出版社,1998.

16.韩秀丽.中国海外投资的环境保护问题研究——国际投资法视角[M].北京:法律出版社,2013.

17.洪联英.中国对外直接投资“增而不强”论[M].北京:中国社会科学出版社,2015.

18.洪涛.卢梭的难题——复旦政治哲学评论:第9辑[M].上海:上海人民出版社,2018.

19.胡大立.企业竞争力决定因素及其形成机理分析[M].北京:经济管理出版社,2001.

20.胡键.中国文化软实力评估及增进方略研究[M].天津:天津人民出版社,2020.

21.胡泳.海尔中国造之跨国攻略与领导之道[M].海口:海南出版社,2002.

22.胡泳.张瑞敏如是说[M].杭州:浙江人民出版社,2004.

23.黄寿祺,张善文.周易译注:上[M].北京:中华书局,2016.

24.贾春峰.文化力[M].北京:中国经济出版社,2007.

25.蒋广学,朱剑.世界文化词典[M].长沙:湖南出版社,1990.

26.金碚.中国工业国际竞争力——理论、方法与实证研究[M].北京:经济管理出版社,1997.

27.金民卿.大众文化论[M].北京:中共中央党校出版社,2002.

28.孔淑红.国际投资学:第5版[M].北京:对外经济贸易大学出版社,2019.

29.李大农.经济文化学[M].北京:北京师范大学出版社,2002.

30.李洪峰.大国崛起的文化准备[M].北京:文化艺术出版社,2011.

31.梁漱溟.中国文化要义[M].济南:山东人民出版社,1990.

32.梁漱溟.东西文化及其哲学[M].北京:中华书局,2013.

33.廖朝晖.企业并购的伦理审视[M].长沙:湖南师范大学出版社,2009.

34.刘刚.中国传统文化与企业管理[M].北京:中国人民大学出版社,2014.

35.刘光明.企业文化[M].北京:经济管理出版社,2002.

36.刘光明,高静.企业文化研究的新发展[M].北京:经济管理出版社,2020.

37.刘佳.中国文化软实力战略转向研究[M].北京:中国法制出版社,2017.

38.刘文炳.中央企业国际竞争力研究——并购重组的视角[M].北京:中国经济出版社,2011.

39.刘文典.淮南子集解[M].北京:中华书局,1989.

40.刘向.说苑[M].程翔,评注.北京:商务印书馆,2018.

41.刘昫,等.旧唐书:第9卷[M].北京:中华书局,1977.

42.刘永信.经济文化论[M].北京:中国经济出版社,1998.

43.刘云德.文化论纲——一个社会学的视野[M].北京:中国展望出版社,1988.

44.卢汉林.国际投资学[M].北京:高等教育出版社,2012.

45.卢进勇."走出去"战略与中国跨国公司崛起[M].北京:首都经济贸易大学出版社,2012.

46.陆扬,王毅.文化研究导论[M].上海:复旦大学出版社,2006.

47.陆扬,王毅.大众文化研究[M].上海:上海三联书店,2001.

48.罗钢,刘象愚.文化研究读本[M].北京:中国社会科学出版社,2000.

49.任淮秀.国际投资学:第 4 版[M].北京:中国人民大学出版社,2015.

50.汝信.社会科学新辞典[M].重庆:重庆出版社,1988.

51.佘正荣.生态智慧论[M].北京:中国社会科学出版社,1996.

52.佘正荣.天人一体民胞物与:对生命共同体的道德关怀[M].广州:广东人民出版社,2015.

53.佘正荣.中国生态伦理传统的诠释与重建[M].北京:人民出版社,2002.

54.司马云杰.文化社会学[M].济南:山东人民出版社,1987.

55.司马云杰.文化价值论[M].西安:陕西人民出版社,2003.

56.司马云杰.文化社会学:第 4 版[M].太原:山西教育出版社,2006.

57.苏杭.角色论争中的中国对非洲直接投资[M].北京:科学出版社,2015.

58.孙建中.资本国际化运营——中国对外直接投资的综合优势比较[M].北京:经济科学出版社,2000.

59.孙键.海尔的企业战略:关于一个中国企业成长的最深入研究[M].北京:企业管理出版社,2002.

60.唐君毅.中国文化之精神价值[M].南京:江苏教育出版社,2006.

61.田晖.中外合资企业跨文化冲突与绩效关系研究[M].北京:经济科学出版社,2012.

62.涂永红.大国货币:文化篇[M].北京:科学出版社,2014.

63.脱脱,等.宋史:第 30 册[M].北京:中华书局,1977.

64.脱脱,等.宋史:第 37 册[M].北京:中华书局,1977.

65.王梅.中国投资海外:质疑、事实和分析[M].北京:中信出版社,2014.

66.王庆金.中小企业集群联盟发展与服务体系研究:以山东半岛蓝色经济区中小文化企业为例[M].北京:中国社会科学出版社,2015.

67.王学秀.文化传统与中国企业管理价值观[M].北京:中国经济出版社,2007.

68.王岳川.文化输出[M].北京:北京大学出版社,2011.

69.韦森.文化与秩序[M].上海:上海人民出版社,2003.

70.魏杰.企业文化塑造[M].北京:中国发展出版社,2003.

71.吴先明.中国企业对外直接投资论[M].北京:经济科学出版社,2003.

72.颜士锋.文化经济学[M].济南:山东大学出版社,2011.

73.杨永胜.全球竞争力培育[M].北京:中国人民大学出版社,2019.

74.叶生.企业灵魂——企业文化管理完全手册[M].北京:机械工业出版

社,2004.

75.张德.企业文化与CI策划[M].北京:清华大学出版社,2003.

76.张德,潘文君.企业文化:第3版[M].北京:清华大学出版社,2019.

77.张德,吴剑平.企业文化与CI策划:第5版[M].北京:清华大学出版社,2020.

78.张国祚.中国文化软实力研究报告[M].北京:社会科学文献出版社,2011.

79.张金昌.国际竞争力评价的理论和方法[M].北京:经济科学出版社,2002.

80.张昆.跨文化传播与国家形象建构[M].武汉:武汉大学出版社,2015.

81.张琦.中国企业对外直接投资的现状及策略[M].北京:经济管理出版社,2020.

82.张薇.国际投资中的社会责任规则研究[M].北京:中国政法大学出版社,2011.

83.张小军.让经济有灵魂[M].北京:清华大学出版社,2014.

84.张意.文化与符号权力——布尔迪厄的文化社会学导论[M].北京:中国社会科学出版社,2005.

85.张友谊.文化软实力[M].济南:济南出版社,2013.

86.赵昌文.中国企业国际化及全球竞争力[M].北京:中国发展出版社,2014.

87.赵麦茹.先秦诸子经济思想的生态学阐释[M].北京:社会科学文献出版社,2010.

88.周文华.美国核心价值观建设及启示[M].北京:知识产权出版社,2014.

89.朱天.中国增长之谜[M].北京:中信出版社,2016.

三、译著

1.A.G.肯伍德,A.L.洛赫德.国际经济的成长:1820-1990[M].王春法,译.北京:经济科学出版社,1997.

2.约翰·哈特利.文化研究简史[M].季广茂,译.北京:金城出版社,2008.

3.尼古拉·彼得森,亚当·阿维森.道德经济[M].刘宝成,译.北京:中信出版社,2014.

4.弗里德里希·拉普.技术哲学导论[M].刘武,译.辽宁科学技术出版社,1986.

5.弗里德里希·李斯特.政治经济学的国民体系[M].陈万煦,译.北京:商务印书馆,2017.

6.马克斯·韦伯.新教伦理与资本主义精神[M].黄震,译.京华出版社,2000.

7.让·拉特利尔.科学和技术对文化的挑战[M].吕乃基,等译.北京:商务印书馆,1997.

8.让-雅克·卢梭.社会契约论[M].黄小彦,译.南京:译林出版社,2014.

9.维克多·埃尔.文化概念[M].康新文,晓文,译.上海:上海人民出版社,1988.

10.西塞罗.西塞罗三论[M].徐奕春,译.北京:商务印书馆,1998.

11.亚里士多德.政治学[M].吴寿彭,译.北京:商务印书馆,1965.

12.马修·弗雷泽.软实力:美国电影、流行乐、电视和快餐的全球统治[M].刘满贵,等译.北京:新华出版社,2006.

13.P.巴格比.文化:历史的投影[M].夏克,等译.上海:上海人民出版社,1987.

14.阿伦·肯尼迪,特雷斯·迪尔.西方企业文化[M].孙耀君,等译.北京:中国对外翻译出版公司,1989.

15.米契尔·兰德曼.哲学人类学[M].阎嘉,译.贵阳:贵州人民出版社,2006.

16.E.多马.经济增长理论[M].郭家麟,译.北京:商务印书馆,1983.

17.阿尔温·托夫勒.预测与前提——托夫勒未来对话录[M].粟旺,胜德,徐复,译.北京:国际文化出版公司,1984.

18.艾德·科恩.跨文化领导[M].毛学军,译.上海:东方出版社,2009.

19.艾德佳·沙因.组织文化与领导力[M].马红宇,王斌,译.北京:中国人民大学出版社,2011.

20.本杰明·弗里德曼.经济增长的道德意义[M].李天有,译.北京:中国人民大学出版社,2008.

21.彼得·德鲁克.管理:任务、责任和实践[M].余向华,等译.北京:华夏出版社,2008.

22.彼得·圣吉.第五项修炼——学习型组织的艺术与实务[M].郭进隆,译.上海:上海三联书店,1998.

23.道格拉斯·诺斯.经济史中的结构与变迁[M].陈郁,等译.上海:生活·读书·新知三联书店,上海人民出版社,1994.

24.道格拉斯·诺斯.制度、制度变迁与经济绩效[M].杭行,译.上海:格致出版社,2008.

25.菲利普·阿格因.增长经济学[M].杨斌,译.北京:中国人民大学出版社,2011.

26.菲利普·巴格比.文化:历史的投影[M].夏克,等译.上海:上海人民出版社,1987.

27.弗朗西斯·福山.信任:社会美德与创造经济繁荣[M].郭华,译.桂林:广西师范大学出版社,2016.

28.汉斯·摩根索.国际纵横策论[M].卢明华,等译.上海:上海译文出版社,1995.

29.亨利·托尼.宗教与资本主义的兴起[M].赵月瑟,等译.上海:上海译文出版社,2013.

30.金·卡梅隆,罗伯特·奎恩.组织文化诊断与变革[M].王素婷,译.北京:中国人民大学出版社,2010.

31.康拉德·菲利普·科塔克.简明文化人类学:人类之镜[M].熊茜超,陈诗,译.上海:上海社会科学院出版社,2011.

32.科尔曼.社会理论的基础[M].邓方,译.北京:社会科学文献出版社,1990.

33.克利福德·格尔兹.文化的解释[M].韩莉,译.南京:译林出版社,1999.

34.莱斯利·怀特.文化的科学——人类与文明研究[M].沈原,等译.济南:山东人民出版社,1988.

35.莱斯利·怀特.文化科学——人和文明的研究[M].曹锦清,等译.杭州:浙江人民出版社,1988.

36.莱斯特·瑟罗.21世纪的角逐[M].周晓钟,等译.北京:社会科学文献出版社,1999.

37.劳伦斯·米勒.美国企业精神——未来经营的八大原则[M].尉誊蛟,译.北京:中国友谊出版社,1985.

38.理查德·罗蒂.偶然、反讽与团结[M].徐文瑞,译.北京:商务印书馆,2003.

39.琳达·比默,艾里斯·瓦尔纳.跨文化沟通:第4版[M].孙劲悦,译.大连:东北财经大学出版社,2011.

40.刘易斯·芒德福.城市发展史:起源、演变与前景[M].宋俊岭,宋一然,译.上海:上海三联书店,2018.

41.卢克·拉斯特.人类学的邀请[M].王媛,徐默,译.北京:北京大学出版社,2008.

42.罗伯特·路威.文明与野蛮[M].吕叔湘,译.北京:生活·读书·新知三联书店,2015.

43.罗斯托.经济增长理论史:从大卫·休谟至今[M].陈春良,等译.杭州:浙江大学出版社,2016.

44.马文·哈里斯.文化人类学[M].李培茱，高地，译.上海：东方出版社，1988.

45.迈克尔·波特.竞争优势[M].陈丽芳，译.北京：中信出版社，2014.

46.迈克尔·波特.竞争优势[M].陈小悦，译.北京：华夏出版社，1997.

47.迈克尔·塞尼.把人放在首位：投资项目社会分析[M].王朝纲，译.北京：中国计划出版社，1998.

48.迈克尔·塞尼.移民与发展[M].水库移民经济研究中心，编译.南京：河海大学出版社，1996.

49.乔治·米德，心灵、自我和社会[M].霍桂恒，译.南京：译林出版社，2014.

50.塞缪尔·亨廷顿，劳伦斯·哈里森.文化的重要作用：价值观如何影响人类进步[M].程克雄，译.北京：新华出版社，2013.

51.特伦斯·迪尔，艾伦·肯尼迪.企业文化——现代企业的精神支柱[M].唐铁军，等译.上海：上海科学技术出版社，1989.

52.特瑞斯·迪尔，爱兰·肯尼迪.新企业文化：重获工作场所的活力[M].孙健敏，等译.北京：中国人民大学出版社，2009.

53.托比·米勒.文化研究指南[M].王晓路，译.南京：南京大学出版社，2009.

54.托马斯·彼得斯，小罗伯特·沃特曼.寻求优势——美国最成功公司的经验[M].管维立，译.北京：中国财政经济出版社，1985.

55.威廉·大内.Z理论——美国企业怎样迎接日本的挑战[M].孙耀君，译.北京：中国社会科学出版社，1984.

56.威廉·哈维兰.当代人类学[M].王铭铭，译.上海：上海人民出版社，1987.

57.约翰·科特，詹姆斯·赫斯克特.企业文化与经营业绩[M].李晓涛，译.北京：中国人民大学出版社，2004.

58.约瑟夫·奈.美国霸权的困惑——为什么美国不能独断专行[M].郑志国，等译.北京：世界知识出版社，2002.

59.约瑟夫·奈.美国定能领导世界吗[M].何小东，盖玉云，译.北京：军事译文出版社，1992.

60.约瑟夫·奈.软力量：世界政坛成功之道[M].吴晓辉，钱程，译.上海：东方出版社，2005.

61.约瑟夫·熊彼特.经济发展理论[M].何畏，译.北京：商务印书馆，1990.

62.詹姆斯·奥康纳.自然的理由[M].唐正东，译.南京：南京大学出版社，2003.

63.赵志裕，康莹仪.文化社会心理学[M].刘爽，译.北京：中国人民大学出版社，2011.

64.小岛清.对外贸易论[M].周宝廉，译.天津：南开大学出版社，1987.

65.原正行.海外直接投资论[M].封小云，译.广州：暨南大学出版社，1995.

66.安东尼奥·葛兰西.狱中札记[M].曹雷雨，等译.北京：中国社会科学出版社，2000.

67.利玛窦，金尼阁.利玛窦中国札记[M].何高济，等译.北京：商务印书馆，2017.

68.阿马蒂亚·森.理性与自由[M].李风华，译.北京：中国人民大学出版社，2013.

69.阿尔弗雷德·马歇尔.经济学原理[M].章洞易，编译.海口：南海出版社，2010.

70.爱德华·泰勒.原始文化[M].蔡江浓，编译.杭州：浙江人民出版社，1988.

71.埃里克·琼斯.文化融合：基于历史学和经济学的文化批判[M].王志标，译.杭州：浙江大学出版社，2019.

72.保罗·肯尼迪.大国的兴衰[M].王保存，等译.北京：中信出版社，2013.

73.彼得·伯克.文化史的风景[M].丰华琴，刘艳，译.北京：北京大学出版社，2013.

74.大卫·休谟.人性论[M].石碧球，译.北京：中国社会科学出版社，2009.

75.亨利·托尼.宗教与资本主义的兴起[M].赵月瑟，夏镇平，译.上海：上海译文出版社，2013.

76.雷蒙·威廉斯.关键词：文化与社会的词汇[M].刘建基，译.北京：生活·读书·新知三联书店，2005.

77.雷蒙德·威廉斯.文化与社会[M].高晓玲，译.长春：吉林出版集团有限责任公司，2011.

78.雷蒙德·威廉斯.文化与社会[M].吴松江，张文定，译.北京：北京大学出版社，1991.

79.马林诺夫斯基.科学的文化理论[M].黄建波，等译.北京：中央民族大学出版社，1999.

80.马林诺夫斯基.文化论[M].费孝通，译.北京：华夏出版社，2002.

81.马特·里德利.理性乐观派[M].闾佳，译.北京：机械工业出版社，2015.

82.马修·阿诺德.文化与无政府状态[M].韩敏中，译.北京：生活·读书·

新知三联书店,2008.

83.齐格蒙特·鲍曼.流动的生活[M].徐朝友,译.南京:江苏人民出版社,2012.

84.齐格蒙特·鲍曼.生活在碎片之中:论后现代道德[M].郁建兴,译.上海:学林出版社,2002.

85.亚当·斯密.道德情操论[M].谢宗林,译.北京:中央编译出版社,2008.

86.亚当·斯密.国民财富的性质和原因的研究[M].郭大力,王亚南,译.北京:商务印书馆,2000.

后　记

当初，关于中国对外投资企业国际竞争力课题思想的萌生，受金碚的《国企改革“善自身”更要“善天下”》和李海舰的《文化与经济的融合发展》等文章的影响很大；同时，我们也阅读、学习、借鉴了其他学者的文献资料。这些资料既使我们的研究思路日益清晰，也让我们的研究从广度和深度上有了进一步的提高。在本书即将付梓之际，向各位学者表达敬意和感谢。

同时，感谢山东省社会科学规划管理办公室的信任和资助，支持我们完成这项课题。感谢山东大学出版社李港和李艳玲两位编辑，他们专业而严谨的审稿意见和编辑态度使本书增色不少。

对文化的探索无边无际，永无止境。在课题研究进程中，国家对外直接投资进入了调整期，我们的研究也据此作了相应的调整。但限于学识和时间的紧迫性，本书的研究还存在一些缺憾与不足。我们会在本书的基础上作更进一步的研究探索，也真诚地期待学界前辈和同仁批评指教。

作　者

2021 年夏